LE
SCEPTIQUE MOURANT

PAR

HONORÉ SCLAFER.

PARIS,
CAPELLE, LIBRAIRE-ÉDITEUR,
21, RUE DE L'ODÉON.

1844.

LE SCEPTIQUE MOURANT.

La librairie Capelle est destinée aux publications d'Économie sociale et politique, de Philosophie, d'Histoire, de Sciences, de Jurisprudence et de Législation.

CORBEIL, IMP. DE CRÉTÉ.

LE
SCEPTIQUE MOURANT

PAR

HONORÉ SCLAFER.

PARIS,
CAPELLE, LIBRAIRE-ÉDITEUR,
21, RUE DE L'ODÉON.

1844.

 mon

PRÉFACE.

Le doute, aujourd'hui, est tellement dans la société, qu'il serait peut-être aussi difficile de l'omettre dans le roman que d'en retrancher l'amour ; de ces deux sentiments ennemis, l'un n'est pas moins répandu que l'autre.

—

Comme j'écris loin des hommes, et surtout loin des livres, il doit se rencontrer, à mon insu, dans ce volume, bien des plagiats involontaires, bien des lieux communs rebattus ; je prie donc le lecteur de les prendre bénévolement, ou pour des variantes, ou pour des traductions, suivant que les idées qu'ils expriment sont renouvelées, ou des auteurs de notre langue, ou des écrivains étrangers.

Du reste, ignorant et solitaire, je sais seulement, des choses et des idées de ce monde, ce que l'air en charrie, ce que la terre en émane, et ce que le soleil en rayonne. Ceci, à proprement dire, n'est pas un roman, c'est une marqueterie ; je voudrais que ce fut une mosaïque. — Mon esprit n'est capable que de minuties, et mon humeur n'aime que les détails ; quand j'ai mis en état quelques matériaux, je ne sais point les mettre en œuvre. Je ne suis pas architecte, ni même maçon ; mais je suis tailleur de pierres.

———

Du temps que la médecine n'était pas encore une science, on avait coutume, dans certaines villes anciennes, d'exposer les malades sur le seuil des maisons, afin que s'il se trouvait, parmi la foule, quelque personne qui se connût en leur maladie, elle en indiquât le remède au patient. — Ce que faisaient, pour les affections du corps, ces peuples candides, je le fais pour celles de l'âme : j'étale ma plaie devant ceux qui passent, et j'appelle un guérisseur. Voilà le vrai but de ce livre : il est un acte de foi en l'humanité.

———

Sur toute chose, ne prenez pas pour le démolisseur celui qui pleure au milieu des ruines.

LE SCEPTIQUE MOURANT.

I.

Voilà dix ans que je cherche, et quel salaire ai-je retiré de mes sueurs ? Voilà trente ans que je vis, et quels fruits m'ont produits mes années ? Au bout de ces veilles, entreprises pour le repos de mon âme, j'ai rencontré le doute, comme au bout de sa chute immense l'archange damné trouva l'abîme. Déjà devant moi se montre la tombe, telle qu'un sombre écueil dans l'horizon vide d'un vaisseau, et je n'ai pas entrevu un seul rayon de vérité. L'idée funeste du suicide m'a assailli souvent, et je ne voudrais pas de mes jours éteints revivre un seul quart d'heure.

Si la science m'a appris le doute, la vie m'a enseigné la mort.

Il faut donc douter, il faut donc mourir. La mort doit être bonne : les hommes, qui corrompent tout ce qu'ils touchent, n'ont pu l'atteindre ; elle est encore telle que Dieu l'a faite. — Oh ! que je souffre ! ce grand besoin de connaître dont mon âme est obsédée, dont elle se meurt, je n'ai pu l'apaiser une seule fois. Dans le monde sensible, dans l'univers moral, je ne vois que des centres, et pas un commencement. Rien ne m'est assuré, rien ; car une seule certitude amènerait toutes les autres, et si je savais quelque chose, je saurais tout.

Hélas ! il ne m'est pas même donné de reposer dans mon doute, comme à l'oiseau de s'abriter et de dormir dans l'arbre que l'ouragan secoue. L'étude, loin d'étancher la soif du savoir, la ravive ; il n'est de repos pour le corps que dans le sépulcre, pour l'esprit que dans la paisible ignorance.

Du moins, si je ne puis savoir, je voudrais croire. Croire à la plus infime doctrine. Il suffit d'un tronçon de rame pour sauver du naufrage le malheureux qui se noie : la plus humble croyance me sauverait. Mais il faut une foi pleine ou un scepticisme universel; pas de réserve possible. Comme Samson, je n'ai agité qu'une colonne, et tout l'édifice a croulé. — L'esprit est d'une logique implacable et n'admet point de partage : si vous doutez de la science, vous douterez de Dieu, si vous doutez du Christ vous douterez de votre mère; et le doute de proche en proche gagne et s'étend jusqu'au cœur.

Ce qui me manque, ce qui nous manque à tous, c'est un principe inébranlable, assuré. Les doctrines humaines commencent toujours par une assertion gratuite, comme les peuples par une fable. Nous n'édifions que sur l'erreur. Si pour base une première vérité m'était donnée, avec ce point d'appui je lèverais le monde.

J'aurais dû m'en tenir à la poésie, je le sais. Heureux celui qui s'arrête aux fleurs sauvages de la haie; heureux celui qui s'amuse aux aspects changeants du chemin ! Hélas ! la poésie est peut-être ici-bas ce qui rapproche le plus de la vérité céleste. C'est peut-être le crépuscule affaibli d'une existence meilleure qui s'éteint derrière le berceau, ou l'aube encore douteuse d'un avenir favorable qui se lève derrière la mort. Mais, muse jalouse, j'ai douté aussi de toi : or, la poésie et la science, comme cette courtisane de Venise dont parle Rousseau dans ses *Confessions*, s'abandonnent volontiers, mais elles repoussent de leurs bras, sans retour, ceux qui remarquent les imperfections de leur beauté.

Celui qui exprimait ces plaintes était un pauvre homme, qui avait quitté sa famille, sa fortune et jusqu'au nom de son père, que remplaçait le nom obscur de Jérôme, afin de se donner tout entier à l'étude dont il attendait le savoir. Le malheureux s'était retiré dans l'intérieur des terres, loin des villes, loin des fleuves, seul, au milieu d'une contrée vêtue de forêts tranquilles, pour se posséder uniquement et faire de sa pensée un instrument de découvertes. Éloignant son âme de toute distraction humaine, il venait chercher la vérité dans la retraite et le silence; car l'esprit a sa pudeur comme le corps, et l'intelligence ne veut être fécondée que dans la solitude. Mais son généreux détachement n'avait pas eu sa récompense. Pour prix de ses sacrifices, une anxiété vive, une incertitude effrayante, le possédaient, et le doute comblait son âme comme un gouffre.

Au temps où nous sommes, cette suprême ressource de la solitude qui, chez les peuples passés, remplaçait le suicide, n'existe plus. Les déserts se sont remplis, l'humanité couvre la terre. Jérôme n'avait donc pu s'isoler tout-à-fait, et, pensant fuir les hommes, il était allé au-devant d'un ami. Cet ami se nommait Uranée. Qu'on se figure un vieillard au cœur jeune encore, qui, logé parmi les débris d'un manoir ruineux, ne s'occupait que d'astronomie, science qu'il aimait comme le lévite aime le culte. Le vieux savant vivait là, dans la compagnie des astres et de Dieu, quand Jérôme vint s'établir auprès de lui, et habiter une petite maison construite de chaume et d'argile, sur la rive d'une forêt profonde.

Les deux solitaires se lièrent aussitôt. Bien que leurs soins et leurs goûts fussent divers, ils avaient de commun une noble intelligence et un cœur droit, beaucoup de poésie, et l'amour de la vertu; à ces traits-là ils s'étaient reconnus pour frères, ils s'étaient aimés.

Madame la baronne de Ruault, qui joignait à cette qualité nobiliaire celle de chanoinesse, titre hérité de l'exil, résidait à un quart de lieue des deux cénobites sur une terre immense dont l'étendue couvrait une commune presque entière, et où elle venait passer quelques-uns des beaux mois de l'année. C'était une femme dévote, sur le déclin, qui cachait ses travers et ses vices, si elle en pouvait avoir, sous les déguisements aimables d'une politesse de formes et d'une urbanité de langage excessives. Demeurée veuve depuis peu d'années, il ne lui restait d'enfants qu'une fille nommée Julla, fruit tardif de son union avec feu le baron Geoffroy de Ruault, dernier fils d'une noble lignée.

Madame la chanoinesse avait habituellement auprès d'elle, pour conseil dans l'administration de sa grande fortune, et aussi pour familier en toutes choses, un monsieur Hellénor, avocat, homme de quarante ans au plus, dépravé, considéré, ne doutant de rien, ne croyant à rien, heureux et fripon ; en un mot, contrastant de tous points avec les manières et les sentiments du pauvre Jérôme, dont il complétait l'entourage.

Ainsi, une dévote, un sceptique, un avocat, un vieux savant et une jeune fille ; tels sont, lecteur, les cinq personnages qui vont coopérer à l'accomplissement d'un terrible drame.

II.

Un matin, Jérôme se promenait à pas lents dans sa chambre, allant, selon son habitude, d'un angle à l'autre, et rêvant. Cette chambre, la seule de la maison, était une pièce oblongue, garnie d'un petit lit sans tentures, de quelques chaises déplacées, d'un fauteuil séculaire, et, au milieu, d'une immense table surchargée de livres que dominait tristement une lampe éteinte. Une lampe en face du soleil, c'est comme un oiseau de nuit en pleine lumière.

Dans cet entassement ne se trouvaient ni écritoire, ni manuscrits : le solitaire avait rompu avec le monde et ne travaillait que pour soi.

Sur la tablette enfumée du foyer, au-dessus de l'âtre obscur, se voyait une tête de mort renversée, qu'on avait remplie de fleurs en les plaçant dans les cavités du crâne, comme dans le goulet d'un vase. Quelques violettes pendaient sur les dents décharnées : on eût dit des lèvres livides.

Ce crâne ainsi posé sur la cheminée, à la place de la pendule, ne marquait à l'hôte de cette demeure qu'une heure seule, celle de l'éternité.

Bientôt Jérôme, cessant de se promener, s'approcha de sa grande table où il s'assit devant tous ses livres, comme s'assiérait un malade devant les cent mets d'un festin.

— Peut-être, pensait-il, un de ces volumes possède la vérité ; mais lequel ? A quel signe le reconnaître ? Que de symboles divers, que de croyances opposées ! Dans le silence de ces pages muettes, quelles haines, quels combats ! Et, s'il m'était possible de ranimer d'un souffle les idées innombrables qui dorment dans ces feuilles légères, comme toutes se lèveraient militantes et terribles !

Ce qui m'étonne, ce qui m'épouvante, c'est de voir que des hommes sains d'esprit, vivant à la même époque, sur la même planète, allant par les mêmes passions au même destin, jouissant d'un organisme identique et de facultés pareilles, aient pu tenir pour assurées, chacun de son côté, des choses si contraires, si ennemies. Que penser de l'entendement humain après cela ? Si, sur un objet donné, l'œil de l'homme voyait blanc chez l'un, en même temps que noir chez l'autre, que dirait-on de ce sens infidèle ? Qui oserait s'y fier ? qui voudrait y croire ?

Sans mentir, il faut que les choses morales d'ici-bas revêtent une apparence bien équivoque, pour que deux êtres semblables les puissent concevoir si diversement. Il n'y a pas plus de distance des idées d'un fou à celles d'un sage, sur le point qui fait déraisonner celui dont l'esprit est malade, qu'il n'y en a des idées d'un Voltaire à celles d'un Bossuet, sur les grands articles de Dieu et de l'homme.

Certes, si un seul des chercheurs qui ont écrit ces livres avait rencontré l'universel secret des choses, sa parole, non moins puissante que le *Fiat lux* créateur, eût illuminé les âmes d'une clarté infinie. Mais tout est sombre ; et ces nombreuses doctrines se ressemblent tellement dans leur inanité, que chacune a ses fidèles, et peut avec honneur le disputer aux autres. C'est une nuit où il n'y a que des étoiles. Astres rivaux, si le soleil se levait, qui de vous pourrait lutter d'éclat contre son puissant regard ?

O vérité, n'est-il pas temps bientôt de renoncer à toi, comme l'on a déjà renoncé à la pierre philosophale, si féconde, elle aussi, en sublimes espérances !

Jérôme songeait encore, lorsque tout-à-coup la

porte unique de sa maison et de sa chambre s'ouvrit, et le vieil Uranée, grave et lent, entra suivi de la fille de madame la baronne de Ruault.

— Le temps est magnifique! cria l'astronome; il fait du vent, les nuages courent sur le ciel, les ombres sur la terre; quitte tes livres, bon rêveur, et viens te promener avec nous!

En disant ces mots, le vieillard serrait chaleureusement la main du douteur, dont le visage s'éclairait d'un sourire, à la vue de Julla qui, toute bruyante, s'empressait à renouveler les fleurs passées du crâne desséché. Elle y disposait une à une, avec grâce, des roses, du chrysanthème, de la giroflée blanche, et quelques herbes fleuries, ramassées, chemin faisant, le long des rives du sentier.

— Les restes de cet homme inconnu, dit Jérôme à la jeune fille, seront plus honorés que ceux d'un roi, par le soin que vous prenez de les couronner de fleurs.

— Je voudrais, mon ami, répondit-elle, vous distraire de vos noires rêveries, et c'est afin d'égayer un peu votre esprit que je cache sous des roses ce lugubre trophée de la mort.

Julla était charmante..... Hélas! comme toutes celles qui sont destinées à mourir jeunes! car, on dirait que la nature, assurée de ne pas voir altérer son ouvrage par l'affreuse vieillesse, se plaît à parer de préférence ces femmes à la courte durée, qui doivent s'arrêter de vivre avant de s'arrêter d'être belles.—Julla était charmante ; mais en ce moment surtout qu'elle exprimait ces paroles, il se peignit sur ses traits une compassion si angélique, une charité si tendre pour le pauvre solitaire, qu'elle parut plus charmante encore : comme si la beauté de son cœur se fût reflétée sur son visage. Pour guérir Jérôme de ses chagrins, pour le voir heureux, la candide enfant eût donné sa vie comme elle donnait ses fleurs. Car, plus l'amour est pur, plus il est dévoué aussi, moins il demande et plus il est prêt à donner.

Julla aimait Jérôme de cette tendresse compatissante que ressentait Jésus à la vue des tout petits enfants ; mais le douteur avait le cœur trop plein de troubles pour s'apercevoir qu'il était aimé. Bien plus, il ne s'apercevait même pas qu'il aimait lui-même. Et, s'il s'en était aperçu, il se serait effrayé de cet amour : il n'aurait jamais osé s'engager avec une amante, une épouse, dans cette vie qu'il ne comprenait pas, et où il n'avançait qu'en tremblant. Il n'avait point aimé encore ; l'amour, il le réservait pour la fin. « C'est ma dernière ressource, disait-il, après lui je n'aurai plus rien. » Ainsi, quand ses outres tarissent, le voyageur altéré du désert éloigne toujours davantage le moment terrible où il épuisera les précieuses dernières gouttes ; parce qu'il n'aura plus après qu'à mourir.

Jérôme aimait donc sans le savoir, ou du moins, sans se l'avouer. Mais la femme, en pareille matière, est incapable d'aucun calcul, d'aucune réserve. Aussi, Julla entrait-elle hardiment dans cette voie inconnue, qui devait être fatale surtout pour elle. L'amour est un sacrifice, et à tout sacrifice il faut sa victime.

— Où en es-tu de ton grand inventaire des idées humaines ? demanda Uranée à Jérôme.

— Ah ! le courage m'a failli, répondit le douteur, je me suis arrêté au milieu de la seconde moitié du troisième siècle avant notre ère, et je ne continuerai pas.

— Toujours, toujours leurs siècles ! cria le vieillard. Je repousse, quant à moi, ces divisions mensongères qui n'existent que dans nos livres et que nous croyons exister en effet. Les savants ne s'imaginent-ils pas qu'un siècle est un tout complet et détaché, lié seulement par de lointains rapports à ce qui le suit et à ce qui le précède, et que l'on doit étudier à part. Je voudrais abattre toutes ces barrières absurdes dont la marche du temps est obstruée, et qui, comme autant de digues, coupent à intervalles égaux la chaîne naturelle des événements et la longue suite des âges. Je voudrais que depuis sa source reculée jusqu'à maintenant, le magnifique fleuve déroulât sans obstacles son cours immense, et que l'on pût le contempler ainsi dans toute sa majesté continue. Seulement, de proche en proche, se grouperaient les grands hommes et les grands faits, formant, à sa surface, non des digues, mais des archipels et des îles.

On la pourrait suivre alors, du regard de la pensée, depuis l'aube du monde, la longue caravane humaine où apparaissent ces fantômes immortels, ces morts illustres, qui vivent à la fois des deux côtés du tombeau : dans l'éternité par le bonheur, et dans le temps par la gloire. Infatigables guides qui, sans se lasser jamais, suivent l'humanité dans sa route, la soutiennent, la fortifient du précepte et de l'exemple, durant ce rude pèlerinage expiatoire que nous accomplissons tous du berceau à la tombe, de la mort à la vie.

Puis, après un moment de silence, celui qui parlait ajouta :

— Que de douleurs, que de larmes pour faire un siècle! C'est une mer où chaque goutte est une vie, où tout murmure est un cri de mort. Et il en est qui pensent que nous sommes créés pour ici-bas seulement, et que nos destinées tiennent toutes dans les flancs étroits du cercueil. Tant de générations n'auraient passé sur la terre que pour accélérer le progrès scientifique et religieux. Soixante siècles d'hommes pour arriver à ce résultat : la découverte de l'Amérique, de la poudre, de l'imprimerie, et de la vapeur d'eau. En vérité, n'est-ce pas insulter au Créateur, que de faire aboutir ainsi le long travail de l'humanité au ridicule enfantement de la montagne?

Quand Julla eut achevé de remplacer les fleurs du funèbre vase, Uranée entraîna Jérôme hors de sa cellule, et tous les trois s'acheminèrent rêveurs à travers la forêt que remuait le vent.

III.

Uranée avait dit vrai, la journée était magnifique. L'automne régnait; la nature et son soleil pâlissaient ensemble. A la verdure monotone du printemps, à l'uniformité du feuillage, venait de succéder cette diversité de couleurs dont au décours de l'année toute forêt se pare. Pas un arbre qui n'eût sa teinte propre; et, depuis le jaune mourant des érables jusqu'au rouge pourpré des treilles sauvages, la campagne étalait aux yeux toutes les nuances.

Le sentier du bois s'effaçait sous les feuilles, qui descendaient des branches une à une, et s'envolaient avec les oiseaux pour revenir avec eux.

Cependant, parmi les cimes dépouillées, le chêne conservait encore ce feuillage fauve qu'il garde durant tout l'hiver, et contre lequel ne peuvent rien les vents pluvieux ni les neiges. Mais, vienne le premier sourire d'avril, et l'arbre puissant abandonne aussitôt cette triste parure qui a résisté à la tempête et qui cède au zéphir : pareil à ces guerriers terribles qui ne cédaient qu'à de molles caresses de femme.

Dans les nues, on voyait s'étendre et glisser de nuage en nuage le cordon ondulé des grues passagères, qui suivent, par des voies inconnues, le soleil et les beaux jours. Tout s'en allait, tout fuyait un climat désembelli, et le vieil astronome, le douteur et la jeune fille se promenaient lentement sur le sol jonché.

Julla interrompit le silence, et s'adressant à Uranée :

— Que vous font, à vous, ces inconstances de la nature : le printemps qui ranime, l'automne qui dépouille ? Votre ciel est toujours égal, vos constellations fidèles n'émigrent jamais; il n'y a que la terre où tout change !

— Eh quoi ! déjà tu te plains de la terre, enfant ! répondit le vieillard sans quitter sa rêverie; puis, se parlant à lui-même, il ajouta : Et cependant la terre est belle, mais nous passons sans regarder. Nous demeurons inattentifs devant ce grand spectacle de l'univers que Dieu conduit devant nous. Ces deux horizons parés, l'un de son aurore blanche, l'autre de ses couchants de flamme, nous ne les contemplons jamais. Ah! si nous songions que dans cette abondante nature il n'y a pas deux journées, deux instants qui se ressemblent; pas deux nuages, pas deux rayons qui ne varient; si nous pensions à cette diversité inépuisable, incessante, notre œil, à coup sûr, s'y appliquerait davantage, et la moindre inattention nous ferait avoir regret à un effet de scène, à un paysage, à un coup de théâtre qui ne doivent plus se répéter.

Nous pensons trop à nous-même, voilà l'écueil : nous nous sommes une distraction continuelle. Chassons-nous de notre propre cœur, et la création entière, avec ses trésors de magnificence et de gloire, viendra combler le petit vide que notre absence y aura laissé. Ceux qui ne repaissent leur esprit que d'eux-mêmes ressemblent, en quelque sorte, à des affamés qui apaiseraient leur faim en dévorant leur propre chair. Il faut s'oublier, il faut s'oublier! L'égoïsme est plus ennemi du bonheur de l'égoïste que ce dernier du bonheur d'autrui. — Mais, ma Julla, ce n'est point pour vous que je parle.

Ces dernières paroles étaient dures pour Jérôme, et c'est ainsi qu'en usait Uranée avec son ami : frappant fort pour frapper juste.

— Hélas! m'oublier, murmura le douteur, m'oublier? Qui me fera cette grâce de pouvoir

2

m'oublier, de pouvoir me fuir? Mais le malade, le mourant, peut-il fuir la fièvre qui le consume, l'ulcère qui le ronge? Je m'ai été donné pour supplice à moi-même. — Oh! me fuir! et que fais-je autre chose qu'y travailler? N'ai-je pas abandonné de moi-même tout ce que je pouvais en abandonner : famille, héritage, bien-être, et jusqu'au nom qui me donnait un rang parmi les hommes, et jusqu'aux lieux où je suis né, où ma mère est morte?

Il est vrai qu'il y a encore le suicide, ajouta le jeune homme, en courbant la tête et en baissant la voix.

— Oh, mon ami! crièrent ensemble Julla et Uranée.

— Le suicide, continua Jérôme, que de fois j'en ai approché? La somnambule, qui erre, la nuit, sur la marge inclinée des toits, n'est pas plus près de l'abîme.

— Mon enfant, reprit l'astronome, vous ne ferez pas à Dieu cette offense de quitter ainsi cette fête de la vie, où il vous a convié, et d'en sortir avant la fin. D'ailleurs vous avez des amis qui vous ôtent le droit de mourir ; et puis, que gagneriez-vous au change : la mort pour vous n'est-elle pas plus mystérieuse encore que la vie? Vous tomberiez d'une incertitude dans une autre, et voilà tout.

— Il est vrai : le Créateur a sagement opposé au

doute de l'existence celui du tombeau, répondit Jérôme.

Depuis que le douteur avait prononcé le mot suicide, Julla était restée pâle et immobile; mais enfin, revenue de son saisissement, elle s'était précipitée vers Jérôme et avait pris une de ses mains qu'elle serrait convulsivement dans les siennes.

— Jeune homme, dit solennellement Uranée, ne voyez-vous pas que cet enfant vous retient dans la vie?

— Hélas! s'écria Julla, sans plus songer à ce que sa démarche pouvait offrir d'extraordinaire, attendez que le calme soit revenu dans votre âme, et vivez. Vous n'êtes encore que malheureux, n'ajoutez pas un crime au poids déjà lourd de vos peines. Attendez, attendez! Vous ignorez ce que le bon Dieu vous garde. Les afflictions qu'il envoie sont toujours fécondes. La joie ne fait naître que le rire, la douleur seule produit les grandes choses.

— Je vivrai, je vivrai! cria Jérôme, transporté de cette douce tendresse de femme, qui se révélait à lui bien moins dans le sens des paroles que dans l'expression de la voix. Mes tortures fussent-elles cent fois plus affreuses, je vivrai. Pour vous éviter une larme, ô mon bon ange, j'endurerais l'enfer!

Après s'être ainsi dit combien ils s'étaient chers, Jérôme et Julla se turent. Quel discours vaut un pareil silence? Ah! l'aurore du jour est pure, et celle de l'existence est douce, mais celle de l'amour les passe toutes.

Le jeune homme et la jeune fille marchèrent quelques temps côte à côte, les bras enlacés, le cœur enivré, l'esprit ébloui. Courts instants de joie dans la vie du pauvre douteur, soleil rapide sur lequel accourt déjà le nuage sombre. Uranée jouissait du repos de son ami, et le regardait être heureux, avec reconnaissance. Dès longtemps il avait pénétré le transparent voile qui cachait mal cet ardent amour. Cet amour mêlé de compassion d'une part, et de doute de l'autre.

Ils se promenaient tous les trois, muets et pensifs, tempérant leurs sentiments divers à la douce influence de l'automne plaintive. Dans ces bois déserts, sous ces futaies colossales, le repos devenait universel, et le silence, que troublait à peine la chute éloignée de quelque cône de pin ou de mélèze, le silence était aussi profond à midi qu'à minuit. Çà et là, des hautes brandes, des genêts toujours verts, des ajoncs épineux, liés par les longs jets des églantiers, du chèvrefeuille et des ronces, formaient des halliers impénétrables, des buissons immenses, qui, au printemps, se couvraient d'abeilles, de papillons et de fleurs. Dans les fonds abreuvés et couverts, s'élevait la fougère odorante, la fougère, cette plante si gracieuse, si svelte, si légère, et sans contredit la plus élégante de toutes celles qui croissent sous notre ciel, où elle rappelle, par sa tige déliée et sèche comme un bambou, par ses feuilles élargies et découpées comme des palmes, l'Orient et sa splendide Flore.

La forêt, déjà éclairée, à travers les branches, par les rayons penchés du soir, se remplissait de lumière et d'ombre. S'affaiblissant de rafale en rafale, la brise s'était tue entièrement. La terre et le ciel demeuraient calmes. Les feuilles, qui tout à l'heure cédaient à l'effort de la tourmente, tombaient maintenant d'elles-mêmes des rameaux immobiles ; et cette résignation silencieuse, ce dépouillement volontaire, qui semblerait devoir interdire toute plainte, inspirait cependant une vague tristesse : on eût dit que ces arbres consentaient à mourir.

— Voici la quatre-vingt treizième fois que je regarde s'effeuiller l'automne, dit le vieillard; plus je vais et plus je compatis à ce deuil pénétrant, plus je m'identifie à cette décadence. A force de vivre avec la nature, l'homme s'accoutume à son muet langage, et le comprend mieux de plus en plus. Les enfants traversent les saisons en vrais étourdis, sans rien voir ; les vieillards, plus calmes, sont attentifs à tout. Lorsqu'on a terminé dans ce monde la tâche qu'à notre naissance Dieu nous y impose, il reste quelques mois, quelques années peut-être, entre la besogne achevée et l'heure de mourir, durant lesquelles on n'est plus que spectateur seulement. Ce temps est venu pour moi et j'en profite.

Ce petit éloge de la vieillesse ne put réveiller les jeunes gens de leur amour, et leur silence, qui se prolongea, dut témoigner à Uranée qu'ils n'étaient pas encore arrivés, comme lui, au triste rôle de spectateur inactif.

— Quand le cœur parle si haut, pensa l'astronome, s'arrêter à recueillir le chant de l'automne dans les bois, ce serait descendre. Toutefois, bien que parvenu à l'âge où l'on regarde en arrière en pleurant, je regrette seulement du passé le bien que j'ai manqué d'y faire.

La forêt était coupée à cet endroit de clairières bruyèreuses où se voyaient encore quelques fleurs attardées, et de lagunes tranquilles qui se remplissaient à l'époque des crues. Une surtout, plus vaste, formait un petit lac que le désert environnait de paix et de mystère. Mais sa jalouse enceinte ne le cachait pas si bien qu'il ne fût connu des oiseaux de rivage, lesquels, au temps de leurs migrations périodiques, s'y arrêtaient en foule, sûrs qu'ils étaient d'y trouver une retraite facile dans les glaïeuls dont sa rive était couronnée, et des eaux abritées qui ne gelaient jamais. C'est là que, sur la fin du jour, descendaient de leur route aérienne les oies fatiguées ; et que le courlis, qui voyage toujours seul, s'abattait, rapide et sifflant comme la flèche, avec un cri aigu qui s'étend au loin dans la forêt sonore. Quelquefois, y venaient aussi, par couple, plusieurs grands cygnes naviguant en paix; blanche flottille, sur les eaux plates de la lagune bleue, et, au moindre éveil, reprenant leur vol avec un fracas extraordinaire.

Les foulques, les mouettes grises, les sarcelles lustrées, les alouettes des côtes, passaient l'hivernage entier sur ces rives silvaines. Mais, aux premiers feux de juin, toute cette onde tarissait ; et une plantureuse moisson d'herbes aquatiles, recouvrant d'une verdure fleurie ce lit desséché, y déployait une abondance et une fougue de germination prodigieuses.

Alors disparaissaient tous les oiseaux de rivière, et la petite fauvette jaune des jonchaies voletait seule sur les lames des iris verts.

Les promeneurs se plurent à considérer quelque temps le lac imprégné des rougeurs du soir, et tapissé de feuilles mortes du côté qui se trouvait sous le vent de la journée. A leur approche, deux ou trois poules marines, moitié volant, moitié nageant, rentrèrent dans leurs roseaux ; et un héron difforme se leva lourdement de la pierre noire où il était perché, sur une seule patte, dans une morne attitude. On entendait les criaillements mêlés de plusieurs bandes d'oiseaux pêcheurs, lassés d'une longue traversée, qui, tournant au-dessus de l'eau, attendaient les ténèbres pour s'abattre, et la chanson sauvage des femmes du pays, revenant de la glandée, par grandes troupes bruyantes.

Ces lieux pacifiques avaient des charmes, et l'on se plaisait sur ces bords.

Cependant la nuit était proche. Le soleil allait se coucher ; les vallées ne le voyaient déjà plus, mais les collines l'apercevaient encore.

— Il faut attendre, dit Uranée, nous verrons les étoiles s'allumer dans le lac ; bien mieux ! s'écria-t-il, comme en se ravisant, nous y verrons le lever de la lune. Le ciel est pur, les eaux sont calmes ; ce sera d'un effet magique.

— Oh, quel bonheur ! cria Julla, heureuse de trouver un prétexte à la joie inconnue qui débordait son âme.

— Suivez-moi, dit le vieillard, allons sur l'autre rive ; celle-ci regarde l'horizon du soir, et c'est l'orient qu'il nous faut.

Ils se mirent tous les trois à côtoyer la lagune. Pendant le trajet, qui fut long, les constellations s'ébauchèrent; le ciel s'éclaira, la terre s'assombrit. Jérôme, tenant le bras de mademoiselle de Ruault, veillait aux ronces des buissons, s'effrayait d'une étroite cavée, d'une touffe d'herbe, d'une feuille; et dirigeait ces pieds adorés avec la sollicitude d'une mère, d'un amant : lequel dit davantage? Ces attentions futiles, ces soins puérils, ces alarmes vaines, qui ne sont que fades et ridicules pour les indifférents, parlent à ceux qui aiment un ineffable langage.

Pour la première fois de sa vie, le douteur se laissait aller sans défiance aux impressions de son cœur. Cette âme affligée, faite à souffrir, s'enchantait de ce bonheur nouveau pour elle, et s'y livrait. Aux yeux du grave Uranée, cette félicité, fruit de la beauté et de la jeunesse, était une merveille de plus à admirer dans l'univers; et l'astronome contemplait ce bonheur avec enthousiasme.

Dès qu'ils furent arrivés vis-à-vis de l'horizon oriental, Uranée les fit se placer au bas de la rive du lac. Le sol y était couvert de ces herbes tendres qui croissent abondamment, en toutes saisons, sur les terrains trempés. Ils s'assirent tous les trois sous les rameaux pendants d'une yeuse sombre, qui, leur voilant le ciel, ne leur permettait de voir que les seules eaux de la lagune, où les derniers reflets du crépuscule achevaient de s'éteindre.

Ils attendaient ainsi depuis quelques minutes, lorsque commença à poindre, sous les ondes assombries, l'aube renversée de la lune. Peu à peu, la blanche auréole s'anima davantage. Son centre, d'abord indistinct, marqua, en se fixant, la place où l'astre annoncé allait naître. Les étoiles voisines pâlirent. Enfin, un rayon jaillit du fond des eaux, le bord du disque parut et se mit à croître lentement ; puis, l'orbe entier, s'arrondissant au-dessous de l'horizon reflété, s'en détacha, et descendit par degrés insensibles dans les profondeurs imaginaires du lac. Presque aussitôt, sa surface fut légèrement plissée par cette faible brise, qui se lève souvent avec la lune, et qui rappelle ce murmure flatteur dont retentit le bal, lorsqu'une femme remarquable par sa beauté y fait son entrée.

En un moment, le miroir de l'eau, terni par la fraîche haleine de la forêt, n'offrit plus de l'astre qu'une image confuse et flottante.

— Sur la terre tout est troublé, mais au ciel tout est tranquille ! s'écria Jérôme en sortant de dessous les branches, et en désignant la lune qui s'élevait, large et nue, sur l'horizon.

La brise s'arrêta bien vite de souffler, et, à côté de la planète mate encore, les constellations montrèrent leurs plus belles étoiles dans la glace rassérénée des eaux. Mais, par intervalle, le vent de nuit revenait effacer, pour un peu de temps, la grande image du ciel.

— Il faut partir, dit Uranée aux jeunes gens, qui ne songeaient point au retour, et qui reprirent à regret le chemin qui les éloignait de la lagune.

L'heureux Jérôme marchait auprès de mademoiselle de Ruault, appuyée à son bras ; et ceux qui ont aimé savent s'il est doux de se promener ainsi, au milieu d'une belle nuit, avec la femme adorée. Alors que le cœur se recueille, et que la terre est aussi calme que le ciel ; alors que tout s'éloigne : l'espace, la lumière et le bruit, et qu'il ne reste plus des choses de la terre qu'*elle* seule ; si bien qu'on dirait que la nature entière la quitte et vous la confie, et vous la donne.

IV.

A peine rentré dans sa cénobie, Jérôme alluma sa lampe et l'éteignit presque aussitôt pour ouvrir sa fenêtre à la blanche clarté de la lune, qui luisait au-dessus des grands chênes de la forêt. Puis il vint baiser, l'une après l'autre, chacune des fleurs que Julla avait apportées le matin, avant la promenade. Il en fit un gros bouquet, un gros paquet, qu'il garda longtemps à la main, le contemplant, le caressant, lui parlant même ; après quoi il le replaça dans son triste vase où il le disposa, malgré le soin qu'il y mit, dans un arrangement le plus maussade du monde.

Il marchait dans sa chambre en tous sens : tantôt dans l'ombre, tantôt dans le large faisceau de rayons que la lune lui envoyait à pleine croisée, donnant tous les signes d'une agitation violente ;

s'exprimant d'abord par gestes, puis par paroles. Le bienheureux était en proie à l'un de ces accès de félicité morale, durant lequel l'âme éprouve un sentiment si fort au-dessus de la faiblesse de sa nature, qu'elle succombe à son ivresse, et qu'en elle tout est confusion parce que tout y est bonheur.

— J'aime donc enfin! criait-il, le bien que je ne cherchais pas je l'ai trouvé, tandis que celui que j'ai tant attendu me fut dénié toujours. — Julla! — Comme elle est parée de tous les charmes! et se peut-il que la créature soit si belle? Ne crains rien, ma chérie, tu sortiras aussi pure de mon amour que des baisers de ta mère. Je me tairai, s'il le faut; tu ne sauras pas que tu es aimée : ces fleurs savent-elles donc que je les aime?

Mais l'amour se peut-il cacher? se peut-il cacher à celle qui l'inspire? se peut-il cacher à toi?...

Oh! elle le sait, elle le sait! Mon silence, mon cœur a parlé. Et n'ai-je pas tout dit lorsque, en la regardant, j'ai pleuré? Oui, elle le sait! elle sait qu'elle est aimée de moi; de moi, pauvre rêveur qu'on dédaigne ou qu'on raille : elle le sait, et c'est là son bonheur!

Elle si rieuse, comme elle était recueillie! comme sur son visage était empreinte cette beauté sérieuse qui rappelle la physionomie de l'ange! Ah! je n'ose me le dire, mais je le sens, je le vois : je suis aimé. Le ciel a fait descendre cette bénédiction sur ma tête malheureuse, sur mon cœur désolé. Je vous en remercie, ô mon Dieu! pardonnez, si trop souvent j'ai maudit mes sueurs et mes veilles; j'étais insensé. J'ignorais où aboutissaient mes peines, je n'en connaissais pas le prix. Ah! si vous consolez ainsi, frappez encore! Avec vous le martyre n'égale jamais la couronne : les malheureux vous ont béni.

Puisque j'ai rencontré une femme qui m'a guéri de mes douleurs, puisque je suis heureux, je renonce à vous, recherches infécondes. Je sors du désert comme le vainqueur de sa tente. Je reprends ma fortune et mon nom. Je reviens à ce foyer natal où j'ai laissé seule une sœur abandonnée. Je montrerai à ceux qui riaient en me voyant partir pour les solitudes le trésor que j'en rapporte. Ils verront que le vieil alchimiste, comme ils me nommaient, à force de chercher a trouvé de l'or.

V.

Uranée monta sur sa tour, et regarda longtemps le dôme démesuré qui brillait ce soir-là de toutes ses étoiles. Le vieillard ne se lassait jamais de contempler ces astres innombrables, et, pour lui, les nuits s'écoulaient à les voir traverser en silence, du haut de sa ruine sombre, les deux versants du ciel. Il possédait encore, malgré les années, une vue singulièrement perçante, et puis il regardait surtout des yeux de l'âme. Si bien que, par un effet bizarre d'exaltation morale, de dérangement peut-être, il voyait les corps célestes non tels que l'œil les découvre, mais tels que la science les révèle et que les aperçoit le télescope. Ainsi, les pléiades étaient pour le vieil astronome un groupe visible de cinquante étoiles, et chaque étoile un soleil environné de ses planètes captives. Saturne lui apparaissait avec ses anneaux extraordinaires et ses lunes multipliées. Il distinguait sur l'azur atmosphérique la route des astres errants, comme si leur trace d'or y eût été marquée, et il suivait sans dévier l'ellipse profonde des comètes nomades, accompagnées de leur blanc sillage, jusqu'au point obscur où elles se perdent dans les abîmes de l'étendue.

Sa foi en la science était si généreuse, qu'il y croyait plus qu'à ses yeux, et que ce qu'il croyait il le voyait. Ces étoiles, si lointaines de nous que leurs rayons lassés de plusieurs années d'une marche de soixante-dix mille lieues par seconde, s'éteignent en arrivant à la terre où nous habitons ; cette multiplicité de sphères tellement prodigieuses en volume que l'imagination ne peut en contenir la pensée ; tout cet enlacement d'orbites démesurées, d'attractions rivales et constantes ; tous ces mondes qui se désirent ; en un mot, l'univers entier se mouvait dans l'esprit immense d'Uranée, comme il se mouvait avant la création dans le cerveau de Dieu.

Seulement, les objets révélés par cette seconde vue avaient une apparence étrange qu'on ne saurait exprimer, et qui tenait de ce vague dont sont revêtus les fantômes des songes.

— Quand je veux trop examiner, quand je deviens trop attentif, disait le vieillard, tout s'évanouit. Je ne puis voir ainsi qu'à la condition de regarder avec l'esprit seul, et plus l'enthousiasme me gagne, plus les objets contemplés deviennent lucides. Transporté, comme l'apôtre, par la toute-puissance de la foi, je vois le ciel ouvert.

C'était un fou, j'en conviendrai, mais fou d'une chose qui en vaut la peine, et ceux-là se nomment, par exception, des hommes de génie. Car, dans ce monde, l'excès d'intelligence qui constitue le génie est chose irrégulière et désordonnée : la sublimité de l'esprit est le commencement de la folie, comme le sommet des monts est le commencement des nuages. Aux yeux de la science, Moïse, Socrate, Mahomet, Jeanne, Pascal, étaient des hallucinés. Les parents de Jésus-Christ l'accusaient publiquement de démence.

Mais Jésus-Christ n'est pas un homme.

Après avoir contemplé quelque temps, Uranée se mit à se promener sur l'aire de sa plate-forme, à pas pressés, puis, élevant la voix, il s'écria :

— O astronomie, quel Créateur tu m'annonces ! Tu n'es pas une science, tu es une religion. Et il n'en est aucune dont le dieu soit aussi grand, aussi prouvé que le tien. Ton symbole est sublime : le magnifique spectacle de tes vicissitudes précises nous enseigne une Providence infinie ; la régularité, la rigueur de tes lois nous prescrit le devoir, l'obéissance ; tu nous promets le bonheur par la beauté de tes mondes, et l'immortalité par leur durée. Je crois en toi. Je crois à la révélation que tu apportes à tes élus. Combien leur paraissent indifférentes et vaines, du point de vue où tu les élèves, toutes les fables humaines. Oh! nous ne sommes rien devant ta gloire ; nos idées naissent et meurent, elles passent comme le rêve d'une intelligence engourdie ; Dieu seul est grand et l'univers est son prophète.

O homme, tu te prétends déchu d'habiter ce monde, et voilà qu'en le voyant, lui, si harmonieux, si fidèle, et, toi, si déréglé, si coupable, je t'ai trouvé indigne de ce monde.

Quel mystère cependant que nous vivions au milieu de ces merveilles sans les apercevoir? Pourquoi, ô Créateur, as-tu placé dans un si beau palais des aveugles? Ces magnificences, trop hautes pour nous, trop inférieures pour toi, pour qui sont elles? Tu le sais, je me confie à ta puissance, sans alarmes, avec amour. Je baise, ému de respect, ces entraves attachées par tes mains fécondes. Je suis content. Pardonne, si mon âme enivrée ne peut contenir toujours la curiosité que ta grandeur m'inspire. Pardonne, si placé devant ton œuvre adorée, j'essaie de déchirer la nuit qui la dérobe.

CHAPITRE V.

Hélas ! je sais seulement de toi ce que m'en ont dit ces étoiles. Mais je brûle de te connaître. Quel es-tu, quel est-tu ? ô toi qui as placé, entre ton visage et les hommes, l'univers comme un voile. Cet univers, tu l'as posé stable sur le vide ; tu l'as demandé au néant, et le néant te l'a donné.

Uranée avait longtemps étudié la science des astres dans tous ses détails matériels et abstraits. Mais son âme, agrandie par la familiarité des ouvrages de Dieu, renonça bien vite aux chiffres et aux formules. De tout l'attirail qui accompagne la doctrine et qui la dépoétise, il ne lui restait qu'une lunette de cuivre, dont il se servait pour résoudre les pâles nébules, et pour désunir les étoiles doubles.

— Et pourtant, l'homme est quelque chose, reprit l'astronome après un moment de silencieuse méditation, ce colosse d'argile a une tête d'or. Voyez-le, cet être inconnu, comme il se trouve à l'étroit sur ce globe, sa demeure ; comme il en déborde de toutes parts ; comme il a su, de monde en monde, escalader ce ciel qui plane si loin sur sa tête. Voyez-le quand il se représente sur ses toiles, dans ses marbres, dans ses poèmes, comme il y est plus beau, sortant ainsi de ses propres mains, que lorsqu'il naît de celles de Dieu. Voyez cet œil qu'il s'est fait ; cet œil plus puissant mille fois que celui qu'il reçut en partage : cet œil qui voit plus loin que ne voit le soleil, et qui atteint où ses rayons n'arrivent pas. Contemplez ces mondes immenses qu'il a mesurés comme le maître mesure son champ ; cette terre qu'il a fouillée jusques dans ses entrailles de feu, qu'il a pesée comme dans sa main, et qu'il a trouvée trop petite, et dont il n'a pas voulu. Oh, oui ! sous ce honteux déguisement du corps, sous la livrée de chair qui te couvre, j'ai bien su te reconnaître, âme divine ; immortelle je te salue !

Après ces paroles qu'il prononçait avec une singulière pompe d'élocution et de geste, le vieillard Uranée resta dans une attitude recueillie, face à face avec le ciel. La nuit qui est plus grande et plus solennelle que le jour, parce qu'elle est plus mystérieuse, alimentait le feu de son âme enthousiasmée. Lorsqu'il eut assez médité, assez adoré, il se mit à observer ses constellations aimées ; à causer, comme il disait, avec les étoiles ; explorant, du couchant à l'aurore et d'un pôle à l'autre, cet univers qui nous enveloppe et qui paraît tourner comme une immense voûte mobile ; cherchant si quelque comète nouvelle n'entrait point dans notre firmament, et pointant tour à tour sa lunette sur celles des sphères, pour lesquelles il ressentait une admiration de préférence.

CHAPITRE V.

Il arrêta, pendant quelques instants, l'objectif du télescope sur la région céleste où filaient le plus grand nombre de bolides, espérant que peut-être un heureux hasard en ferait passer quelqu'un dans son champ de vue ; mais ce fut sans succès. Enfin, en attendant le lever du jour qui devait lui offrir l'inexpliqué phénomène de la lumière zodiacale, il vint à la lune, qui répandait sur la campagne endormie sa clarté suave, et dont l'éclat nuisait un peu à ses recherches. L'ombre commençait à la gagner par le bord et baignait déjà le pied de ses montagnes, dont les cimes brillaient, comme des îles de lumière au milieu d'une mer obscure.

La nuit entière se passa dans ces contemplations, dans ces élévations sublimes. Puis, les astres s'éteignirent au souffle embaumé de l'aube, et le soleil n'étant pas encore monté sur l'horizon, il ne resta plus de visible que la lune couchante, astre à la froide lumière qui montrait dans l'occident sa face pâle et fruste.

Pour connaître notre satellite dans toute sa beauté, il faut le voir, un ou deux jours avant son opposition, quand il se couche, le matin, derrière une atmosphère épurée par la fraîcheur de la nuit et par la rosée des ténèbres. Il resplendit alors comme un miroir ardent, et, venant après lui, la plus belle aurore est sans charme.

VI.

Il faisait à peine jour, et le matin n'avait encore éveillé que l'alouette, quand Jérôme, que la joie défendait du sommeil, s'achemina vers l'étroit sentier par où la colline descend à la vallée, et qui conduit par une pente molle au château de la baronne. L'heureux jeune homme venait errer autour des murs qui renfermaient celle qu'il aime, et attendre son lever le long des sombres avenues, dans les charmilles aux voûtes surbaissées, sous lesquelles Julla se promenait d'ordinaire, pendant la matinée, lorsqu'il faisait beau.

Avant nos troubles révolutionnaires, les seigneurs de Ruault possédaient, dans la province reculée où se passe ce conte, un château de guerre crénelé et donjonné, dont les murailles fièrement assises sur un tertre élevé commandaient aisément à la plaine, dont elles occupaient le milieu. Cette aire féodale fut rasée par les démolisseurs de la République, qui laissèrent seulement debout la haute tour du beffroi; dont ils ne purent jamais désunir les solides assises.

C'est dans cette tour que vint s'établir, parmi des ruines buissonneuses, le vieil Uranée. Avec ses goûts d'astronome et de solitaire il ne pouvait rencontrer mieux.

A la rentrée de l'exil, le baron Geoffroy de Ruault racheta les biens de sa famille, dont il était l'unique représentant; et, ne trouvant que des débris, là où il avait laissé une puissante bastille, il fit élever à quelque distance, sur le bord d'une toute petite rivière, un château d'architecture moderne, qu'il laissa par sa mort à la chanoinesse de Ruault, sa veuve. C'est auprès de ce château qu'arriva Jérôme, après avoir traversé le courant sur un long peuplier, jeté par la tempête en travers du ruisseau, où il formait un pont aussi pittoresque que périlleux.

En ce moment il faisait encore demi-jour; mais bientôt la lumière se leva, et le soleil essorant illumina de ses feux le ciel et le monde.

Le douteur se promena pendant plusieurs heures, dans le parc, occupé de mille agréables pensées qui ne tarissaient pas dans son imagination heureuse. Car, quelle que soit la félicité qu'une femme accorde à son amant, elle n'égalera jamais celle qui remplit le cœur durant les délicieux moments de l'attente ; et l'espérance, donnât-elle tout ce qu'elle promet, ses effets seraient toujours moins doux que ses promesses.

Pourquoi, ô Providence, avez-vous fait le désir si grand et la possession si petite? Pourquoi la fleur est-elle plus belle que le fruit? Pourquoi l'astre ne vaut-il jamais son aurore? Ah! je le sens : c'est afin que les dénués soient plus heureux de ce qu'ils espèrent, que les jouissants de ce qu'ils possèdent. C'est afin que les pauvres, qui sont vos Benjamin, soient les plus favorisés de vos enfants, comme les plus aimés.

Toute la beauté, toute la grâce de Julla était présente à l'esprit captivé de Jérôme, qui n'avait pas besoin de se trouver dans les lieux habités par elle, pour se la rappeler. Sa pensée ne quittait plus ces traits charmants, où dominait tant de douceur, cette calme et limpide figure, miroir de pureté, où se reflétait l'âme d'un ange, mais d'un ange qui ignore et qui désire. Il contemplait cet attachant visage, ce front aussi pur que les fleurs blanches dont on le couronnera, pour l'hymen ou pour le cercueil. Il descendait par la pensée, par le désir, le long de ce cou, souple tige, jusqu'à la

CHAPITRE VI.

poitrine, doux tabernacle de ce cœur dont il était aimé.

Mademoiselle de Ruault était grande et presque maigre, sérieuse et presque triste. Il régnait sur sa physionomie entière une gravité simple et accoutumée, qui provenait peut-être, hélas! d'un pressentiment fidèle de l'avenir. On devinait en elle une âme possédée de ce vague besoin de mourir, qui s'appelle mélancolie. La noblesse de son port, la dignité de sa démarche, saisissaient; et ce sont là, chez la femme, des avantages non moins précieux que rares. Que dire de ses yeux? et que dire de sa bouche? de son regard et de sa voix?

Du reste, toute cette beauté paraissait comme chastement voilée par une candide ignorance d'elle-même; car, l'aimable enfant était belle à la manière des lis et des roses, sans le savoir.

Elle possédait la pureté, la grâce, la jeunesse, et (plus grand de tous les charmes) elle était aimée. La passion de l'amant revêt la femme de si prodigieux attraits, que, pour lui, elle en est comme transfigurée; il la voit comme il la sent. Autant Prométhée ennoblit sa statue d'argile en lui donnant l'haleine de feu et de vie, autant celui qui aime embellit son idole en l'animant de son amour. Ce n'était que du pain et du vin; mais le prêtre a adoré, et voilà que c'est un dieu maintenant.

O femmes! être aimée c'est régner, vous le savez.

Bientôt, à force de s'enflammer à ces idées brûlantes de perfections et de volupté, Jérôme parvint à cet état d'effervescence morale où l'esprit produit et crée; à cet état de puissance extraordinaire où la devineresse en fureur monte sur le trépied, qui s'empare d'elle, et voit l'avenir ouvert. Il marchait fort vite, avec des gestes et des paroles; son sein haletait, son âme, devenue dominante, commandait au corps et lui communiquait ses tressaillements, son délire. Au-dedans de cette poitrine émue se passaient des choses qui ne se traduisent pas à ceux qui les ignorent, et que n'oublieront jamais ceux qui les ont une fois ressenties.

Il était aux pieds de Julla, prosterné comme le saint devant l'autel; et là, fervent d'amour, il savourait l'intime bonheur de se sentir aimer. Il pleurait aux genoux de celle dont les mains, dont les lèvres répandaient sur son front, sur ses yeux des caresses et des baisers. Il la pressait doucement dans ses bras, sur sa poitrine où il eût voulu la faire entrer. Et c'était Julla! Julla, devant qui l'univers et le ciel avaient disparu. Julla qui était

CHAPITRE VI.

seule, qui était tout. Julla, qui l'attirait comme un abîme, comme un monde. A la fin, son émotion devint si forte, qu'il fut obligé de s'appuyer contre un arbre : dans son ivresse, il chancelait, ses larmes l'empêchaient de voir, son sang l'empêchait d'entendre.

L'apparition subite de mademoiselle de Ruault, qui s'avançait lentement sur le boulingrin d'une allée, abattit d'un coup tous ces transports. Jérôme tomba de son nuage. Le rêve s'envola. L'idéal s'évanouit, comme s'évanouit l'aurore quand le soleil paraît. Mais il restait encore assez de poésie à la réalité, pour qu'elle pût, avec avantage, contrebalancer la chimère.

A la vue du jeune homme, le visage de Julla s'épanouit dans un sourire et s'anima soudain. Innocemment elle hâta le pas. Faut-il mentir à son cœur quand ce cœur est pur? Jérôme, lui, accourut comme un enfant, et vint présenter son bras à la jeune fille qui le prit aussitôt; car, depuis la promenade de la veille, cette place lui était familière.

Quel revoir pour tous deux! et après quelle nuit?... Lecteurs, vous décrire de pareils instants ce serait anatomiser, fibre à fibre, une rose.

— Je vous attendais depuis bien longtemps, dit le douteur, et ce longtemps a passé vite. Mon imagination, naguère si habile à me tourmenter, ne travaille plus à présent que pour mon seul bonheur. Julla, ce changement favorable c'est à vous que je le dois.

— Le ciel m'aurait-il fait cette grâce de me choisir pour vous apporter ses consolations? dit la jeune fille.

— Comme une mère choisit, parmi ses enfants, le plus jeune, le plus aimé, et dépose dans sa petite main l'aumône que le pauvre implore, ainsi le Seigneur vous a choisie, entre toutes, pour me secourir. Non, ce n'est pas le hasard qui vous a placée, vous si bonne, si consolante, auprès de moi si pervers, si malheureux! Êtes-vous donc venue de vous-même dans cette solitude? Lorsqu'Agar trouva Gabriel dans le désert, n'y était-il pas de la part de Dieu?

— S'il en est ainsi, dit l'amante, (et il m'est si doux de le croire que je le crois) s'il en est ainsi, je suis heureuse comme les anges, lorsque la toute bonne Providence les charge de porter quelques joies à ceux qui souffrent sur la terre. Ce peu de bien que je vous apporte a passé dans mon cœur, où l'avait déposé celui qui m'envoie, et il y a laissé une ineffable mémoire.

— Julla, lui dit Jérôme, après l'avoir regardée un moment avec transport. — je vous aime!

CHAPITRE VI.

A ces paroles, les plus retentissantes que puisse entendre une femme, la jeune fille toute saisie cacha son front dans ses mains ; aimable honte qui voilait son visage et découvrait son cœur.

Ces paroles, on se les redit bien souvent lorsque le souvenir du premier aveu fait encore rêver l'ivresse qu'il a causée ; mais la puissance de ces mots magiques va toujours s'affaiblissant ; et le cœur, lui aussi, ne se déflore qu'une fois.

— Ce que vous m'avez apporté de calme, reprit Jérôme, vous ne le comprendrez jamais. Il vous a été donné d'égaler les consolations aux misères. La femme qui m'a conçu ne m'avait donné qu'une vie de souffrance, vous m'avez fait naître au bonheur. Je suis votre petit enfant. Astre doux et propice, pourquoi t'es-tu levé si tard dans ma nuit sombre ? Oh ! qu'il fait bon être heureux ! je ne savais pas qu'il y eût tant de joie sur la terre.

Ce n'est pas au milieu des solitudes de la nature et des hommes, que l'amour rencontre les obstacles menteurs d'une pudeur jouée. Julla ne déguisa point sa tendresse : elle en était ravie, elle en pleurait ; elle s'abandonnait toute entière à sa pente comme un fleuve. Comme un vase qui ne peut suffire à la source qu'il reçoit, son cœur débordait.

Cependant les heures fuyaient à tire d'aile; plus on est heureux, plus elles volent.

Les deux amants se parlèrent, se regardèrent, disant de ces paroles qui sont mortes pour les cœurs morts, mais que l'amour vivifie; paroles toujours les mêmes pour l'oreille, mais dont le cœur sait varier le charme.

Une fois seulement, Jérôme, hors de lui, pressa Julla dans ses bras avides, et lui donna le premier baiser. Ce baiser de feu qui purifie les lèvres de l'amante et lui permet d'aimer sans souillure, comme le charbon ardent purifia les lèvres d'Isaïe, et lui permit de parler de Dieu sans blasphême. Si ce premier baiser a été tiède, votre amour est une profanation : vous n'aimez point.

Ce baiser, la jeune fille ne le rendit pas. Temps fortuné que celui qui sépare le premier baiser de l'amant du premier baiser de l'amante! Aube délicieuse, floraison ineffable!

L'heure de la messe, sonnant à la chapelle du château, marqua l'instant de la séparation. Jérôme accompagna mademoiselle de Ruault jusqu'au bout de l'avenue de platanes, qu'ils longeaient à pas retardés. Leurs pieds disparaissaient dans l'épaisse litière des grandes feuilles sèches et bruyantes dont le sol était couvert. Leur marche en était entravée.

Ce qu'il y a d'admirable dans un couple qui s'aime, c'est l'harmonieux contraste de l'homme fort, et de la femme faible. C'est l'opposition marquée de ces deux figures, l'une fière, l'autre angélique. C'est la différence de ces yeux fascinés et tendres, et de ces regards passionnés et vigilants. Ce sont toutes ces formes puissantes et mâles rapprochées de tant de douceur, de tant d'abandon : ce bras terrible noué à ce bras charmant, plus frais, plus léger qu'une guirlande de fleurs. D'un côté, une poitrine calme et généreuse ; de l'autre, deux mamelles craintives, plus agitées, plus émues que le cœur qu'elles recouvrent et qui les soulève. A l'homme, l'empire, l'assurance ; à la femme, sur ses désirs, le doux voile de la pudeur, sur ses faiblesses, le long voile de ses cheveux.

Nulle autre part, dans la nature, la diversité n'est aussi accordée, aussi consonnante.

— Venez ce soir chez Uranée, dit Jérôme, il nous montrera le ciel.

— Oh, oui ! cria Julla, le ciel !

Et ils se séparèrent, heureux de la passion nouvelle où ils venaient d'entrer, comme serait heureux celui, qui pour la première fois, entrerait dans un monde merveilleux, où la douleur et les chagrins seraient inconnus.

VII.

O puissance et grandeur autant que faiblesse et misère de l'homme! Il lui suffit de changer pour que tout change autour de lui ; s'il est heureux, la création sourit ; vient-il à s'attrister, la nature a plus de plaintes que son cœur : et l'on dirait que courtisan servile, l'univers compose son visage sur celui de son roi.

Depuis qu'il avait rencontré non la vérité, mais, chose aussi rare, le bonheur, Jérôme ne traversait plus en aveugle ces champs pâlis où mourait l'automne. Il s'arrêtait à chaque pas, à chaque fleur, sur le revers aride des côtes, dans le giron humide des vallées, occupé à considérer tantôt une feuille d'herbe curieusement découpée, tantôt le travail merveilleux de quelque araignée filandière et chasseresse tendant aux éphémères, et aux noctuelles ses rets perfides ; tantôt un milan éployé, immobile au zénith, ou un chardonneret perché sur la plante dont il a pris le nom, et paré de ces riches couleurs qui rendent les fleurs jalouses. Dans sa générosité, il se détournait du sentier battu pour ne pas écraser un insecte ; il n'eût pas cueilli une fleur pour tout un empire : on est si bon quand on est heureux.

C'était l'heure où le soleil, penché à l'horizon du soir, regarde, sous leur large coiffure, le visage hâlé des faneuses. Les ombres grandissantes commençaient à descendre des collines, et traînaient après elles comme de longs vêtements.

Jérôme se rapprocha du donjon élevé que l'on apercevait de tous les points du plat pays, et où Julla devait se rendre.

Lorsque le promeneur eut gravi l'escalier oblique et sombre, et qu'il fut parvenu au faîte de la tour, il se trouva le seul hôte de ces grandes ruines. Autour de lui, le panorama était triste : à l'orient, une forêt sans rivages comme la mer, s'étendait jusqu'au pied du ciel; au couchant, le bois mêlé de paquis et de landes laissait voir, par intervalle, le cours ondulé de l'étroite rivière et la cime ardoisée du château de Valfleuri, qu'habitait madame de Ruault. C'était le côté où le paysage avait le plus de profondeur: derrière les côtes

4

vertes fuyaient les côtes bleues. Enfin, tout au loin, se découpait sur l'auréole du soir la silhouette obscure de la pauvre église de ces pauvres campagnes. Les brouillards s'élevant du sol, comme des fumées blanches, remplissaient déjà les grasses prairies, pleines de troupeaux, qui longeaient le courant tranquille.

La tour, où se trouve Jérôme, avait cinquante mètres de hauteur, et l'éminence qui la portait en avait trente. Peu de personnes se feraient une idée de l'étendue qu'offre, durant les ténèbres, le firmament vu de ce sommet, qui, vous suspendant au-dessus de l'abîme confus des campagnes sombres, vous isole de tous points de comparaison. Pour l'observateur ainsi placé, l'horizon s'abaisse, et le ciel devient une immense voûte dont la concavité est bien plus sensible, et les proportions bien plus considérables à la lueur des étoiles qu'aux rayons du soleil ou même de la lune. La raison de ce fait est facile, mais le phénomène est saisissant.

Au bas de ce donjon, le tertre où il fut bâti paraissait tout jonché des débris nombreux de l'ancien manoir qui s'était trouvé placé trop avant dans les terres pour qu'il fût possible d'en utiliser les décombres. On y voyait encore les profondes douves où trempait jadis le pied des murailles, dont la chute les comblait à demi; et où criaillait tout

CHAPITRE VII.

l'été le chœur coassant des marécages. La lentille d'eau y étendait une nappe verte et unie, et, sur les bords, abondait le froid nénufar aux larges feuilles nageantes.

Dans la lutte brutale de l'homme contre le granit, le donjon seul était resté vainqueur, mais non sans blessures. Les frêles tourelles, les colonnettes déliées avaient cédé sans résistance ; les lourds escaliers, les piliers massifs tinrent plus longtemps : le bélier n'y pouvait rien, il fallut les déraciner du sol comme des arbres.

Quelques pans de mur ébréchés survivaient isolément à toute cette destruction. Jérôme s'arrêta à considérer une colonne encore debout à côté de son chapiteau d'acanthe, tombé à terre près de sa base : on eût dit une femme lassée qui a déposé à ses pieds la corbeille de jonc dont elle a déchargé sa tête. Déjà grandissaient de toutes parts le lierre tenace, les giroflées de muraille, l'asphodèle des morts, les mousses pariétaires, et toutes ces plantes fidèles dont une nature généreuse s'empresse de vêtir la nudité des ruines.

Ce qui demeurait du manoir renversé témoignait d'une ancienneté précieuse, et faisait déplorer sa démolition insensée.

Le temps qui, pendant une durée de cinq à six siècles, s'était borné pour tout outrage à effeuiller autour des colonnes les touffes de granit où l'épervier assied son aire, comme l'hiver effeuille autour des chênes la branche où la fauvette pose son nid, le temps avait été moins fort et surtout moins barbare que l'homme.

Durant le jour, on voyait de beaux lézards, verts comme des émeraudes, prestes comme des oiseaux, et d'inoffensives couleuvres roses, suivre, sur les pierres écroulées, le rayon de soleil qui marchait lentement de débris en débris. Dès que l'astre commençait à faillir, les couleuvres rentraient en glissant sous les gravois, et quelques lézards gris suivaient le long des murailles la tiède lumière, qui montait d'assise en assise, jusqu'à ce qu'arrivée à la dernière elle s'effaçât tout-à-coup.

Avec la nuit, se montraient l'orfraie à l'œil jaune et rond comme la lune qui l'éclaire, le hibou à l'attitude immobile, au vol muet. Tous, ils sortaient de leur trou en culbutant et en tournant sur eux-mêmes, pareils à une pierre qui se détache du mur, et en faisant éclater, dans les ténèbres attentives, leur cri semblable au dernier hoquet d'un mourant.

Sur ces ruines, on peut le croire, les ombres étaient solennelles, et l'on eût dit que la beauté du firmament se rehaussait en ce lieu de la désolation de la terre.

CHAPITRE VII.

Jérôme regardait s'effacer sous ses yeux le paysage qu'abandonnait, par degrés insensibles, la décroissante lueur du crépuscule, il songeait.

Hélas, hélas! Jérôme, sont-ce bien réellement des pierres qui gisent autour de toi? le démolisseur n'a-t-il donc renversé que des murailles? en passant sur ces ruines, le souffle vivifiant du prophète ne ferait-il pas se relever tout un peuple d'idées ensevelies? Regardez, regardez, dans le creux des meurtrières, comme une madone dans le mur, descendent les formes indécises des châtelaines ; un pâle reflet du clair de lune flotte autour d'elles, pareil à une écharpe légère. Dites, est-ce le ramier sauvage ou le cor d'ivoire qui se lamente dans le bois? Est-ce un météore ou une âme en peine, cette flamme folle qui erre là-bas au sein des ténèbres épouvantées? Entendez-vous le cliquetis des harnais de fer appendus dans les salles sonores? Non, ce n'est pas la chevelure de lierre de la tourelle qui s'agite à la brise, c'est la bannière de guerre qui déroule ses abeilles d'or. Ce n'est pas le vent qui gémit, c'est le jeune page qui chante d'une voix troublée en traversant, seul dans l'ombre, les galeries désertes. C'est le lévrier qui se plaint dans le préau, ce n'est pas l'oiseau de nuit. Croyez-moi, voici l'armée de Malcolm qui s'avance avec ses branches vertes, ce n'est pas la forêt.

Et pourtant, Jérôme, ce sont bien réellement des pierres qui gisent autour de toi; et, de tout un monde abattu avec ces murailles, il n'est resté que ces débris et tes illusions, ô poète.

Le jour était descendu tout entier sous l'horizon, quand arriva Julla qu'accompagnait Uranée.

Julla, dans tout l'éclat de la beauté, de la jeunesse, contrastait, plus qu'on ne saurait dire, au milieu de ces tristes vestiges du passé. L'aimable enfant ne craignait point de hanter ces ruines; les fleurs répugnent-elles à croître sur les tombeaux?

— Descends avec moi, dit l'astronome à son ami, je vais te faire apparaître mademoiselle de Ruault avec une auréole, car je suis encore assez magicien pour cela.

Le jeune homme ne se souciait point de quitter la réalité pour le fantôme, mais Uranée l'entraîna.

Lorsqu'ils furent arrivés tous les deux au bas du donjon, le vieillard plaça Jérôme de manière à ce que la lune vint s'arrêter derrière la tête de la jeune fille, restée debout sur le bord des créneaux, et le disque à demi éclipsé débordait ce visage de femme qu'il ceignait ainsi d'un nimbe de lumière.

— Si la lune était nouvelle, dit Uranée, tu verrais une Diane avec son croissant d'argent; mais voici Sirius qui scintille, déplaçons-nous un peu,

CHAPITRE VII.

Julla va se montrer, comme la muse Uranie, avec une étoile au front.

Et en effet, à mesure que les deux spectateurs changèrent leur point de vue, l'astre descendit lentement vers la jeune fille et parut venir se poser sur sa tête.

Ce spectacle avait quelque chose de grand dans son enfantillage. Pour Jérôme, c'était l'amante vue avec l'auréole des vierges célestes et des anges, pour le vieillard, c'était un soleil immense qui venait orner le front d'une jeune fille; et toutes les fois que la nature se mêle ainsi aux sentiments de l'homme, le rapprochement est plein de charmes.

Lorsque Julla offusquait en entier le disque de la lune, on n'apercevait plus que la silhouette de la jeune femme se détachant avec pureté du sein d'une clarté suave qui semblait émaner d'elle; et quand l'orbe éclairé dépassait tout au tour la tête qui n'en occultait que le milieu, on voyait un doux profil, un profil adoré, se dessiner au loin sur un fond de resplendissante lumière.

Les deux solitaires auraient volontiers rêvé devant ce tableau charmant, s'ils n'avaient craint de laisser Julla s'effrayer d'être seule au sommet de la tour. Ils vinrent donc l'y rejoindre, et lui raconter ce qu'ils avaient vu ; mais elle les avait devinés, et, par une immobilité complaisante, s'était prêtée de bonne grâce à tous leurs arrangements.

Après cette scène, après ce prélude, Uranée se mit à faire les honneurs de la science, et l'œil puissant du télescope révéla bien des merveilles.

— On dirait, s'écria la jeune fille, que fascinés par ce regard magique, les mondes attirés se rapprochent.

Celui qui voit le ciel pour la première fois dans une forte lunette de nuit, est comme transporté au milieu d'une création nouvelle. Pour lui, le firmament se déploie, les astres se transfigurent, l'univers prend des proportions inconnues. De l'horizon au zénith, ce ne sont que vastes continents de lumière. Notre satellite, hérissé de pitons flamboyants et tacheté d'ombres, couvre de son orbe élargi tout un pan du ciel. Les planètes ne sont plus de pâles étincelles : Jupiter, avec son horizon paré de quatre lunes brillantes, apparaît aussi grand que la roue d'un char ; le croissant démesuré de Vénus resplendit d'une blancheur éblouissante ; Mars, pareil au bouclier rond qui sort informe de la fournaise, se montre gibbeux et sanglant ; Saturne, à travers plus de trois cent millions de lieues, propose l'énigme de ses mystérieux anneaux, contre lesquels toute cosmogonie échoue ; et, à l'horizon de notre système, par delà cette prodigieuse étendue, aux confins de laquelle le

CHAPITRE VII.

puissant triangle a su l'aller atteindre, le lent Uranus, à la séculaire année, nous dévoile son ciel lointain où six lunes se lèvent.

Les nébuleuses les plus faibles se peuplent de soleils sans nombre; les astres doubles, changeants, colorés, temporaires, se révèlent en foule; et chaque étoile est un univers.

Et quand la science vous a expliqué l'épouvantable volume de ces corps, l'incommensurable distance qui les sépare, la vitesse effroyable de leur marche que rien n'égale, si ce n'est la régularité de leurs évolutions précises; quand vous songez combien sont illimités ces espaces où les comètes, traînant après elles une chevelure de soixante millions de lieues se meuvent à l'aise, au milieu des systèmes semés partout sur leur route; quand l'astronome vous dit, avec l'émotion de son âme qui ne peut s'habituer à tant de merveilles, que dans une portion de la voie lactée que couvrirait sans peine la main d'un enfant, gravitent mille soleils entourés chacun des planètes qu'il emporte et qu'il féconde, et centre d'un firmament plus riche que le nôtre; quand il vous démontre que Sirius est un astre au moins quatorze fois plus grand que celui qui nous dispense la chaleur et la vie; quand il vous arrête à cette pensée prodigieuse, qu'un soleil menant à sa suite son cortége de comètes, de satellites et de mondes, circulant autour de lui dans un champ de dix milliards de lieues de circonférence, avec une vitesse moyenne de vingt milles par seconde, vu à la distance qui nous sépare de la plus voisine des étoiles de la voie lactée, n'est plus qu'une imperceptible nébulosité que masquerait un atôme de poussière ou le diamètre d'un cheveu : oh! alors, renversé par tant de gloire, vous vous demandez ce que c'est que l'homme qui n'est rien devant tout cela, et ce que c'est que Dieu devant qui tout cela n'est rien?

Mais il fallait recueillir tous ces détails de la bouche même d'Uranée, il fallait entendre le pontife révélant les richesses du temple, lui qui en connaissait les mystères, lui que dévorait, ô mon Dieu, le zèle de votre demeure.

— Quand je parais devant cette création infinie, c'est pour moi comme si je paraissais devant Dieu, disait le vieillard, afin d'excuser l'émotion extraordinaire qui, en ce moment même, l'agitait d'une respectueuse frayeur.

Puis, dans un élan d'enthousiasme, il s'écria :

— O Éternel, ô Tout-puissant! comme ma pensée, qui ne peut arriver jusqu'à ton œuvre, est loin de pouvoir t'atteindre. Où étais-je quand les mondes se mirent en marche pour la première fois? quand l'infini commença d'être? Que suis-

CHAPITRE VII.

je devant ces soleils innombrables? devant cet univers émané de toi comme les rayons de ta gloire?

Ah! lorsque je me compare à cette création démesurée, je deviens si petit que je ne m'aperçois plus!

L'âme des deux amants, ouverte, agrandie par l'amour, se remplissait d'admiration pour tant de prodiges. Debout, la tête nue, près des remparts, Jérôme était superbe: son grand front dominait sa noble figure, comme un bandeau de roi, Lorsque le vent, lui soufflant au visage, rejetait en arrière sa chevelure longue, sa physionomie prenait une expression inspirée et céleste; mais lorsqu'il la ramenait sur son front obscurci, il le voilait de mélancolie et de deuil.

Pour Julla, elle était ravie, elle était possédée, et ne parlait au vieillard qu'avec recueillement et à voix basse, comme l'on parle au prêtre lorsqu'il est à l'autel.

Le sentiment qu'un tel spectacle inspire, c'est la confiance. L'âme s'abandonne sans crainte aucune à l'auteur de ces merveilles inconnues. On sent qu'il est trop grand pour ne pas être bon, et que s'il a donné la magnificence à la matière, il donnera le bonheur à l'intelligence. On s'écrie avec Uranée :

— Celui qui a créé les soleils et les mondes, celui qui d'un mot a bâti l'univers, celui-là, à coup sûr, ne saurait avoir tort!

Plus on s'éloigne des hommes, plus on se rapproche de Dieu, disait encore le vieillard, ceux qui vivent parmi leurs semblables sont bien plus isolés que celui qui habite au milieu de ces créations innombrables. Leur multitude me rassure. Comme les enfants, nous ne nous effrayons que parce que nous croyons être seuls. Nous ne voyons pas la foule qui nous entoure; et pourtant, il faudrait la regarder toujours : car, de même que les élus du ciel n'ont d'autre félicité que la contemplation éternelle de Dieu, de même ici-bas la contemplation de l'univers doit nous suffire.

Mais, en le contemplant, cet univers, apprenons à nous défier des apparences, à ne pas ajouter foi au témoignage infidèle de nos sens aveugles. Qui se douterait ici, dans cette nuit tranquille, sur ce sol inerte, sous cette voûte étroite semée d'astres stationnaires, qui se douterait que nous habitons au milieu des sphères emportées, sur un monde qui fuit prompt comme la foudre, et qui tourne comme l'essieu le plus rapide? Qui devinerait, sur nos têtes, sous nos pieds, autour de nous, tout ce mouvement, tout ce tumulte, toute cette vitesse ; ces orbites immenses, ces courses précipitées, cette fougue, cette chaleur, ces attractions combinées, ces luttes constantes, cette variété magnifique, cet ordre inexorable, ces espaces incompréhensibles; tant de lumière, tant de force, tant de volume, tant de distance, tant de changements, tant d'intelligence, tant de rayons, tant de nuit; et tous ces objets inconnus à jamais dont l'univers est rempli; en un mot, l'infini en toutes choses, l'œuvre de Dieu?

Ah! Jérôme, lève la tête au ciel, et vois ce que deviennent ces merveilles quand l'homme les regarde!

Et quelle n'est point la durée de tout cela! Songez qu'un seul des mouvements, qu'une seule des oscillations de cette petite terre que nos pieds foulent, met à s'accomplir vingt-cinq mille années.

Quel est donc le créateur? si ce peu que je vois de la création est si magnifique!

Mon ami, il serait mauvais peut-être de montrer ces grandes choses à tous les hommes. Ce serait, quelque étrange qu'il paraisse, les conduire à l'athéisme. Et, en effet, quand l'intelligence s'est déployée outre mesure pour contenir cet univers, quand elle y a dépensé vainement toutes ses forces, toute sa puissance, elle se replie épuisée; et Dieu venant après cela, comme l'ouvrier derrière son ouvrage, il lui est impossible d'y rien comprendre. Il faut aller à la divinité de prime-saut, sans passer par la création : je porte défi à la plus forte intelligence de se former aucune idée de Dieu, après avoir étudié l'univers. Comment mesurer du regard la statue, quand on n'a pu seulement atteindre au sommet du piédestal?

— O homme, que tu es petit ou que tu es grand! murmurait le douteur.

Le vieil Uranée parlait avec une gravité pieuse, avec un sentiment religieux qui prêtait beaucoup d'autorité à sa parole. Lorsqu'il prononçait le nom de la divinité, il ne saluait pas, il ne se découvrait point le front; mais à l'émotion de sa voix, à l'humidité de son regard, on comprenait toute la vénération que lui inspirait ce nom suprême.

Il parla longtemps, le sujet était inépuisable : Julla et Jérôme l'interrompaient quelquefois par leurs questions.

— Que vous êtes heureux de vivre ainsi, si proche du ciel, lui disait la jeune fille; sans doute, durant le silence des ombres, vous entendez, comme les poètes, le chant des sphères harmonieuses. Vous êtes heureux, et cette idée me remplit de joie, car nous vous aimons tant! Oh! dites-moi que vous êtes heureux?

— Je le suis, répondit Uranée avec une candeur auguste. Mais, mon enfant, je n'ai pas toujours habité cette Thébaïde. Il n'y a que les naufragés pour connaître les charmes du rivage. J'ai souffert beaucoup pendant nos dernières révolutions politiques, pendant le règne terrible de ces hommes qui ont fait tant de choses avec tant de sang; j'ai souffert, et, chose affreuse, j'ai vu souffrir ceux que j'aime. Aujourd'hui tout cela est passé; et la fin de ma carrière ressemble si peu à son commencement, que j'ai peine à croire quelquefois que ce soient les deux bouts d'une même vie. Cependant, s'il me faut encore essuyer des jours d'orage, j'y suis prêt. Dans le peu de temps qu'il me reste à vivre peuvent tenir, je le sais, bien des douleurs; parfois l'astre est éclipsé au bord de l'horizon; après trente millions de lieues, parcourues sans obstacles, le rayon de soleil est souvent arrêté par un nuage à quelques cents pas de la terre vers laquelle il accourt.

— Bah! dit Julla souriante, vous ne tenez pas à ce monde; et s'il nous y arrivait quelque nouveau malheur de révolutions ou de guerres, vous vous sauveriez dans la lune.

La nuit s'avançait. Le Charriot avait déjà décrit autour du nord une partie de sa course. Il fallait rentrer au château. La baronne n'avait permis de s'absenter que jusqu'à minuit. Cependant Julla ne pouvait se résoudre au départ : quitter la vieille tour, c'était quitter Jérôme. Pour retarder l'heure de l'adieu, elle demandait toujours à voir se lever encore une étoile. Après Bootès elle voulut voir l'Épi, et puis la Perle, et puis Wéga, et puis ce n'était point assez. La pauvre enfant eût épuisé le ciel plus tôt que son cœur.

Enfin, il fallut partir.

— Avant de nous séparer, dit-elle à Uranée, donnez-moi, mon père, une de vos étoiles. Vous m'en aviez donné une autrefois, mais je l'ai perdue.

— Je te donne Algénib, dit l'astronome; après Amalthée, c'est la plus belle de ces étoiles polaires, qui, pour nous, ne descendent jamais du ciel.

— Et pourquoi ne me donnez-vous pas Amalthée, puisqu'elle est supérieure à Algénib en beauté? demanda la jeune fille.

— Parce qu'Amalthée est réputée funeste. Le destin de la pauvre Marie Stuart y était lié, au dire des astrologues du temps ; et si la malignité de l'étoile n'a pas influé sur le sort de la reine, les malheurs de la reine, du moins, ont influé sur la renommée de l'étoile, et l'ont fait mettre au nombre des astres malheureux.

Puisses-tu, mon enfant, laisser au tien une mé-

CHAPITRE VII.

moire fortunée, et puissent les constellations heureuses verser sur toi, du haut du ciel, leur influence amie.

Après ces mots, Uranée prit congé des deux jeunes gens en pressant, selon sa chaleureuse habitude, leur main contre sa poitrine.

VIII.

Jérôme aida mademoiselle de Ruault à descendre les degrés de la tour ruineuse, dont l'escalier aux marches étroites et creusées était, à cause des ténèbres, impraticable pour la jeune fille; car le vieil Uranée ne connaissait la nuit d'autre lumière que celle de la lune et des étoiles. La descente devenait périlleuse, Julla trébuchait souvent. Enfin Jérôme, craignant pour elle, la prit dans ses bras et la porta ainsi jusqu'à la sortie du donjon.

Dans l'obscurité profonde, l'heureux jeune homme sentit cette poitrine de femme et d'amante, battre pleine de chaleur sur la sienne; il appuya ses lèvres immobiles sur ce sein de vierge, sur ce sein inconnu, dont il aspirait la tiède émanation à travers l'obstacle d'un tissu léger; il respira le souffle suave de la jeune fille, mêlé au parfum na-

CHAPITRE VIII.

turel de ses cheveux ; il approcha de ce frais et brûlant visage autant que l'on approche d'une odorante fleur : assez pour la narine, pas assez pour le baiser.

Aussi, l'enfouisseur, enveloppé d'un manteau de ténèbres, descendant à minuit enterrer son or, ne marche pas avec plus de vigilance sur les degrés de son caveau fidèle ; et le saint à qui il fut donné de porter le Christ sur ses épaules sanctifiées, ne s'avançait pas avec plus de soins et d'alarmes à travers les inégalités du fleuve.

Arrivé à ciel ouvert, Jérôme gardait encore la jeune fille dans ses bras, dans son embrassement. Il ne pouvait s'en détacher. Il la tenait là toute entière : il la possédait. De son côté, Julla se taisait et paraissait inanimée, quand tout à coup elle fit un mouvement extraordinaire, comme pour se dégager de l'étreinte du jeune homme ; alors celui-ci la posa à terre et lui offrit son bras, où elle s'appuya vivement.

Ils se sentaient heureux d'être ainsi seuls l'un à l'autre, au milieu de l'isolement de la campagne, de la nuit et des ruines. L'astronome venait d'élargir pour eux les limites de l'univers, et de proportionner son immensité à celle de leur amour. Ils s'y trouvaient à l'aise, et, devant tant de grandeur, les merveilles de leur âme ne les étonnaient plus. En eux et autour d'eux, tout était sublime.

En passant devant sa petite maison, à l'orée du bois, Jérôme supplia mademoiselle de Ruault d'y venir faire sa prière. Elle y consentit.

Et ce fut un tableau touchant, lorsque la jeune fille s'agenouilla par terre, auprès du lit de Jérôme (la sainte enfant!) et les mains jointes sur sa poitrine, que soulevait à temps égaux sa douce haleine, se mit à réciter à mi-voix, sa prière du soir.

O Uranée, vous eussiez détourné vos regards de votre ciel pour contempler la candeur, la majesté de cet ange en prière!

Jamais plus de pureté ne s'était unie à plus d'amour, plus de beauté à plus d'innocence. Jérôme, la main sur la bouche, s'efforçait de contenir l'émotion ineffable dont il était accablé. Il sanglotait doucement, il versait des larmes (on appelle cela des larmes!)

Hélas! pourquoi l'existence ne se passe-t-elle pas ainsi toute entière à prier, à aimer? Si vous le vouliez, ô Créateur, il serait si facile à votre Providence d'étendre sur toute une vie ces heures de ravissants transports, et la terre redeviendrait un paradis.

Le pauvre douteur contemplait toujours sa jeune amie dont le calme visage reflétait le ciel, et dont

CHAPITRE VIII.

les lèvres lentement remuées parlaient à Dieu, quand tout à coup la porte s'ouvre. Julla se lève, et l'avocat Hellénor, qui était envoyé par la baronne pour ramener sa fille, entre brusquement dans la chambre.

— Est-ce que vous vous apprêtez, Mademoiselle, à passer ici la nuit? dit brutalement le nouveau venu. Puis il ajouta d'un ton sec : On vous croyait chez Uranée?

— Nous venons en effet de chez l'astronome, dit le douteur, et c'est à ma prière que mademoiselle a bien voulu s'arrêter ici quelques minutes en passant. Puisque la lecture que nous avions à faire est achevée, nous allons repartir afin de ne pas prolonger les inquiétudes de madame de Ruault.

C'était bien là un mensonge, mais le moyen de dire à ce démon que l'on se trouvait là pour prier Dieu seulement.

Hellénor prit la main de Julla et, l'entraînant sans égards hors de la chambre, il répétait au pauvre solitaire, d'un ton grossièrement narquois :

— Bonne nuit, Jérôme, bonne nuit!

Julla put résister assez pour dire à son amant, d'une voix qui, par son charme, réparait l'insulte de l'avocat :

— A revoir, mon ami, à revoir. Et assez bas pour ne pas être entendue de celui qui l'emmenait : A toujours !

Dans ce moment, on le croira sans peine, Hellénor parut à Jérôme le plus grand scélérat de la terre. Il le regarda s'éloigner tristement, comme le pâtre regarde fuir le loup qui emporte l'agneau qu'il ne saurait défendre; puis il rentra dans sa chambre vide. Cependant son cœur revint par degrés de l'agitation où l'avait mis la venue et les paroles du trouble-fête. Il reconnut avoir eu tort de retenir la jeune fille si avant dans la nuit; il s'avoua coupable, fut soulagé de son dépit, et bientôt ne songea plus qu'aux divers événements de son heureuse journée.

Il fit (et qui ne l'eut fait?) il fit sa prière à la même place où la jeune femme avait commencé la sienne, s'étudiant à poser les genoux où elle les avait posés, et s'efforçant d'imiter de son mieux son attitude recueillie. Lui qui, depuis bien des années, ne pouvait plus prier, il pria cette fois et quelle prière! quelle ferveur! quelles grâces ! Son âme agrandie toucha au ciel. Cette pauvre âme humaine, dès qu'on lui ouvre une issue, comme elle part joyeuse !

— En vérité, Mademoiselle, vous nous ramenez au temps des patriarches et des rois pasteurs, et il

CHAPITRE VIII.

faut que vous ayez en partage la simplicité de la colombe, pour vous arrêter ainsi, chez un jeune homme, seule, et à pareille heure, disait Hellénor à Julla le long du chemin.

— Ne sommes-nous pas demeurés, vous et moi, seuls des semaines entières au château? répondait la jeune fille, pourquoi ce qui pour vous est convenable ne le serait-il pas pour Jérôme ?

— Mais moi, Mademoiselle, moi — je remplace votre père.

— Mon père, Monsieur, n'aura jamais besoin d'être remplacé dans le cœur de sa fille; c'est là que vivent toujours ses conseils comme sa mémoire.

— Les conseils doivent changer avec l'âge de celle qui les reçoit; je vous donne ceux qu'il ne peut vous donner lui-même, répliqua Hellénor d'une voix complaisamment ralentie.

Mademoiselle de Ruault, songeant à la conduite débordée de ce beau prêcheur, eut le bon esprit de garder le silence. Si bien que jusqu'à l'arrivée au château, l'avocat continua à pérorer et la jeune fille à se taire.

Or, cet Hellénor était le père de Julla qui le croyait seulement l'ami de la baronne et non point son complice. La pauvre enfant n'avait jamais soupçonné cet adultère affreux dont elle était le fruit, et dont peut-être elle sera la victime.

IX.

Julla trouva sa mère renversée sur des coussins, auprès d'un feu mourant dont les dernières braises se saupoudraient peu à peu de cendres blanchissantes. La noble vieille égrenait nonchalamment son rosaire, priant du bout des lèvres et chuchotant tour à tour des oraisons à Notre-Seigneur et à Notre-Dame. Elle n'adressa aucun reproche à sa fille et ne lui témoigna son inquiétude que par des caresses plus multipliées et plus tendres qu'à l'ordinaire. La pauvre petite ne s'attendait pas à une réception si douce et ne devina point que sous ce bon accueil se cachait un baiser perfide.

— Assieds-toi ici, mon enfant, à mon côté; plus près, plus près encore, là. Mon Dieu! comme tu es fraîche, et comme l'odeur de la forêt t'a toute parfumée! Ah! tu es heureuse plus que tu ne penses, petite vagabonde, de pouvoir te promener ainsi à travers champs, glanant à la suite de l'automne quelques fleurs oubliées. Et ton bouquet accoutumé, je ne le vois pas, je ne le sens pas ; où est-il ?

— Ma mère... aujourd'hui je n'en rapporte pas, répondit l'enfant un peu embarrassée.

Sais-tu au moins que tu cours les bois, la nuit, comme une Willis ? Mais voilà que je te parle de la terre et tu reviens du ciel. Dis-moi, as-tu bien fureté tout le firmament avec le télescope d'Uranée ?

— Oh ! ma mère, que j'ai aperçu d'étonnantes merveilles ! et que vous devriez bien venir une veillée, les voir avec moi !

— Tu sais, ma petite belle, qu'il m'est impossible de monter à cet escalier tortu dont les dalles remuent sous les pieds, et que d'ailleurs, rien qu'à regarder la rue du haut d'un balcon, je suis prise du vertige. — Ah ! mon enfant, je l'ai gravie maintes fois cette tour ! J'étais jeune, j'étais vivante alors ; les marches ne branlaient point ; j'avais le pied sûr comme une fille des montagnes, et ma tête de vingt ans ne se troublait pas à regarder l'abîme, du haut de la rampe de pierre du donjon. Oui, j'étais jeune comme toi, et comme toi j'étais belle ; car tu me ressembles, mon enfant, tu ressembles à ta mère, moins le malheur. — Aujourd'hui je suis morte et je survis à ma mort ; toutes les joies de ce monde, mêmes les plus pures, me repoussent : ah ! le vieillard aime la vie ; mais la vie ne l'aime pas.

Ici la chanoinesse se tut un moment et parut livrée à d'amers regrets ; puis, après un soupir, elle reprit :

— J'ai tant souffert ! On ne vient pas à soixante ans sans rencontrer bien des douleurs sur une si longue route. — Mon père a péri sur ce même échafaud d'où le fils de Saint-Louis monta au ciel. Ma mère est morte en exil, dans mes bras, presque de faim. J'étais née dans l'opulence, et le malheur m'a conduite à recourir à mes amis pour vivre. Cette main qui caresse tes beaux cheveux a reçu l'aumône, ma pauvre fille ; cette bouche qui te parle a mangé le pain de la charité publique. — Mes deux frères succombèrent à leur infortune : leur fosse fut creusée dans le sol étranger ; ils me laissèrent seule, toute seule au monde. Une parente éloignée me prit auprès d'elle. Et c'est là que j'ai eu, sept années durant, à supporter l'affreux supplice de la voir, dépouillée de tout, retrancher au nécessaire de ses enfants pour me nourrir. Au retour de l'exil on me maria à contre-cœur à un homme qu'il me répugnait d'épouser. J'ai eu de lui deux enfants ; ils sont morts. Il ne me reste plus que vous, ma fille.

CHAPITRE IX.

— Que ne m'est-il donné de vous récompenser de tant de souffrances, ô ma bonne mère! dit Julla tout en pleurs. Ah! puisse votre vie finir comme elle a commencé!

La baronne, contente d'avoir amené sa fille à ces mouvements de compassion généreuse qui accorde tout, qui pardonne tout, s'arrêta pour retarder et pour préparer les choses qu'il lui restait à dire. Il s'agissait d'apprendre à Julla qu'on lui avait trouvé un mari, aveu facile, car la chanoinesse ignorait l'amour de sa fille pour Jérôme; puis (révélation formidable) il fallait confesser à cet ange le crime honteux de sa naissance, l'adultère. Il fallait lui dire : tu es l'enfant d'Hellénor !

Madame de Ruault avait une physionomie grave et douce tout ensemble ; une tendresse sérieuse et un peu austère en apparence, y dominait. Sur son front, triste parfois jusques à la rudesse, on reconnaissait l'empreinte laissée par le malheur. Sa figure encore agréable ne nuisait en rien à celle de Julla, chose rare entre une mère âgée et sa fille encore jeune ; car si quelquefois les jeunes filles font ombrage à la décroissante beauté de leur mère, quelquefois aussi en retour les mères nuisent aux attraits naissants de leurs filles. Et en effet, une vieille femme, à côté d'une jeune enfant qui lui ressemble, fait connaître par avance ce que sera celle-ci dans vingt ou trente années, à l'âge où les fossettes disparaissent sous les rides ; elle expose aux regards son portrait futur ; on voit ce que deviendront ces yeux brillants, ce corsage arrondi, cette taille pliante ; on sait de quelle façon se déformera cette bouche, ce nez délicat ; on se dit, voici la place d'une ride, ici sera une verrue, plus loin une tache...

Ce voisinage, plein de périls, désenchante souvent le sage, et j'appelle sage celui qui sait prévoir.

Madame la chanoinesse de Ruault était une femme d'une haute piété, mais d'une piété facile, qui sait composer avec le monde, et qui n'accorde à Dieu que ce qu'elle peut lui donner sans nuire à ces usages frivoles de la société, souvent criminels aux yeux d'un christianisme rigide. Ainsi, elle ne se montrait pas moins assidue aux bals, aux théâtres et autres mondanités semblables, qu'aux sermons des prédicateurs réputés, et qu'aux séances des congrégations pieuses. Elle ne manquait jamais la messe, tous les jours de l'année, mais elle manquait souvent à la charité. Elle portait à la même main, et souvent au même doigt, un anneau conjugal donné par son défunt mari, un anneau adultère donné du vivant de son mari par Hellénor, et une bague patenôtrée donnée par un prélat et bénite par un pape. Elle croyait devoir à son rang, à son importance personnelle, d'héberger tout le long de l'année, d'équiper à chaque saison, comme des princes, une douzaine de laquais oisifs, et elle ne songeait pas aux malheureux qui ont faim et qui ont froid. Une jeune mère vêtue en décembre de haillons de toile, la touchait moins que n'eût fait un galon fané sur les coutures du dernier de ses valets ; et il ne lui était jamais venu à l'esprit, ni au cœur, d'ôter à ses chevaux quelques-unes de leurs chaudes couvertures pour en vêtir la sainte nudité des pauvres. Elle haïssait ses ennemis de toute son âme, mais elle priait pour eux. Chaque matin et chaque soir elle passait une heure et plus à s'acquitter de mille pratiques puériles et dévotes : sa prière durait plus qu'une grand'messe ; mais elle ne pardonnait de sa vie au manant qui la rencontrait en chemin sans la saluer jusqu'à terre. Ces têtes insolentes qui ne se découvraient pas, elle les eût mises à prix. Tout son peuple de charbonniers et de bûcherons demi-sauvages, coiffé de l'inamovible bonnet de laine noir, l'exaspérait ; j'aimerais autant des bonnets rouges ! criait-elle parfois. Bref, elle pratiquait du christianisme tout ce qui n'est pas l'évangile.

Mais Julla ne se permettait jamais de discuter, comme nous le faisons ici, l'esprit religieux de sa mère. Ces misères, ces infirmités, étaient cachées pour elle sous le voile pieux d'une affection respectueuse et réservée. Elle aimait trop sa mère pour qu'à ses yeux sa mère ne fût pas parfaite.

— Mon enfant, reprit la baronne après un assez long silence, nous allons bientôt revenir à Paris. L'hiver aproche ; la campagne vieillit. N'était mon âge, il serait ridicule de rester jusqu'à la Saint-Martin dans ces bois, comme des loups. Mais la vieillesse a des priviléges et tu en profites, car tu préfères les allées de Valfleuri aux rues du faubourg Saint-Germain ; et tu ne te plains pas, je le sais, de la prolongation de notre exil.

— Oh! non, ma mère, dit vivement Julla.

Cette exclamation naïve assombrit un peu le visage de celle qui parlait, et sur son front ridé la sévérité l'emporta sur la douceur.

— Et cependant, continua-t-elle, il ne faudrait pas demeurer toujours au désert. Tu es belle, ma fille, de quoi te servirait ta beauté parmi nos landes et nos bruyères? Tu es l'héritière la mieux dotée de la province, et tu portes un des plus beaux noms de France. Une seule de ces qualités brillantes suffirait à la fortune d'une fille, il a plu à Dieu de les réunir sur ta tête ; c'est une belle grâce, et il serait mal à toi de ne pas justifier l'œuvre de la Providence et de ne pas tirer parti de ses bienfaits. Je ne te parle ici ni de ta sagesse, ni de ta piété, et pourtant je ne devrais te parler que de cela; car ce sont tes qualités les plus précieuses et tes plus grandes richesses.

Julla, ne comprenant pas où allaient aboutir toutes ces louanges, commença à devenir pensive et à regarder sa mère avec de beaux yeux tout étonnés.

— Je m'aperçois bien, poursuivit madame de Ruault, d'un ton un peu plus rapide, que tu vis en franche étourdie, sans plus songer à l'avenir que s'il n'en existait pas. Mais ta mère y a songé pour toi, mon enfant. Je me suis occupée de te chercher un mari, et, grâces à Dieu, j'ai été assez heureuse pour le rencontrer tel que je le désirais, c'est-à-dire : noble, riche, de bon air et de bonne conduite. Son mariage ajoutera encore à cela; car, un de ses oncles, qui va mourir au premier dégel, doit lui promettre sa fortune à la passation du contrat; et un jeune homme, quelque régulier qu'il soit, le devient toujours davantage en prenant femme, surtout lorsque cette femme est sage et belle comme vous l'êtes, et aimante comme vous le serez, ma Julla.

— Mais, ma mère, je ne veux pas me marier! cria la jeune fille dès qu'elle trouva place pour une parole..... et d'ailleurs, je suis trop jeune.

— Ma bonne petite, tu as pour habitude, n'est-ce pas de vouloir toujours ce que veut ta mère, dit la chanoinesse, d'un ton de mécontentement contenu.

— Assurément..... oui ; mais vous ne voulez, j'en suis bien sûre, que le bonheur de votre dernière, de votre unique enfant. Eh bien ! me marier, c'est me condamner.

— Ma chère fille, tu me fais peur. Est-ce que tu aimerais déjà? Sans l'avoir dit à sa mère, ce serait mal.

— Ma mère, reprit Julla, d'une voix pleine d'émotion, mais résolue, j'ai de la fortune assez pour vivre indépendante et seule durant les quelques jours qui nous sont départis dans ce monde. Or, après avoir souvent réfléchi au fardeau que le mariage impose, je me suis trouvée trop faible. Considérez, de grâce, à combien de chances d'infortune, à combien d'éventualités menaçantes, s'expose la jeune fille qui se marie : d'abord son époux peut mourir et la laisser, jeune encore, veuve avec des petits enfants; il peut mentir à la foi donnée, l'adultère de l'époux, quel supplice pour l'épouse !

Ici la baronne tressaillit. Julla, sans rien voir, continua :

— La fortune peut s'évanouir et plonger dans la misère une famille habituée à l'opulence; ne tombât-elle que dans la gêne, c'est encore terrible. Un des membres de cette famille peut commettre une bassesse ou un crime, et sa honte rejaillira sur tous ses proches. Que de peines durant le bas âge des enfants! que de nuits sans sommeil, que de jours sans repos, que d'inquiétudes incessantes, que de larmes! Et s'ils viennent à mourir, ces fruits de nos entrailles, quelle désolation amère! Je ne parle ici ni des travaux de l'enfantement, ni des incommodités de la grossesse, ni de la sujétion au mari, et pourtant ce sont là de grands maux, puisqu'ils furent infligés par Dieu lui-même à celle qui fut à la fois la première femme et la première coupable, comme châtiment de cette désobéissance que nous expions encore. Songez de plus, ma mère, que lorsque plusieurs personnes qui s'aiment sont réunies, il suffit pour les affliger toutes, qu'une seule d'entre elles soit malheureuse; si bien, que pour faire le bonheur d'une épouse, il faudrait, par un accord extraordinaire, que son mari et ses enfants fussent heureux constamment tous ensemble. Souffrir seul n'est rien, et la résignation y est facile, mais il est trop affreux de voir souffrir ceux qu'on aime.

Et c'est afin de me soustraire à cette perspective redoutable que je vous supplie, ma mère, de me permettre de ne jamais me marier.

— Mais, ma fille, dans ton aveuglement obstiné tu n'as pas été juste : à côté des inconvénients du mariage tu n'as pas mis ceux du célibat. C'est pourtant quelque chose que la calomnie durant le jeune âge, l'abandon pendant la vieillesse et l'isolement toujours.

— Ma mère, ce sont là des maux qui atteignent partout dans ce monde. La calomnie ne nuit qu'auprès des hommes et ne s'adresse qu'à la vertu. L'isolement dont vous me menacez, bien loin de m'effrayer, me sourit ; et quant à l'abandon, on n'y doit pas songer lorsqu'on est riche, et, lorsqu'on est pauvre, il est assuré.

— En vérité, Julla, il faut que ces deux extravagants, que vous fréquentez beaucoup trop, vous aient disloqué la cervelle. C'est sans doute afin de vivre dans une librairie, comme M. Jérôme, ou sur les toits d'une tour, comme Uranée, que vous refusez l'heureux avenir que la Providence vous prépare.

— Je ne me plaindrais pas, je l'avoue, de vivre avec ceux que vous venez de nommer ; ce sont deux sages.

— Ce sont deux fous.

— Il serait triste pour les hommes que ce fussent là des fous. — Mais, revenons à moi-même. Je vous le jure, je ne puis consentir à me marier.

Toute personne n'est pas faite pour l'austère état du mariage; et la nature, en refusant la maternité à plusieurs femmes, leur indique assez qu'elle ne les destinait pas à être épouses.

— Mademoiselle, cria la baronne irritée de tant de résistance, vous êtes beaucoup trop habile discoureuse à l'encontre des volontés de votre mère, et vous ne serez assurément jamais en peine de trouver d'excellentes raisons pour me désobéir.

— Hélas! ma bonne mère, répondit Julla en tombant aux genoux de la chanoinesse, si je vous résiste c'est que je résiste au malheur. — Songez que sitôt mariée je serais perdue pour vous, vous seriez perdue pour moi. Les soins que réclamerait ma nouvelle famille m'arracheraient à ceux que je vous rends; il faudrait nous séparer. — Tant que je vous aurai, je ne serai jamais ni seule ni abandonnée, et si je venais à vous perdre je n'aurais plus besoin d'être heureuse.

— Considère, avant tout, mon enfant, dit la baronne un peu émue, qu'il n'y a d'avenir permis à une femme absolument que dans le mariage. — Et puis, une fille qui se marie n'est pas perdue pour sa mère : je demeurerai auprès de toi, heureuse de ton bonheur et de celui de ton mari; partageant tes peines, si un ange comme toi en peut avoir jamais. — Retiens bien ceci, ma fille, et que ces paroles soient ton viatique pendant ta vie : il faut faire comme font le commun des hommes ; il vaut mieux être malheureux avec tout le monde que heureux tout seul à sa manière, on souffre moins. — Et encore, si tu refusais d'agréer un parti, sais-tu ce que l'on penserait ? On penserait et l'on dirait que tu as dans le cœur quelque passion honteuse ou coupable.

— Oh! ma mère, répartit fièrement la jeune fille, Dieu saura toujours bien que cela n'est pas !

— Il est vrai, mon enfant, qu'aux cœurs droits comme le tien la justice divine est un assuré refuge; mais la malignité des hommes est inexorable, et elle condamne sur une simple apparence comme sur une certitude infaillible. Être juste, ce n'est pas tout, il faut encore le paraître. Et cela non moins pour le repos de sa conscience que pour celui de sa vie ; car, donner prise à la calomnie n'est-ce pas donner sujet au scandale?

— Mon Dieu! ma mère, dit Julla après un silence, ne jugez-vous point, vous aussi, sur d'infidèles dehors? Je m'aperçois que dans l'affaire si grave de l'établissement de votre fille vous vous êtes laissée abuser bien aisément.

— Que veux-tu dire? demanda la baronne.

— Je veux dire, répondit Julla d'une voix animée, que celui qui fut élu par vous, pour être mon

CHAPITRE IX.

mari et le père de mes enfants, est le dernier des hommes.

— Mais... sais-tu qui je te destine?

— Vous me voulez donner à M. le vicomte Horace de Saint-Loubès, répondit Julla tout d'un trait.

— Tu le sais!... C'est vrai, dit madame de Ruault étonnée; mais qui a pu t'apprendre?... On m'a trahie. Dis-moi tout, ma fille, dis-moi tout.

— Je vais tout vous dire, ma mère, tout!

J'étais occupée, un jour, à peindre dans mon atelier, quand M. de Saint-Loubès vint causer à côté, dans le petit salon, avec M. Hellénor. Ils parlèrent de mon mariage d'abord, et puis ils s'entretinrent de choses tellement honteuses, que j'eusse mieux aimé être écrasée sous les murailles, plutôt que surprise dans un pareil voisinage. C'est ce qui m'empêcha de fuir et me força de tout entendre. Mais, ma mère, c'était horrible, croyez-moi, horrible! ajouta la jeune fille avec l'expression du plus énergique dégoût.

— Hellénor y était? demanda la baronne d'une voix troublée. En es-tu sûre.

— J'en suis sûre, répondit Julla sans remarquer le bouleversement produit par ces paroles sur le visage de la chanoinesse.

— Bah! reprit la baronne en essayant de se remettre, tu n'es qu'une pensionnaire encore, et tu auras pris quelques joyeusetés pour des profanations.

— Si vous saviez en quels termes, monsieur de Saint-Loubès y parlait de votre pauvre fille, vous le feriez chasser de votre hôtel par les valets de vos écuries. Quels outrages, mon Dieu! et quel mal ne doit pas faire le mépris des honnêtes gens, si celui des méchants est si terrible?

— Mais Hellénor?... demanda avec hésitation la baronne qui appréhendait d'en trop apprendre.

— Monsieur Hellénor... écoutait, répondit Julla vivement, et comme pour écarter toute explication à ce sujet.

— Ma Julla, dit la chanoinesse, en se rapprochant de sa fille, et en cherchant à la calmer tout en s'efforçant de se calmer elle-même, ma Julla, ne te crée pas des fantômes. Remets-toi. Les jeunes gens, tu dois bien croire, ne parlent pas comme les demoiselles du Sacré-Cœur. Le siècle est perverti. L'autel est abattu comme le trône. On ne craint plus ni Dieu ni les hommes; et nul n'est digne d'amour en ce monde. Toutefois, je puis t'assurer que monsieur le vicomte de Saint-Loubès est un galant homme, et que....

— Ma mère, ma mère, on y parla aussi de vous! cria Julla en sanglotant.

— De moi, grand Dieu! dit avec stupéfaction la baronne, de ta mère, ma fille!... Et qu'en osa-t-on dire? Puis elle ajouta d'un ton moitié impérieux et moitié suppliant, comme pour arrêter par une autorité respectée la réponse qu'elle souhaitait et redoutait tout ensemble : Julla, je suis ta mère!

— On y dit de vous des choses que je ne saurais répéter même à un prêtre, répondit la jeune fille consternée.

— Ah, oui!... et parlèrent-ils aussi de ton père, mon enfant? demanda la baronne avec un tel saisissement, qu'elle en devint effrayante.

— Non, ma mère, répondit Julla qui fut loin de comprendre l'importance de la question qui lui était adressée.

— Ah! fit la chanoinesse. Et, après un moment de silence, elle s'écria : hélas, hélas! il faudra bien que je t'en parle, moi; mais à présent je n'en ai pas le courage. — Ne t'éloigne pas du château, afin d'être ici lorsque le bon Dieu me donnera la force de parler. — Oh! ne suis-je pas trop punie!

Madame de Ruault avait besoin d'être seule pour donner un libre cours aux larmes qui l'étouffaient.

— Adieu, ma fille, lui dit-elle doucement ; tu aimes bien ta mère n'est-ce pas?

— Oui ! bien, cria Julla en tombant dans les bras que la chanoinesse lui ouvrait.

— Va te reposer. Il est fort tard. Ne t'inquiète de rien : une bonne mère et une enfant soumise s'entendent toujours. Adieu, tiens, encore un baiser.

Et Julla, prenant un flambeau, traversa les deux ou trois pièces qui conduisaient à sa chambre à coucher.

Elle s'agenouilla pour faire sa prière, mais elle se souvint aussitôt de l'avoir faite chez Jérôme, et cet ineffable souvenir chassa de son esprit tout le trouble dont l'avaient rempli les paroles de sa mère. Elle se coucha en pensant à celui qu'elle aimait, et le sommeil la gagnant par degrés, la conduisit insensiblement des charmes de la réalité aux puissantes illusions du rêve.

X.

Le lendemain, Jérôme employa de longues heures à se promener dans la garenne, et jusque sous les charmilles du château. Peines perdues, Julla ne put sortir. Elle attendait à chaque instant les ordres de sa mère ; elle attendait l'issue de ce funeste projet de mariage qu'on venait de jeter tout à coup à la traverse de son amour. La conversation du vicomte et de l'avocat se présentait sans cesse à sa mémoire ; en vain essayait-elle d'en détourner son esprit comme d'une pensée mauvaise : l'obsession ne lâchait pas.

La pauvre enfant avait ouï un dialogue véritablement affreux. C'étaient moins des obscénités nues, que de lâches et vils calculs ; d'ignobles révélations sur des amours stipendiées, sur le prix des plus ignominieuses complaisances bassement imposé; et puis, de mutuels aveux touchant des fléaux abominables. Mais ce qui l'indigna le plus peut-être, ce furent les insultantes moqueries prodiguées à sa mère, dont ces infâmes bafouèrent la dévotion crédule et la morgue aristocratique.

Les Agnès n'ont jamais existé que pour rire. Julla avait compris de reste le langage de ces deux cyniques. Où trouver, je vous prie, une jeune personne qui n'entende pas naturellement ces choses? Et comment les filles des hommes en sauraient-elles moins là-dessus que les faons des gazelles et que les petits des oiseaux? Au besoin, si nos vierges naïves ignoraient ce secret mal gardé, les papillons, les fleurs même, qui le savent, pourraient les en instruire. Mais, Dieu merci, de tout temps, fleurs et papillons furent déchargés de ce soin, et les jeunes filles sont édifiées sur ces matières édifiantes, dès l'âge le plus tendre, par leur curé qui les leur enseigne dans le catéchisme. C'est là que vers six ou sept ans, elles récitent tout haut, de leur voix enfantine et fraîche, ce que c'est que l'œuvre de chair, et ce que c'est que la luxure. On ne leur laisserait pas faire leur première communion sans cela. Je le dis en riant, mais par le fait c'est à la lettre.

Puis viennent les couvents et les pensions, où l'on montre aux femmes beaucoup de choses que leurs mères n'apprirent pas. Si bien qu'aujourd'hui

CHAPITRE X.

les jeunes mariées savent l'histoire naturelle et les demoiselles l'anatomie.

Ne vous scandalisez donc pas, lecteur, si Julla connaissait ce que connaît toute créature vivante qui vient dans ce monde. L'aimable enfant n'était ni simple ni prude, mais elle était pure ; elle l'était par devoir, par fierté.

Après avoir attendu pendant une bonne moitié de la journée dans le parc de Valfleuri celle qui n'y put venir, Jérôme retourna tristement à son ermitage, comptant bien être plus heureux le lendemain, et accusant un peu Hellénor de l'insuccès de son attente. Un domestique lui avait assuré que mademoiselle se portait très-bien, il se tranquillisait donc de ce côté-là, mais son amour était inquiet.

— Cet Hellènor, pensait le douteur, est tout puissant ici. Par l'entremise de la baronne, il conduit Julla selon qu'il lui plaît. S'il allait soupçonner notre amour. S'il l'avait découvert. S'il y mettait obstacle. Pourtant, il fut toujours mon ami : je lui ai rendu quelques services ; je lui suis utile.

Hellénor, qui était un avocat vulgaire, avait souvent recours au talent de Jérôme qui l'aidait officieusement de sa plume, dans la rédaction des mémoires et des plaidoyers, dont l'orateur de cour d'assises, défenseur attitré de tous les scélérats fameux, faisait une plus forte dépense que ses moyens ne le lui permettaient. C'est à ces bons offices que vient de faire allusion notre amoureux. Il était même arrivé une fois, qu'Hellénor, se trouvant chargé de la cause d'une jeune personne qui avait eu le malheur d'assassiner son vieux père, s'adressa à Jérôme afin de pouvoir présenter une défense proportionnée à l'intérêt général qu'inspirait cette fille extraordinaire. Le douteur, pour qui la peine de mort était une chose exécrable (et je ne suis pas de son avis), écrivit une fort belle plaidoirie où il prouva si bien aux placides bourgeois dont le jury était composé, qu'il n'existe pour eux de certitude que dans l'aveu explicite et libre de l'accusé ; que jusque là les affirmations les plus tranchantes, les charges les plus péremptoires, les témoignages les plus précis, sont toujours sujets à l'erreur, soit parce qu'ils se trouvent, ou dictés par un esprit de haine, ou suggérés par une malignité inique, ou seulement influencés par une aveugle bienveillance en faveur de la victime ; il leur montra si bien jusqu'à quel degré les apparences, les rapprochements, les preuves, les faits même, sont souvent mensongers, illusoires, ou fortuits ; il leur cita si à propos, dans sa péroraison, l'exemple d'un pauvre accusé condamné sans par-

CHAPITRE X.

tage, et dont l'innocence avait été pleinement manifestée après l'application de la peine, laquelle était la peine de mort; il leur dit si raisonnablement que les circonstances atténuantes ne servent qu'à flétrir le juste ou à épargner le coupable, et, dans tous les cas, n'empêchent pas le cri de la conscience; il leur parla si terriblement de leur dernière heure, et des remords du juge que des terreurs, nées souvent du plus léger scrupule, poursuivent sans relâche, jour et nuit, toute sa vie; il fut si pathétique, si véhément; il les épouvanta si fort, eux et leurs femmes (car, dans tout verdict de cour d'assises, ce sont les femmes des jurés qui prononcent, ou leurs maîtresses), bref, sa parole fut si entraînante que la jeune parricide, acquittée unanimement, sortit toute pure du prétoire.

Ce procès retentit dans l'Europe entière, ainsi que le nom de l'avocat qui l'avait gagné, et maître Hellénor grandit d'autant.

Si tout cela disait à Jérôme que le familier de la baronne avait reçu de lui plus que de légers services et qu'il restait son très-obligé, cela lui disait aussi que l'homme capable de se parer si impudemment de l'esprit du prochain, portait un cœur bas placé, et qu'il ne s'arrêterait devant aucune vilenie quand la passion ou seulement l'intérêt l'exigerait; car celui qui a dépouillé toute dignité peut facilement oublier toute reconnaissance.

— Je lui ai peut-être fait trop de bien à cet homme, pensait le douteur, c'est souvent le moyen de conduire à l'oubli du bienfait. Donnez avec discrétion à vos amis, si vous voulez qu'ils soient reconnaissants; une gratitude trop grande pèse et l'on s'en fatigue, et l'on s'en décharge. Lorsque vous jetez une bouchée à votre chien, il la mange à votre côté; mais si vous lui jetez un gros morceau, il le prend aux dents et va le dévorer au loin. Sous ce rapport-là encore, le chien est l'emblème de l'amitié.

Enfin, les réflexions du malheureux amant aboutirent à la conclusion terrible, qu'Hellénor était très-capable de prétendre à la main de Julla, parce que Julla était fort riche.

Un esprit aussi chagrin que celui de notre rêveur s'inquiète à moins de frais : toutes les joies s'envolèrent du cœur de Jérôme, et, à leur place, vinrent en foule les sinistres pressentiments. Deux, trois jours, s'écoulèrent encore sans qu'il pût apercevoir Julla. La baronne avait éprouvé, à la suite de l'entretien avec sa fille, une crise nerveuse d'un caractère assez grave pour empêcher la pieuse enfant de quitter le chevet maternel.

Cependant le mal se calma. La chanoinesse put

CHAPITRE X.

se lever et marcher, en s'appuyant sur le bras de celle qu'attendait vainement Jérôme.

Un soir, madame de Ruault était encore faible, lorsqu'elle fit appeler Julla qui la trouva seule, au fond d'un appartement si sombre qu'elle fut obligée de marcher en tâtonnant pour arriver jusqu'à sa mère.

Peut-être la baronne voulait-elle cacher, dans ces ténèbres favorables, la rougeur dont allait couvrir son front ce qu'elle avait à révéler.

XI.

Le mariage est une seconde naissance ; la première s'accomplit sans notre consentement, et, pour un grand nombre de jeunes filles, la seconde ressemble à la première.

Quand Julla se fut assise, la baronne de Ruault lui parla en ces termes :

— Pendant ces jours de souffrances, et durant les lentes insomnies de la fièvre, j'ai beaucoup réfléchi, mon enfant, à tout ce que nous nous sommes dit jeudi dernier l'une à l'autre, et je me suis arrêtée à ceci : qu'il vous faut vous marier et agréer le parti qu'on vous propose, sous peine de désobéir à votre mère et à la raison qui vous dit que jeune et belle, comme vous êtes, vous ne pouvez vous exposer à demeurer bientôt sans guide et sans appui.

— Hélas! fit Julla.

— L'expérience nous prouve chaque jour que les filles qui se laissent marier par leurs parents sont les plus heureuses dans leur union ; et que ces grandes passions tant rêvées des jeunes têtes, qui font le bonheur des premiers six mois du mariage, conduisent presque toujours à mal celles qui s'y fient. Julla, vous pouvez m'en croire, le nombre des mariées devenues la dupe de leur cœur passe de beaucoup celui des épouses qui souffrent victimes du mauvais choix de leur famille.

— Vous avez raison, ma mère, mais il m'est impossible d'épouser M. de Saint-Loubès. Jamais! Hélas! si vous saviez à quel homme vous me voulez donner, vous frémiriez d'y avoir pensé seulement, et d'avoir tant approché d'un abîme.

— Mon Dieu! pour quelque conte gras, quelque gaudriole mal entendue et plus mal comprise, tu imagines aussitôt, pauvre innocente, l'abomination de la désolation. Mais il faut savoir que nous vivons en des temps malheureux où la grossièreté et la nudité du langage sont extrêmes, où l'impudicité est le thème obligé de toute causerie de jeune homme; il faut considérer qu'à trente ans un libertinage honnête, si l'on peut dire, n'est encore qu'une vénielle peccadille; plus tard il en serait autre chose.

Je connais depuis trois ans M. le vicomte de Saint-Loubès, je l'ai beaucoup observé, espionné même; eh bien! je n'ai jamais surpris, dans sa conduite, un seul acte, un seul sentiment qui soit au-dessous d'un gentilhomme.

— Ma mère, dit Julla d'un ton posé, je ne veux pas, je ne peux pas vous dire ce que j'entendis le jour où je fus renfermée par la honte dans mon cabinet de peinture; mais cette main, soyez-en sûre, se séchera avant d'appartenir à M. de Saint-Loubès. Je vous dis cela avec autant de calme que je vous dirais qu'il fait nuit maintenant, parce que l'un n'est pas moins assuré que l'autre.

— Mademoiselle, s'écria la chanoinesse avec violence, vos refus seront inutiles, vous êtes plus engagée que vous ne pensez. Les accords sont conclus, les bans publiés et affichés, le contrat dressé, votre main promise, et dans quinze jours vous vous appellerez madame la vicomtesse de Saint-Loubès!

— Et vous avez fait tout cela sans m'en prévenir, ma mère!... qu'on n'avertisse pas le bœuf ou la génisse du nouveau maître qu'on lui donne, c'est bien! mais livrer une femme, une enfant, sans lui dire qu'on la livre et à qui on la livre, c'est pitié!

— Écoutez, ma fille, dit la baronne en se radoucissant, soit qu'elle se souvînt du formidable aveu qui lui restait à faire, soit qu'elle prît la froide résolution de Julla pour de la déférence, vous paraissez tellement enfant dans toute votre conduite : courant à travers la forêt avec quelqu'un de ces échappés, comme la fille d'un abatteur de bois ; passant les jours entiers dans la bouquinerie de cet écervelé de Jérôme, et les nuits sur les maisons, avec votre Mathieu Laensberg-Uranée, occupée à voir épaissir les étoiles et se lever la lune ; vous amusant aux fleurs, aux papillons, comme si vous en étiez encore à vos premières vacances, que je n'ai pas cru devoir vous consulter sur une affaire qui semblait vous inquiéter fort peu, et que, par votre insouciance même, vous témoigniez vouloir remettre entièrement à la sagesse de votre mère.

— Hélas ! vous l'avez dit, je ne suis qu'une enfant. Ne me prenez pas mes fleurs et mes étoiles. Laissez-moi mes deux solitaires. Votre fille est heureuse, ma mère, que voulez-vous de plus ?

Julla prononça cette dernière phrase avec douceur, mais elle ne put se modérer davantage en pensant à la qualification insultante donnée par la baronne au sublime vieillard et à Jérôme. Elle prit donc le bras de la chanoinesse, et, d'une voix dont elle s'efforça de tempérer l'agitation violente, elle lui dit :

— Cependant, comme il est des droits d'une mère de connaître les personnes que fréquente sa fille, je vais, sous le sceau du secret, vous révéler deux choses qui vous aideront à être juste envers deux personnes dédaignées, méprisées par vous, qui ne traitez qu'avec honneur le vicomte de Saint-Loubès, lequel devrait au moins vous le rendre.

Vous vous rappelez qu'à la rentrée de mon père en France, une cassette de fer lui fut apportée par un inconnu qui disait la tenir d'une tierce personne, à qui mon grand-père l'aurait laissée, en dépôt, lors de son départ pour la Hollande; et cette cassette contenait six mille louis.

— Eh bien?

— Eh bien ! cette cassette avait été découverte par Uranée, en déblayant la vieille tour qu'il habite. Ce fut d'un honnête homme de rendre ainsi le trésor trouvé, et d'un cœur magnanime de faire le bien comme le fait la Providence, en se cachant.

Quant à Jérôme, il est l'auteur du fameux plaidoyer qui a sauvé l'honneur et la vie à la jeune fille accusée de parricide. C'est toujours lui qui compose les discours de M. Hellénor, quand ce dernier a besoin de quelque travail remarquable.

— Oh! est-ce croyable? s'écria la baronne.

— C'est incroyable, mais c'est vrai, répondit Julla.

— Eh bien! mon enfant, écoute et pardonne-moi! dit la chanoinesse debout et résolue. En vérité, plus je te laisse dire et plus tes paroles rendent terrible ce que j'ai à t'apprendre. Ah! j'aurais dû te l'avouer plus tôt! Tu vas recevoir, pauvre fille, une confession épouvantable. Dis-moi que tu es pleine de miséricorde, de pitié, et que tu ne me repousseras pas, que tu ne t'étonneras pas trop à l'aveu que tu vas entendre. Oh! je voudrais que toi aussi tu eusses été faible : cela m'aiderait... Horreur! quel blasphème! je suis insensée. Non, non, ma Julla, tu es toute pure, toute sainte, et moi seule, moi seule!... Ah! mon Dieu! tiens, je le sens, je vais parler! Sois ferme, et ne m'interromps pas au milieu du calice. — Ma fille, ce mariage n'a jamais dépendu de ma volonté seule; il est une personne qui a plus d'autorité sur toi que moi-même. Ma fille, M. Hellénor est... ton père!

— M. Hellénor est mon père? murmura Julla atterrée du coup. Mon père, lui?

— Ne me le fais pas répéter!

— M. Hellénor est mon père et vous êtes ma

mère? Et ce vieillard qui est mort il y a deux ans à peine, qui me bénissait en me nommant sa fille et en pleurant, ce vieillard à qui vous avez fermé les yeux, votre mari, n'est pas le père de votre enfant? Oh! ma mère, quel malheur affreux!

Mais non, je ne puis vous croire. Ah! vous désirez donc bien ce mariage que vous recourez, pour l'accomplir, à un mensonge si sacrilége!

— Tais-toi, tais-toi! dit la mère abattue, en cherchant dans l'ombre le sein de sa fille pour s'y cacher le visage, car les ténèbres ne lui suffisaient plus. Tais-toi, tu m'accables; voudrais-tu me voir mourir de honte? Oh! j'ai assez souffert, assez expié : dix-huit années de remords, c'est bien long, va. Il y a là-dedans bien des nuits.

Écoute, je fus accordée à un vieillard que je n'aimais pas, que je ne pouvais aimer. J'étais sans ressource aucune, et ce fut la faim, la faim terrible appareilleuse, qui me maria. Cet homme, je l'épousai pour vivre. J'avais de la beauté, le riche m'acheta. On me mit de force une couronne de fleurs, comme à une victime; on me passa un anneau, comme à un esclave, et je fus perdue.

— Laissez du moins en paix sa mémoire, dit Julla avec empire, il dort dans sa tombe, ne le réveillez pas!

— C'est que vois-tu, ma fille, si tu me laissais

m'excuser, me défendre, cela me soulagerait. Oh! ne sois pas sans miséricorde pour ta pauvre vieille mère! Mon enfant, mon enfant!

Mais Julla n'écoutait pas. Dans son désespoir elle était impitoyable.

— Le vieillard est toujours mon père! criait-elle. Je ne sais rien, je ne veux rien savoir! Il m'aimait : je suis sa fille. Vous avez pu l'arracher de votre lit, mais de ce cœur fidèle vous ne l'en arracherez pas!

— Au nom de Jésus-Christ! ne me condamne pas, disait la baronne. Écoute mes sanglots, les sanglots de ta mère!... Souviens-toi que tu as été arrachée de mes flancs comme mes entrailles!....

Julla frémissait à l'idée d'avoir pour père cet Hellénor qu'elle avait appris à mépriser tant de fois. Il n'y a qu'un instant, elle se défendait d'appartenir au vicomte de Saint-Loubès, et voilà qu'elle se trouvait tout à coup liée, par un nœud bien plus sacré, à un être, s'il est possible, plus vil encore. Je dis *s'il est possible*, car, en fait de vice, on est bientôt au dernier degré; et, quand il s'agit de tomber dans un abîme, le premier pas dans le gouffre, c'est la chute toute entière.

Mille circonstances se présentaient à l'esprit de la jeune fille et lui prouvaient bien que tout était vrai dans les paroles de sa mère. Elle restait donc sans espoir, et qu'allait donc devenir son amour, maintenant ?

La baronne, mettant à profit le trouble et le silence de la malheureuse amante, parla longtemps sans être interrompue. Elle entra au sujet de ses relations avec son mari dans des détails honteux. Se servant sans embarras de ce style de confessionnal qui détaille aisément, à l'aide de tournures pittoresques, les mille ressources de la luxure, et dont toute dévote, mariée ou veuve, a la clef. Elle découvrit, devant cet ange, les turpitudes de la couche d'un vieillard et d'une jeune femme, s'efforçant de cacher le crime sous la honte, de laver l'adultère dans la boue. La vieillesse est sans pudeur : il n'y a que les fleurs nouvellement écloses qui se referment aux approches du soir.

Cependant, afin d'être juste, nous aurons un peu de commisération, d'indulgence, pour l'épouse déchue, pour la mère profanée, et notre blâme se reportera en partie sur ceux qui donnent la jeune fille en pâture au vieillard, lequel, au lieu de couche nuptiale, leur ouvre son lit de mort et presque son tombeau. Une enfant candide et pure dans le lit d'un sexagénaire décrépit qui ne dort plus, quel rapprochement abominable, quelle communion indigne ! Quel dégoût n'inspire pas à côté de ce corps de vierge, ce corps usé et flétri, capable seulement d'une infructueuse débauche! Peut-on penser sans horreur à ces mains décharnées qui osent toucher à des charmes ardents? Peut-on ne pas frémir à l'idée de ce moribond qui ne craint pas d'attenter à la vie? Galvaniser un cadavre à force de jeunesse et à force de beauté, voilà le destin de ces épouses infortunées. Ah! trois fois malheur sur ceux qui livrent ainsi les anges de Dieu aux enfants de Gomorrhe!

Mais quel aveuglement! cette même épouse qui se plaint d'avoir été sacrifiée, travaille à sacrifier sa propre fille!

— ..... Puisse le Seigneur, continua la baronne, me tenir compte de ce que j'endure à montrer ma honte à mon enfant. C'est pour moi une humiliation bien dure. Mais, ma fille, j'ai fait pénitence, et maintenant mes rapports avec M. Hellénor sont approuvés du ciel : depuis un an nous sommes mariés, sinon devant les hommes au moins devant Dieu.

— Vous êtes la femme de M. Hellénor? cria Julla réveillée de sa stupeur par ce dernier aveu.

— Eh! ma fille, je l'aimais!... Et puis, il m'a paru que notre faute serait ainsi mieux réparée, et qu'en nous unissant le ciel nous pardonnait.

— Eh bien! ma mère, puisque vous avez aimé,

vous comprendrez l'amour de votre fille : J'aime M. Jérôme et j'en suis aimée.

— Tu aimes Jérôme? cria la chanoinesse, dont le caractère revint tout entier, mais, ma fille, c'est comme si tu aimais un paysan. Ce jeune homme n'a ni qualité, ni fortune...

— Ma mère, ce jeune homme est un homme malheureux. Il lui serait aisé, sans doute, d'être riche et bienvenu de tous, s'il voulait se donner la peine de faire valoir pour son propre compte, des talents qui font la fortune et le mérite de ceux qui les exploitent bassement.

— Vous le savez, Julla, je vous l'ai dit : Vous ne dépendez pas seulement de moi; mais je vous avertis que pour ce qui est d'aimer Jérôme et de l'épouser, vous n'obtiendrez jamais le consentement de votre père à pareille folie.

— Ah! ne me parlez plus de mon père! cria l'amante en délire, songez que marier les enfants contre leur gré c'est préparer l'adultère.

— Oh! Julla, vous êtes cruelle de souffleter ainsi votre mère, dit avec angoisse la pauvre femme humiliée.

— Vous avez aimé, répondit la jeune fille, et vous savez combien dans notre faible cœur l'amour est fort. J'aime que ce soit mon excuse. Nous autres femmes, c'est nous tordre les entrailles que

CHAPITRE XI.

de toucher à ce qu'elles aiment. — Puisque vous ne pouvez rien pour favoriser ma passion sacrée, n'en parlons plus. Quant à moi, advienne qu'advienne, je ne puis résister au charme qui m'attire, et je le pourrais que je ne le voudrais pas. Je suis entraînée et j'accours avec bonheur. Ce Jérôme, objet de votre insultant dédain, est le plus grand des hommes à mes yeux. Je l'aime comme mon avenir; je le porte en moi, ce fruit de mon cœur. — Ma mère, je vous ai fait un bien grand sacrifice, ajouta l'amante d'une voix sérieuse : voilà quatre jours passés sans que j'aie vu Jérôme.

— Encore un mot, ma fille, et puis c'est tout. Promettez-moi de ne jamais révéler à personne, et pas même à Jérôme, ce que vous venez d'apprendre.

— Je vous le promets, je vous le jure, répondit Julla, puis elle s'apprêta à sortir, mais à ce moment son cœur, son bon cœur éclata. Elle revint en arrière et tombant à genoux devant la baronne: O ma mère, ma mère! pardonnez-moi de vous avoir offensée... La douleur m'ôte la raison... Oh! vous êtes toujours ma mère bien-aimée! Je vous aime : pardonnez-moi!...

— Ah! que tu me fais de bien! dit la chanoinesse, je serais morte si tu m'avais laissée ainsi, sans un mot de pardon, après les paroles amères que tu m'as dites. Oh! embrasse-moi! encore, encore : tes baisers me purifient.

Et elles pleurèrent ensemble, ces deux victimes d'une même faute. Enfin, la jeune fille se retira toute pleine de trouble et de douleur, étourdie, brisée, sous le poids de son désespoir, auquel elle ne trouva quelque allégement que dans la prière, qui pour la première fois de sa vie lui fut un recours, une consolation.

XII.

Nous vivons à une époque de liberté, surtout en morale, où l'homme affranchi ne rencontre plus ni autorité, ni croyance. Abandonnées à elles-mêmes, les natures délicates, les âmes timorées souffrent beaucoup de cet état funeste. Que deviendraient les faibles lianes, s'il n'y avait plus de palmiers?

Jérôme laissé à ses seules ressources, sans appui, sans symbole, était toujours abattu. Si quelque joie le relevait, ce n'était jamais pour longtemps : sa sombre nuit ne recevait d'autre lumière que celle des éclairs, vifs et rapides. Aussi, quand le pauvre cénobite vit que Julla ne revenait plus, il se replongea dans ses inquiétudes de chaque jour, dans ses appréhensions ordinaires.

— Insensé, disait-il, j'ai choisi pour soutien la chose de ce monde la plus fragile, la plus chancelante, dois-je donc m'étonner si le roseau se brise? Ce cœur que n'ont pu rassurer ni les philosophies des hommes, ni les religions des dieux, comptait trouver le repos dans tes débiles mains, ô femme. Mais, ajouta-t-il avec un douloureux sourire, je fus heureux deux jours, moi qui croyais ne l'être jamais!

Puis, après un silence prolongé pendant lequel il se laissa aller à tout son abattement, il reprit:

— Encore si je pouvais, insouciant comme tant d'autres, avancer sans pâlir au milieu de ces mystères dont la vie est obstruée, dont le ciel est obscurci! Si je pouvais devenir indifférent aux incertitudes qui me suivent, comme le *Cavalier de la mort* aux fantômes qui l'accompagnent! S'il m'était donné de dormir sur le mol oreiller du doute! Mais, non; ni paix ni trêve pour mon âme: tout me menace : — Peut-être, dans ce cœur de jeune fille est un trésor d'amour que j'ignore, peut-être un océan de perfidie que je ne puis connaître. *Peut-être!* Le monde moral repose tout entier sur ce mot hasardeux, comme l'univers matériel sur l'abîme.

Ainsi pensait Jérôme en suivant le sentier qui côtoyait dans l'herbe verte le ruisseau tortueux,

CHAPITRE XII.

quand tout à coup, à travers les branches, parut Julla.

— Que vous est-il donc arrivé? cria le douteur, voilà près d'une semaine que je n'ai pu vous voir, et vous êtes pâle et triste.

— Ma mère a été fort souffrante, répondit-elle, c'est ce qui m'a retenue au château; c'est ce qui m'a rendue pâle et triste, sans doute.

— Ah! j'ai été bien malheureux, moi, de vous perdre ainsi.

— J'ai été plus malheureuse que vous, répondit la fille d'Hellénor.

— Mais, vous auriez pu me faire avertir, m'écrire! Une lettre m'eût fait tant de bien, et vous aurait si peu coûté.

— Mon ami, oublions le passé, dit Julla, dont les yeux se remplissaient de larmes, c'est presque toujours le moyen d'oublier ses peines. Jouissons du présent, s'il est possible. Gardons-nous de devancer le temps, ni de nous laisser dépasser par son cours : marchons avec lui de conserve. Soyons tranquilles, soyons ensemble. L'automne est la saison du recueillement, du repos. — Voyez comme le ruisseau charrie des feuilles. — Aimons-nous. Vous m'aimez, mon ami?

— Je vous aime, et je veux vous aimer toujours, répondit Jérôme avec mélancolie.

— Et ne voulez-vous pas m'aimer aussi alors qu'il n'y aura plus de jours? demanda la jeune fille. Cette consolante croyance qui fait durer l'amour plus que la vie, et la vie plus que le temps, pourquoi n'est-elle pas la vôtre? Pourquoi n'avons-nous pas un autel où nous agenouiller, où nous réfugier ensemble? Pourquoi nos cœurs, qui se joignent pour aimer, ne se confondent-ils pas pour espérer, pour croire, pour prier? Il existe un royaume de lumière et de paix, et c'est là que, détachés de la terre et de ses douleurs, nous pourrons nous posséder une éternité entière : le croyez-vous?

— C'est sans doute, dit Jérôme, à défaut de pouvoir placer le bonheur dans la vie que tous les cultes unanimes le placent après la mort, et prennent pour fondement de leurs doctrines, l'aride pierre du sépulcre. Je ne sais si l'espérance, qui toujours nous trompe ici-bas, nous sera fidèle dans cette existence d'outre-tombe que j'ignore, et où nul d'entre les vivants n'a pu vérifier l'effet de ses promesses.

Pauvres humains, faits crédules par le malheur, vous voilà donc de déceptions en déceptions repoussés jusqu'au tombeau ; et c'est dans sa froide nuit que vous cachez votre suprême espoir, que vous l'enfouissez comme un cadavre. De sa corruption et de son néant vont dater, dites-vous, votre immortalité et votre gloire!

— Vous conviendrez au moins, observa Julla, que placer ses espérances après la tombe, c'est le moyen de vivre sans mécomptes.

Ah! mon ami, que vous êtes loin de la vérité qui fortifie et qui console; que vous êtes à plaindre! Et cependant cette belle religion du Christ est faite pour vous toucher: vous êtes son fils, vous êtes son œuvre, et vous méconnaissez votre mère. Ayez confiance en elle: demandez-lui, non les titres de sa céleste origine, mais les bienfaits de sa morale, les trésors de sa charité. N'interrogez pas la foi; si vous touchez au lac limpide qui reflète le ciel, le ciel aussitôt s'y effacera. Songez, qu'à tout prendre, si le christianisme est une erreur, cette erreur divine passe de bien loin toutes nos pauvres vérités humaines. Ah! fiez-vous-en à votre amante: il est encore plus précieux de croire que d'aimer.

— Julla, Julla, ne rapprochez pas ainsi la foi de l'amour; laissez-moi penser que l'un peut exister sans l'autre.

— Pauvre bien-aimé, dit la jeune fille, avec expression, en posant sa petite main sur la poitrine de Jérôme, la foi ne peut donc renaître dans ce cœur? Oh! j'en ai l'assurance, Dieu fera ce miracle, et, toi aussi, comme le grand converti dont tu t'es donné le nom, quelle que soit la puissance de ton erreur, tu seras terrassé. La vérité a large prise sur les grandes âmes, et c'est parce que tu es fort que tu seras vaincu.

— Renaître à la foi, dit Jérôme, quel bonheur ! Cette grâce je l'ai attendue longtemps, je l'ai ambitionnée comme le roi dépossédé sa couronne, mais en vain. Heureux et bénis ceux qui croient ! Ceux dont l'existence entière n'est que le désir assuré du Ciel. Si leur vie est mêlée de peines et d'ennuis, ils s'en consolent dans l'espérance de leur éternité fortunée. Pareils au voyageur qui parcourt la campagne désolée de Rome, si leur chemin est triste, ils n'ont qu'à regarder le ciel toujours pur et toujours brillant sur leur tête.

— Il brillera sur toi encore, ce ciel que tu pleures ; ton cœur retournera à aimer celui qui a voulu naître et souffrir pour nous ; celui qui nous a rachetés ; celui qui est mort d'amour pour les hommes.

— Mon amie, vous l'avez dit, aimons-nous, et oublions le reste. Ne me parlez plus de vos dogmes, vous savez qu'ils ne sont rien pour moi.

— Hélas ! bien au contraire, je sais qu'ils sont tout pour vous. Je sais que leur doctrine est véritable, que leur parole arrivera ; et qu'au bout de la vie s'il y a le Ciel, il y a l'enfer aussi.

CHAPITRE XII.

Jérôme se contenta de sourire.

— Vous dédaignez les paroles d'une jeune fille, dit Julla dont les larmes revinrent, vous avez raison facilement contre moi ; mais (idée qui me tue), à l'heure du jugement j'aurai raison, à mon tour, contre vous.

— Si ces tourments infinis, que vous redoutez, pour celui qui vous aime, existaient en effet, répondit Jérôme, à l'heure de la justice j'aurais raison, non plus contre vous, Julla, mais contre Dieu.

Puis, se tournant vers la jeune fille avec un regard attristé :

— Votre foi est donc bien profonde? lui dit-il.

— Aussi profonde que mon amour. — Ah! mon unique ami, permettez-moi de vous confier une crainte qui me désole. C'est que si vous ne pouvez croire, vous ne pouvez pas aimer, non plus.

— Taisez-vous, taisez-vous! cria Jérôme, n'êtes-vous donc entrée dans ce cœur que pour le déchirer?

— Oh! ne me parlez pas ainsi! et pardonnez, à cause que je vous aime, à ce que ma tendresse m'inspire d'alarmes. Si je touche à ces plaies vives de votre âme, c'est pour y porter une main salutaire.

— Hélas! murmura le douteur, comme en répondant à des pensées intimes, Dieu ne l'a pas voulu, que le bonheur me fût possible ! Je ne saurais arriver à aucune joie dans cette vie : il n'y a pas d'harmonie entre mon cœur et ce monde. Rien n'est fait pour moi.

— Parce que vous différez des autres hommes, demandez-vous que l'on recrée toutes choses afin de les approprier à votre génie solitaire ? L'univers, et tout ce qu'il contient d'éléments et d'idées, est dévolu aux esprits pauvres qui n'ont que lui ; les hommes riches d'intelligence doivent se suffire à eux-mêmes : ils sont seuls. Serait-il juste de vous sacrifier la multitude de vos semblables, en vous donnant une révélation et des dogmes auxquels elle ne saurait atteindre ? Le père commun protège d'une Providence égale tous ses enfants, et s'il refuse quelques joies aux uns, c'est qu'elles coûteraient quelques douleurs aux autres :

Un pauvre paria, repoussé des hommes, mourant de faim, errait depuis l'aube du jour au sein d'une forêt sauvage. La journée se passa toute entière sans qu'il trouvât un seul fruit, sans qu'il aperçût un seul oiseau. Enfin, sur le tard, un roitelet vint se percher tout auprès, dans les broussailles d'un buisson. Le proscrit arme son arc, tire une flèche ; mais le trait mal dirigé par une main débile, n'atteint pas le but. O grand Brahmâ ! s'écria l'indien désespéré, tu m'abandonnes : n'es-tu donc pas ma Providence ? — Oui, mais je suis aussi la providence du roitelet, répondit le Dieu.

— Sainte enfant, dit Jérôme avec transport, c'est votre cœur qui vient de parler ! Oh ! qu'il serait favorisé celui qui pourrait se reposer dans votre foi, dans votre amour ! Contre les tourments que j'endure ce serait un calme abri, un doux refuge. Je sens tout ce qu'ont de magnifique pour l'âme votre religion et votre tendresse ; mais, hélas ! ma Julla, je suis incapable de l'une comme indigne de l'autre. Que pourtant mon malheur ne vous fasse pas me délaisser ; je ne puis vous retenir, mais je ne saurais me résoudre à vous perdre. Restez par pitié, sinon par amour. N'abandonnez jamais ce malheureux qui s'efforce de vous aimer, qui voudrait tant vous croire. Nul plus que moi n'apprécie ce qu'il y a de sublime dans le culte de votre Sauveur adoré. Si je le crois un homme, je le vénère comme un dieu. Hélas ! je sais ce que je perds : mon incrédulité n'est pas mon crime, elle est mon châtiment.

— Moi, vous abandonner, mon ami ! s'écria Julla, moi vous imputer votre infortune ! Ah ! je le publie sans blasphème : Je vous aime par-dessus tout. Je m'attache à vous comme à la vie ; je vous serai fidèle plus que le malheur ; et parce que rien n'égale votre misère, rien n'égalera mon dévouement, soyez-en sûr.

— Si je savais aimer ! dit tristement Jérôme. Puis, après quelques pas faits ensemble, en silence, il ajouta : Écoutez, ma Julla, ma sœur chérie, n'essayez jamais plus de ressusciter le christianisme dans mon cœur : vos tentatives pieuses sont propres à vous tourmenter, seulement. La foi est une virginité ; quand on l'a perdue, c'est sans retour. Il fut un temps où je croyais ; mais aujourd'hui, en matière de religion, j'ai franchi le doute. La doctrine de Jésus s'en va du milieu des hommes ; comme les eaux d'un déluge, elle se retire de dessus la terre : les montagnes paraissent déjà. Il ne sera donné à personne de faire reculer l'humanité ; le temps est un fleuve qui ne reflue jamais. Dans son plus grand miracle, la foi arrêta le soleil, elle ne le ramena pas en arrière. Si je vous parle froidement de ce culte, qui est le vôtre et qui fut le mien, c'est qu'il est mort pour moi depuis si longtemps, que je suis comme habitué à la douleur de sa perte.

O religion du sauveur des hommes, combien te voilà déchue ! On ne te combat même plus ; les honneurs de la lutte, on te les refuse. Et celle qui a vaincu le monde, celle qui l'a tenu dix-huit siècles à genoux, sous sa main bénite, est si pauvre

CHAPITRE XII.

aujourd'hui, qu'elle ne saurait fournir aux frais d'une victoire. O abaissement! ses adversaires même (hélas! elle n'a plus d'ennemis), ses adversaires même demandent tolérance pour elle! C'est de la modération peut-être, mais la modération, c'est toujours l'indifférence, et l'indifférence vaut à peine le mépris. Le silence que l'on garde devant toi, ô culte des martyrs, c'est le silence que l'on observe devant le cercueil qui s'en va et que l'on salue en passant. Du jour où il fut permis de porter sur toi un regard sacrilége, du jour où tu fus librement interrogé, tu fus perdu. Toute foi discutée est une foi morte; on ne dissèque que les cadavres, et les cadavres abandonnés.

O ma Julla, il n'y a plus de Christ! Qui donc maintenant vous aimera, pauvres âmes?

Et puis, s'il n'y a plus de foi, c'est comme s'il n'y avait plus de Dieu; car, en vérité, qu'est-ce pour la plupart des hommes qu'un Dieu désarmé de son enfer?

C'est être témoin d'une révolution terrible, que de voir se retirer de la société la dernière des religions. La mer tout entière, sortant de son lit immense, ne laisserait pas après elle un si large abîme, et si les cieux, qui pendent pleins de mondes sur nos têtes, disparaissaient tout à coup, que serait cette ruine du ciel périssable auprès de la ruine de ce ciel des intelligences qui s'éteint sur nos âmes.

Julla, nous sommes venus trop tard. Il nous eût fallu naître durant la candide enfance du monde, alors que les siècles coulaient paisibles sur un peuple de pasteurs. Comme nous aurions été heureux! Cela fait mal d'y penser. Comme nous aurions été riches de tous les biens du cœur et de l'âme! Mais aujourd'hui ma misère est si grande, que si vous veniez à mourir, ma pauvre bien-aimée, je n'aurais même pas une petite prière à dire sur votre tombeau.

La jeune fille écoutait parler Jérôme avec stupeur, sans mot dire, sans un geste. Cette différence dans leur âme l'épouvantait. Quand le douteur eut fini, elle lui dit d'une voix accablée :

— O mon ami, le christianisme est toujours vivant, mais vous êtes mort. — Hélas! il y a entre nous deux tout un ciel qui nous sépare.

— Ah! s'écria Jérôme, peux-tu croire à une religion qui nous désunirait pour jamais ? Pauvre enfant qui se paie de paroles ; on te promet l'éternité de la vie, et te voilà contente. Mais l'éternité de l'amour, infortunée, tu n'y songes donc pas? Et pourtant, s'il doit finir à la mort, ce sentiment unique, qu'importe que l'existence se prolonge : est-elle sans lui quelque chose ? Une reli-

CHAPITRE XII.

gion qui sépare ainsi ceux qui s'aiment, sur ce seul fait est jugée et condamnée.

— Connais-tu les mystères de la miséricorde, ô toi qui les blasphèmes ? Qui t'est venu révéler que Dieu sépare dans l'autre vie ceux que l'amour a rapprochés dans celle-ci ? Sais-tu quelle est la puissance de l'intercession, de la charité ? Crois-tu que je ne prie pas, que je n'expie pas pour toi ? Tu me nommes ton amante, et tu crois avoir tout dit. Ah ! je suis plus que cela. Je suis ton Rédempteur, je suis ton Christ ! Une religion qui permet de mériter le ciel pour ceux qu'on aime, sur ce seul fait est jugée et glorifiée.

Puis elle ajouta avec l'expression d'une douleur résignée :

Vos doutes sont effrayants. Je vois bien que, doutant de mon Dieu, vous douterez aussi de mon amour ; mais je me suis donnée. Une femme qui aime, c'est une hostie qui se dévoue. Je le sais, et je veux vous aimer comme mon Sauveur a aimé, jusqu'à la fin.

Pendant quelque temps encore ils se promenèrent ensemble, silencieux et affligés. Il faisait un de ces grands vents de l'équinoxe qui bouleversent la campagne, et qui sont comme l'âme des arbres et des chaumes, auxquels ils prêtent en apparence tous les mouvements de la vie. Heureuses alors les cavales effrenées et nues, de pouvoir courir la tête haute, les crins épars, contre l'ouragan qui résiste comme l'onde à leur poitrail rapide ! Heureux les aigles de pouvoir se jouer dans les vagues aériennes, de pouvoir, emportés par la rafale de montagne en montagne, de zénith en zénith, se mêler à toute cette vitesse et à toute cette fête !

Que de fois, durant ces orages, Jérôme enfant s'était couché sur la terre moussue, au fond des bois tumultueux. Et là, les yeux au ciel, il avait regardé passer sur l'azur lointain de longs convois de nuages qui le couvraient de leurs vastes ombres. Un jour, ainsi étendu au milieu des fleurs sylvaines, dont il ignorait le nom et qui n'en étaient que plus belles, il s'endormit pendant une tempête si violente, qu'il sentait remuer sous lui le sol dans lequel les arbres battus du vent étaient enracinés ; et quand il se réveilla, tout couvert de feuilles, le bois était immobile, et la tempête avait passé tout entière durant son sommeil. Il rappelait souvent ce réveil tranquille au sein de cette nature reposée ; et, dans ses heures d'espoir, il comparait à la mort ce sommeil qui l'avait si doucement conduit de l'orage au calme.

Mais au jour où nous sommes, pendant cette promenade avec Julla, le douteur se trouvait dans des sentiments bien contraires ; et le bruit mono-

CHAPITRE XII.

tone de l'aquilon ne le portait plus à dormir sur la mousse verte, au-dessous des branches secouées.

— Entends-tu, disait-il à son amie éplorée, comme tout gémit autour de nous ? Regarde ces arbres flagellés se tordre, s'agiter et souffrir. Écoute passer ces vents lamentables, soupirs éternels d'une création malheureuse... O terre plaintive, est-ce que toi aussi tu as été enfantée dans la douleur ?...

XIII.

La passion se glisse insensiblement dans le cœur de l'homme. Ce n'est d'abord qu'une vapeur imperceptible planant à l'horizon ; puis la vapeur devient nuage ; puis le nuage s'élargit, se multiplie, s'amoncèle, et couvre le ciel tout entier. Ou bien encore, c'est le faible lierre qui arrive petit et rampant au pied du chêne, se traîne, s'allonge et gravit le mât énorme par degrés ; puis, déployant une végétation immense, finit par enchaîner dans son étreinte étouffante les cent bras du géant, et triomphe sans peine de cette tête puissante, mutilée par l'ouragan et que la foudre a balafrée.

Ainsi disait Jérôme en songeant aux profondes racines que l'amour avait déjà jetées dans son cœur.

— Il aurait fallu résister, pensait-il, lorsque la

CHAPITRE XIII.

tige parasite se tenait encore cachée sous l'herbe, lorsque la nuée n'était encore qu'un blanc flocon de neige. Aujourd'hui, il est trop tard. Et pourtant cet amour m'épouvante. Le voilà déjà attaqué par le doute, ce ver inné dans tous les fruits de l'âme. Je me sens jaloux. Et de qui ? D'Hellénor peut-être. Aura-t-il pu vivre auprès d'une enfant si belle, sans la désirer, si riche, sans la convoiter ?

— Julla était bien triste ce matin. Parlant religion et vertu peut-être à cause du besoin de sa conscience. Elle m'aime, je le crois ; mais est-elle fidèle ? — Oh ! je suis atroce avec mes inquiétudes ; dans mes recherches inexorables, je vais fouillant jusqu'au cœur. — Cinq jours sans me voir ! Sa mère n'était pas si malade ; les gens du château, à qui j'ai parlé, me l'eussent dit.

Je ne suis pas sûr de moi, puis-je être sûr d'une femme ? Et cependant, douter de cette jeune fille, n'est-ce pas pousser le scepticisme jusqu'à l'iniquité, jusqu'à la barbarie ?

Allons, Jérôme, du calme. Le doute n'a-t-il pas été comparé à une balance qui n'incline pas ? Efforçons-nous de conserver l'équilibre ; soyons indifférent ou du moins impassible.

Mais aussi, pourquoi s'obstiner à placer son bonheur dans le sentiment qu'éprouve ou n'éprouve pas telle ou telle personne ? N'est-ce point assez déjà de dépendre de soi-même et de ne pouvoir s'éviter ? Quelle déraison fatale d'aller déposer notre félicité dans le cœur d'autrui, alors que nous ne mettrions pas notre or dans sa bourse ! — Si elle m'aime, tant mieux ! Si elle ne m'aime pas, eh bien ! c'est fini !... Mais elle m'aime. Elle m'aime ; en saurais-je douter ? Vraiment, j'ai là des idées qui me feraient croire au Tentateur. — Elle m'aime. Tais-toi, démon !

Puis, posant la main sur la bible gothique de Martin Lempereur, celui qui parle la plaça sous ses yeux et l'ouvrit aux Évangiles.

— Voilà donc, dit-il, le livre qui l'a faite ce qu'elle est : bonne, aimable et pure, — et heureuse ! Une parole qui façonne ainsi les âmes est une parole de vie. Que me sert-il de relire ces pages augustes, que tant d'hommes divers ont lues avant moi ? Que me sert-il de sonder ces feuilles profondes ? Je n'ai qu'à regarder Julla, leur ouvrage. Je n'ai qu'à me rappeler les saints et les martyrs qui sont nés de cette mère féconde. Mais bah ! quel livre n'a eu ses martyrs ? L'athéisme lui-même a produit des citoyens vertueux, et le matérialisme des hommes exemplaires. L'idolâtrie a compté des saints parmi ses fidèles. Toute doctrine bien suivie est une bonne doctrine.

Le douteur en était là de ses réflexions, lorsqu'arriva Hellénor, avec l'air jovial et satisfait du scélérat qui prospère.

— Toujours cherchant, cria-t-il, dès qu'il aperçut le cénobite sur ses livres, toujours à la chaîne, toujours à la rame ! toujours labourant le champ stérile de la pensée, et autant vaudrait labourer la mer ! — En vérité, mon pauvre ami, tu abuses étrangement de la vie, de perdre ainsi le temps. Tu oublies qu'il faut travailler pour vivre, et non point vivre pour travailler.

— Bonjour, Hellénor, dit Jérôme, sans autrement répondre au facétieux reproche de l'avocat.

— Que diable aussi, il faut se distraire. C'est un devoir dans ce monde de divertir son âme. Le corps lui a été donné en mariage, comme la femme à l'homme, pour lui procurer du plaisir. Mais, toi, tu vis mal avec la tienne, et vous faites mauvais ménage. C'est immoral. Il est bon de s'amuser beaucoup : la vie est si courte !

— La vie est courte, répondit Jérôme, mais la douleur est longue.

— La douleur ! cria l'avocat, heureux de trouver un thème où déployer sa faconde, la douleur n'est pas si terrible que les malheureux veulent bien le dire. Les maux de cette vie sont peu de chose. Je gage qu'à peine sortis de ce monde nous ne ferons aucune différence d'une joie à un déplaisir, de même qu'à quelques toises du rivage le marinier ne distingue plus un galet d'une fleur. Moi, j'ai pour règle, lorsqu'un malheur me frappe, de ne m'en désoler que huit jours après l'accident qui le cause ; et je dois déclarer ici, à la décharge de la Providence, que je n'en ai pas éprouvé, pour fâcheux qu'il fût, dont la violence pût supporter cet ajournement et durer jusque-là.

Cette existence est bonne ; il s'y trouve du bonheur assez. Et du reste, il en faut si peu pour combler ce petit vide que nous appelons le cœur humain. Une rêverie, un morceau d'or, une dévotion, un baiser, le fait déborder. C'est bénédiction et c'est pitié !

A cet égard, l'homme a le privilége, et la partiale nature l'a traité en favori. Car un aigle, un éléphant, un cétacée, ne se contentent pas à si peu de frais. Que dirions-nous ? si, comme les loups, nos semblables, nous ne dînions qu'une fois par semaine, après avoir hurlé de faim pendant six nuits entières ; si, comme le boa, ce premier-né de la création, nos digestions duraient un mois et nos déglutitions une journée. Que ne dirions-nous point ? si, comme les autres animaux de ce monde, nous ne devenions propres à l'amour qu'une fois l'an, durant huitaine, et pas plus. Ah ! nous sommes injustes et méconnaissants ! Nous ne devrions éle-

CHAPITRE XIII.

ver la voix que pour des *Te deum*, et nous en sommes encore à répéter les blasphèmes et les imprécations de ce misérable Job, qui après avoir été le plus fortuné des humains pendant les trois quarts de sa longue vie, se met à maudire le Ciel au premier malheur venu. C'est énorme ! — Quant à moi, loin de me joindre à ces murmurateurs, je suis l'avocat de la Providence, avant tout ; que diable ! j'aime le bon Dieu.

Tiens, Jérôme, laisse-moi te dire qu'avec ta fureur des investigations et des découvertes, tu fais justement ce qu'il faut pour te rendre malheureux. Doué d'une nature sensible et délicate à l'excès, tu ne devrais rien explorer, rien approfondir, et il te faudrait imiter ces personnes peureuses qui, dans les ténèbres, n'arrêtent la vue sur aucun objet, de crainte que leur imagination déréglée, dénaturant toutes choses, ne leur fasse voir des formes étranges et des fantômes.

— Ce qu'il y a de violent, observa Jérôme, c'est que tu as toujours raison. Si tout s'arrête pour nous à la tombe, tu es, sans contredit, le plus heureux des hommes.

— Je vois au moins, répondit le mari de la chanoinesse, que cette vie présente s'y arrête infailliblement. Pour ce qui vient après, je n'y songe pas plus que je ne songeais, avant ma naissance, à l'état où me voici. Je n'appréhende pas plus de mourir que je n'ai redouté de naître. Et certes, remarquons-le, si quelque chose devait nous étonner, ce serait la naissance ; la mort n'est rien auprès ; le chef-d'œuvre consiste à édifier, non à détruire. Mourir est donc moins que naître, et naître n'est rien ; nous l'avons tous éprouvé.

Occupons-nous, afin d'être sages, non de ce qui peut être, mais de ce qui est en effet. La réalité étroite est proportionnée à notre petitesse ; le possible est un infini qui nous écrase.

Avec toutes ces inquiétudes ennemies de notre tranquillité, nous ressemblons beaucoup trop à ces petits enfants qui, la veille du premier jour de l'année, abandonnent leurs rires et leurs jeux pour songer aux étrennes du lendemain. Sera-ce un mirliton ou une poupée, l'éternité ou le néant ? Eh ! grands et petits hommes, attendez patiemment un jour.

— Peut-être ne leur donnera-t-on rien, dit insoucieusement Jérôme.

— Aussi feront-ils bien, continua Hellénor, de quitter leurs inquiètes pensées et de reprendre les récréations de leur âge.

— Si tout s'arrête pour nous à la tombe, tu es le moins malheureux des hommes, répéta le solitaire.

Les deux interlocuteurs dont je rapporte le dialogue ne contrastaient pas moins par l'expression de leur visage que par l'esprit de leurs paroles. L'avocat avait une face ronde, sans profil, aux traits raccourcis et larges, aux lèvres épanouies, au front bas et charnu, au menton déformé par l'embonpoint d'une mâchoire robuste ; le tout surmonté d'une plantureuse chevelure qui croissait vivace et drue sur cet épais terrain. En un mot, une de ces figures qu'on dirait éclairées d'en bas, et dont les proportions auraient été réduites par les ombres.

La douceur et la dignité réunies formaient le caractère de la physionomie de Jérôme. De grands traits en saillie, un front vaste aux tempes découvertes, voûte élevée où la pensée retentissait sonore et se déployait à l'aise ; des yeux singulièrement doux, d'une nuance claire ; et un nez d'aigle, recourbé sur une lèvre frémissante, la composaient. Et, tout au contraire du visage d'Hellénor, celui-ci, à cause de ses linéaments continués, semblait recevoir d'en haut une lumière qui allongeait toutes ses lignes.

Une affreuse barbe blonde couvrait les joues du premier ; la face entière de Jérôme était rase, et rien n'en cachait la mobilité ni la pâleur.

L'un était court et replet, c'était l'avocat ; l'autre était grand et maigre.

— Écoute, mon voisin, dit Hellénor, après une pause pendant laquelle ayant cherché vainement une glace à tous les murs de la chambre, il avait fini par s'accommoder, faute de mieux, d'un carreau de la fenêtre, miroir confus dans lequel il contemplait, en discourant, le beau visage que vous savez. — Si tu voulais suivre mes conseils, tu pourrais être heureux. Il te faudrait d'abord renoncer à ton ingrat labeur, et ne plus essayer d'édifier la science, puisque ce travail t'est meurtrier, et que, comme les rebâtisseurs du Temple, tu vois sortir de ton ouvrage des flammes qui te dévorent. Crois-moi, ne descends plus quérir la lumière dans les profondeurs ; c'est là que naturellement les ténèbres habitent. Demeure à la surface : toute beauté, toute bonté, toute vie y réside. Les moissons et les fruits croissent à la superficie de ce monde. Dans l'intérieur de la planète, ce ne sont qu'arides métaux et que laves ardentes.

N'anatomise pas, ne décompose pas toutes choses ; rien ne vaut ici-bas que par le mélange ; il n'est pas un seul élément qui puisse, sans alliage, servir aux besoins de l'homme. Et cela n'est pas moins vrai au figuré qu'au propre.

Jérôme, prends généreusement la vie comme Dieu te la sert : sans y ajouter, sans en retrancher. Le bien-être est à ton côté et tu cours le demander au loin. Que fais-tu de lever ainsi les bras et les yeux vers ce ciel, où il n'y a que des étoiles? Qu'espères-tu d'en haut, malheureux Tantale? courbe ton front, et bois.

Ici Jérôme allait parler, quand l'avocat, continuant de plus belle, s'écria :

— Armé de la raison, tu prétends guerroyer contre les erreurs humaines; mais, mon ami, la raison est un glaive infidèle qui sert aveuglément tous ceux qui l'emploient. Bien plus, c'est une lame à deux pointes qui perce la main qui la porte. — Comme une vague détruit une vague, ainsi un raisonnement détruit un raisonnement. Et, je te le demande, toutes choses n'ont-elles pas été tour à tour abattues et justifiées à l'aide de la logique. Je me fais fort, avec son secours, de tenir contre tout venant le pour et le contre de la même cause. Je te prouverais, si tu en avais besoin, que l'assassinat est une œuvre pie, l'iniquité une vertu, le vol un bon office; je te prouverais aussi l'immortalité de l'âme et l'existence de Dieu, mais ce serait plus difficile.

—Tu me montres bien, dit gravement Jérôme, offensé de ce rire insolent, tu me montres bien que je ne pourrai jamais étancher la soif qui me brûle, mais tu ne m'ôtes pas cette soif· Ah! laisse-moi l'espérance, cette belle Galatée virgilienne qui fuit en nous montrant, à travers nos chagrins et nos peines, son entraînant visage qui nous sourit et qui nous console.

— Eh bien! Jérôme, tu peux éteindre en toi ce besoin de connaître ; et pour cela, entre hardiment dans la vie, comme un fort nageur dans la mer. Laisse-toi posséder par elle. Laisse traverser ton cœur par le torrent des joies humaines. Les jours de fête! les nuits d'amour! — Ah! jeune homme, qui nies le bonheur et qui n'as pas encore reposé dans une étreinte de femme, sur ces mamelles plus enivrantes que le vin et sur ces flancs féconds en voluptés, au moment puissant où la chair est heureuse! Tu nies le bonheur, et tu ne sais même pas ce qu'une seule nuit peut contenir de délices! Mais, infortuné, plutôt que de pleurer sur l'avenir, pleure sur ce passé perdu dont tu n'as pas joui!

— Hellénor, dit vivement Jérôme, tu me fais dégoût. Que me conseilles-tu? de tuer mon âme, à moi qui n'ai pas osé tuer mon corps! Tu parles de l'amour comme en parlerait la brute. Aimer et être aimé, voilà le ciel; le reste c'est la besogne du lupanaire et de celles qui l'habitent. — Je suis tombé bien bas par le malheur, mais je n'en viendrai jamais à n'avoir pour tout paradis qu'un lit de femme.

CHAPITRE XIII.

— Allons, allons! répondit le père de Julla, tout en s'efforçant de prendre un air enjoué, afin de cacher la gêne où le mettait le reproche du douteur, car, quelque dépravé qu'on soit, on rougit toujours devant l'indignation de la vertu, et quand, à force d'opprobre, on a désappris de rougir, on pâlit, du moins. Allons, décidément tu as chaussé aujourd'hui ton esprit à l'envers; et toujours obstiné, tu ne conçois que ta manière de voir, tu ne peux coiffer que tes idées. Ton sentiment est tout, les dissidents ont tort infailliblement et leurs erreurs te font dégoût. — Toujours égoïstes, toujours exclusifs dans leurs opinions, que voilà bien les hommes! Aussi je ne les aime pas les hommes, et qui dit l'homme ne dit pas la femme.

Tu refuses donc ma recette et tu te fais tort. Sans mentir, je te plains. Mais si tu repousses mon enseignement, crois au moins à ce que tu vois. Regarde, suis-je un infortuné? Le contentement qui m'accompagne, les prospérités de ma vie, l'allégresse de mes discours, tout, jusqu'à l'air de ma figure, confesse ma doctrine et lui rend témoignage. Je suis heureux, et suis assuré de l'être jusqu'à ce que la mort me fauche; car, s'il me venait quelque intolérable malheur, n'ai-je pas la tombe? je me ferais sauter.

Je suis sage. Non que je me veuille donner à toi (qui me connais), pour un monument de chasteté et pour un patron de vertu. Je ne vise point à cela du tout. Je ne suis ni religieux, ni philosophe, ni sot. Mais j'obéis fidèlement à la loi de l'intérêt bien entendu, de l'égoïsme bien dirigé. Toute ma morale est dans l'hygiène, toute ma logique est dans l'arithmétique. Je calcule bien. Le jour où tu as jeté ton bien aux pauvres et ton nom à l'oubli, le jour où tu as épousé la solitude, cette triste veuve, tu as mal additionné.

Ah! je le sais, je prêche au désert, cela est vrai de toutes les manières, et cela me désole. Cependant, tu peux le croire, je rends justice à tes hautes facultés, je ne suis pas ingrat envers ton éminent mérite et je n'ignore point que les pompes et les œuvres de ce monde sont au-dessous de toi, peut-être. Mais je te l'ai dit : Courbe ton front. Renonce à la science comme à une épouse stérile, l'homme est impropre à l'acquérir, tu l'as éprouvé, tu l'éprouves chaque jour. Le savoir produit seulement l'inquiétude et la faim; l'approfondir, c'est se creuser un abîme. La foi est ignorante, comme tout ce qui est bon ici-bas : comme la volupté, comme la mort. Donc, puisque tu ne peux connaître, jouis. Et, confessons-le, ce qu'il y a de plus fécond dans la vie, c'est le plaisir,

CHAPITRE XIII.

et, quoi qu'en aient pu dire quelques philosophes refroidis et quelques moralistes centenaires, les jouissances de l'esprit sont vraiment déplorables.

Porter un cœur plus grand que sa fortune, quel affreux supplice! et ce supplice est le tien. Il faut t'y résigner noblement. Ne t'étonne pas de souffrir : les hommes supérieurs sont mis sur la terre pour autrui et non pour eux-mêmes. Ils labeurent, les autres recueillent. Au bal, le violoneur ne danse pas.

— Tu plaides fort bien, dit le douteur, mais ta cause est mauvaise et ton client veut mourir.

— Mais encore es-tu trop exigeant, continua l'avocat qui n'avait point écouté Jérôme. S'il te faut absolument des vérités, contente-toi de celles que les hommes ont établies : les mathématiques, l'astronomie, les sciences naturelles toutes ensemble, en possèdent beaucoup.

— Que me font, répondit le cénobite, les quelques stériles vérités de la matière? Ce sont précisément celles qui ne m'importent pas. Et, quand même, elles sont bien incomplètes, bien peu nombreuses, bien mélangées d'erreurs et de mystères. La science, eût-elle répondu à toutes les questions, moins une ; eût-elle soulevé tous les voiles, hors le dernier : le doute serait encore le parti le plus raisonnable ; parce qu'une seule vérité cachée, détruisant cette harmonie qui est le tout des œuvres de Dieu, rend les autres imparfaites ; ou plutôt parce qu'il n'existe qu'une vérité seule et qu'en connaître exclusivement quelques parties, c'est ne rien connaître.

Nous ne sommes donc assurés d'aucune chose, et telle est la profondeur de nos ténèbres, que même nous ne saurions vérifier l'incertitude qui nous possède. Nous devons tout ignorer, tout, jusqu'à notre ignorance même, et douter de notre doute. Nous planons suspendus au milieu du monde moral, comme notre planète au milieu de la création physique : rattachés au tout, comme elle, par des liens invisibles.

Je suis bien certain, quant à moi, de ne jamais savoir ; mais, ne pouvant apaiser la faim de mon âme, je cherche à la distraire avec ces livres dont j'essaye tour à tour les doctrines opposées. J'imite ces pauvres sauvages de l'Afrique méditerranée, qui, au dire des voyageurs modernes, avalent de 'arg ile pour tromper la faim qui les ronge. Cela occupe un moment les entrailles et les empêche de crier.

— Hélas! aujourd'hui, c'est un mal répandu que ces découragements, dit Hellénor, et la mélancolie s'étend sur les hommes, comme un crépuscule insipide.

CHAPITRE XIII.

— Ne reprochons pas aux hommes de notre siècle, observa Jérôme, ces désenchantements, ces désespoirs sans remède : c'est là leur gloire. On voit à ces nobles signes que leur exil les ennuie, que leur prison les gêne. Le cœur de l'esclave peut battre pour la liberté et en est digne quand sa chaîne lui pèse ; mais s'il la porte avec joie, qu'attendre encore de cette nature dégradée jusqu'à ne plus sentir le poids de sa honte et l'ignominie de son malheur ?

— Ah ! je vois bien que tu es incurable. Cependant, afin que tu ne puisses exciper d'ignorance, voici en deux mots toute ma sagesse ; recueille-les comme de l'or : *Ne pas prendre cette vie au sérieux, et, lorsqu'elle refuse ses faveurs, la violer.*

Et maintenant que tu connais le remède, ton mal est ton ouvrage. Continue à interroger le passé, à heurter du front à la porte de la tombe muette ; demeure dans ton obscurité volontaire, sérieusement occupé à rêvasser et à gémir jusqu'à ce que mort s'ensuive. Mille dupes ont fait ce que tu fais, et nul n'a reçu le prix de ses peines.

— J'en connais un, dit le douteur en souriant, à qui ses travaux ont réussi ; mais c'était un poète, il méritait cela.

— De qui veux-tu parler ? demanda Hellénor.

— De celui à qui ses nombreuses veilles avaient dépouillé le crâne, et à qui sa tête chauve valut la mort. D'Eschyle.

— Triste salaire ! observa l'avocat.

— Qu'en sais-tu ? répartit Jérôme.

— Rien, répondit Hellénor.

Ils causèrent encore quelque temps, s'enfonçant de plus en plus chacun dans son opinion, comme cela doit arriver toujours lorsqu'elles sont attaquées. Que sert-il donc de discuter ? Vous prétendez contraindre une personne à répudier son sentiment pour épouser le vôtre, et vous le combattez ; c'est ni plus ni moins, passez-moi la comparaison, comme si voulant la décoiffer de son chapeau, vous frappiez dessus : il entrerait davantage. — Croyez-moi, renoncez à toute controverse ; vous donneriez aussitôt la ressemblance de votre visage que celle de votre esprit. Mais vous ignorez donc que dès qu'un homme adopte une croyance, il lui vient sur chaque tempe une sorte d'œillère morale, qui, l'aveuglant sur tout le reste, ne lui permet de voir que l'étroit sentier qu'il suit d'une marche obstinée autant que fatale ?

XIV.

Depuis qu'elle avait reçu l'horrible confession de sa mère, Julla était demeurée irrésolue, l'esprit assiégé de pensers divers et contraires. Son ciel jusque-là si pur se remplissait de nuages. — N'être plus la fille de celui qu'elle avait connu si bon, si vénérable; le perdre une seconde fois par le crime comme elle l'avait déjà perdu par la mort, cela lui brisait le cœur.

Les vieillards ont une affection singulièrement vive pour leurs jeunes enfants, les patriarches aiment âprement leur Benjamin. A considérer la tendresse qu'ils placent sur ces blondes têtes, on dirait qu'ils éprouvent le besoin de s'identifier à toute cette fraîcheur, à toute cette vie. Et puis un enfant ajoute à l'affection reconnaissante pour tant de soins assidus, le respect envers un âge qui impose toujours mais surtout à l'enfance dont il est si éloigné. Il n'approche pas sans révérence sa chevelure dorée de cette tête blanchie, ses yeux brillants de ces yeux éteints. En un mot, il y a dans ce voisinage d'un être qui commence l'existence et d'un être qui l'achève, une énergie de contrastes qui agit puissamment sur les cœurs qu'il réunit.

Mais est-ce bien un contraste, et n'y a-t-il pas une harmonie entre ces deux âges, tous les deux faibles et tous les deux extrêmes?

Le souvenir du vieux baron de Ruault était donc demeuré toujours vivant dans la mémoire de Julla qui venait de voir tout à coup remplacer ce père auguste par une créature méprisée. Elle sentait bien alors que ce lien du sang dont on parle aux fils pour leur faire aimer leurs proches, n'est qu'un vain mot; car Hellénor ne lui paraissait pas moins abominable pour être devenu son père, ni le vieillard, moins cher, bien que ne lui tenant plus que par l'infamie.

Dans son chagrin, ce qui l'obsédait le plus, c'est de penser que ce même vieillard, qui l'avait tant aimée autrefois, maintenant désabusé dans le Ciel, la regardant comme un objet d'horreur, comme un gage d'ignominie, retirait la bénédiction qu'il lui avait donnée, et la maudissait peut-être comme il maudissait l'adultère. Ainsi, pour la pauvre fille, le malheur franchissait la tombe comme il avait franchi le berceau.

Enfin, après y avoir longtemps songé, Julla comprit qu'elle ne pouvait rien révéler de cette honte à Jérôme. C'eût été découvrir la nudité de sa mère, à qui du reste elle avait promis de se taire. Et puis, elle n'eût jamais trouvé le courage d'apprendre à celui qu'elle aimait la faute dont elle était le fruit, le crime dont elle était née. Ce crime paraissait si grand à son cœur si jeune et si pur, et il lui en eût tant coûté de l'avouer à *lui*; car la pudeur de celle qui aime se porte toute entière vers la personne aimée, et vous savez pourquoi?

Mais l'amante avait encore d'autres sujets de crainte. Ce mariage dont elle était menacée ajoutait à ses chagrins bien des alarmes. Elle se voyait livrée en toute propriété à deux hommes vils : l'un son père et l'autre son époux.

Parler à Jérôme du vicomte de Saint-Loubès, c'eût été porter le trouble dans un esprit déjà troublé; c'eût été jeter des brandons dans l'incendie. Et d'ailleurs, cette disgrâce prochaine, le faible douteur que pouvait-il pour la conjurer?

Julla se résolut donc à garder tout son malheur, tout son fardeau, et à résister seule aux projets de sa triste famille. Hélas! sa résistance n'était pas bien puissante. De tous côtés, la honte de ses parents, la sienne propre, l'environnaient d'obstacles : la main du vieillard lui fermait la bouche. Comme Virginie, sur le vaisseau qui sombre, elle ne pouvait se défendre contre le sort qui la menaçait qu'en sacrifiant sa pudeur, et comme la jeune Indienne elle aimait mieux périr.

Cependant, tous ces bouleversements de son âme l'empêchaient de voir Jérôme. Il lui en coûtait trop de dissimuler avec lui, de l'aborder avec un masque, de lui fermer une part de son cœur. Elle espérait que tout s'arrangerait bientôt, espérance pardonnable, car c'était son premier malheur : elle ne savait pas combien dans la vie ils durent longtemps.

Et Jérôme s'alarmait.

XV.

Jérôme s'alarmait. — Un moment il voulut se débarrasser de son amour, vains efforts. Les maladies du cœur ne se guérissent guère. Cette vérité pathologique est aussi une vérité morale. Il eut beau revenir à ses doutes, à ses rêveries les plus sombres; rien n'y faisait. Assis au milieu de ses livres, le pauvre amoureux essaya de reconduire sa pensée sur les choses du créateur et de la créature; il rappela dans son esprit les réflexions qui l'épouvantaient le plus, afin de combattre un poison par un poison contraire.

— D'où venons-nous? où sommes-nous? où allons-nous? — Nous sortons mystérieusement du sein de la femme pour entrer plus mystérieusement encore dans celui de la terre. L'avenir est inconnu, le passé est incertain et le présent n'est pas.

O création fidèle, tu l'as sévèrement gardé ton secret; à peine si l'homme a pu soulever le bas de la robe immense qui te voile; tu es pure de toute atteinte, et ton maître te retrouvera au dernier jour dans toute l'intégrité de ta virginité première.

. . . . . . Et cependant, soit perfidie ou soit promesse, le seuil de la vie est toujours jonché de fleurs. Mon enfance a été calme, sinon heureuse; ma mémoire s'y repose en paix. Quelle perte pour l'homme de ne savoir jouir de ces instants si courts du jeune âge! Je les pleure presque. Je regrette ces jours d'incurie dont je n'ai pu goûter le charme. Je regrette cet âge d'or de l'existence. Je n'ai pas assez regardé, assez possédé la nature qui était alors si belle et si jeune; je n'ai pas assez respiré cet air suave, ces vents embaumés d'autrefois; je n'ai pas assez vécu enfin, assez chanté, assez fleuri, assez brillé; et puis, je n'ai pas assez embrassé ma mère!

Ah! il y a dans ce monde de belles aurores! aurore de la vie, aurore de l'amour, aurore du savoir; mais il n'y a que des aurores.

A seize ans, quels beaux projets d'avenir je rêvais! la jeunesse est rêveuse, parce qu'elle est pure et tranquille comme un sommeil. Oh! ce serait le bon temps pour mourir! Alors que le cœur espère dans la mort comme il espère dans la vie ; alors qu'on ne connaît pas encore. — Heureux, ceux qui meurent jeunes, ceux qui meurent sans avoir vécu, et à qui il faut, en naissant, au lieu d'une crèche un tombeau ! Heureux ceux qui passent des langes au linceul ; ceux qui se refroidissent dans les bras, sur le sein de leur mère ; et qui ne laissent après eux qu'un tout petit cadavre !

Mais, entre tous, les plus favorisés ce sont ceux qui ignorent. Ce sont ces âmes aveugles qui vivent paisibles et à qui une nuit favorable cache la véritable nuit ; ce sont ces esprits candides qui restent toujours jeunes, car la vieillesse de l'esprit ne vient pas des années, mais de la science. Vrais heureux du monde, ils passent dans la vie sans s'inquiéter des obstacles du chemin, pareils à ces nouveau-nés qui voyagent endormis dans leur berceau. — Ah ! si je pouvais ignorer ! Pourquoi le repentir du savoir ne redonne-t-il pas l'ignorance comme le repentir du péché redonne la pureté perdue ? — Je suis bien malheureux ! Il ne me reste, pour me reposer de mes inquiétudes, que le marasme qui les suit ; et alors le dégoût me tue, et je suis si fort abattu que si j'avais mon bonheur dans la main, l'envie de l'ouvrir ne me viendrait pas.

A ce point de sa méditation, Jérôme souffla la

lumière qu'effaçaient déjà les premières lueurs de l'aube ; puis il ouvrit sa fenêtre en face de l'orient, où le croissant délié de la lune vieillissante venait de dépasser les cimes de la forêt, semblable à une faucille d'or parmi les chênes druidiques ; et, après un moment de silence, il reprit :

— Hélas ! que nous sommes loin de Dieu sur cette terre qui gravite si loin du ciel ; dans cette existence étroite où la justice, l'amour, le bonheur, n'existent pas plus que la vérité ; où richesses et misères, grandeurs et opprobres, haines et tendresses, aboutissent ensemble à cette petite ruine humaine, la plus chétive de toutes les ruines, et que l'on appelle un tombeau ! — En nous et autour de nous, que d'incertitudes ennemies ! — Et, à travers tant de ténèbres, nous n'avons pour nous éclairer et pour nous conduire que le pâle flambeau d'une raison confuse, pareils aux décapités de l'Enfer du Dante, nous avançons dans la vie en portant notre tête à la main, comme une lampe.

Et pourtant, moi qui murmure, j'ai reçu du ciel tout ce qui rend heureux au dire des hommes : la fortune, la vertu de l'âme, la beauté du corps, l'intelligence. Si je parvenais à m'intéresser à quelque chose, je me ferais peut-être un nom par mes écrits ; la gloire m'arriverait et je pourrais enfin relever cette tête. — Personne n'est poète plus que

CHAPITRE XV.

moi : mon malheur est l'ouvrage d'une imagination trop avide, et d'une sensibilité trop généreuse, je le sais.

J'aurais été poète. Mais quelle vanité de se fatiguer l'esprit et le cœur afin de laisser après soi, sur la terre, ce qu'y laisse toute flamme qui s'éteint : un peu de fumée ; et puis, dans ce siècle de foi mourante, d'enthousiasme calmé, la tâche du poète est rude : il lui faut une parole bien puissante pour ranimer tant de cœurs froids ; il lui faut d'âpres étreintes, car son amante est sans ardeurs.

La poésie, elle aussi, exige la foi, et une foi sincère ; comme toutes les croyances, comme tous les cultes, elle est morte sous les risées du ridicule. C'est Cervantès Saavedra qui l'a tuée. Voyez, dans son roman sacrilége et funeste, le héros des Espagnes, aussi vaillant que le Cid, mais plus chevalier que lui. C'est la plus noble, c'est la plus pure incarnation de la poésie. On dirait qu'elle l'a créé à son image. Voilà l'homme de cœur dans toute la beauté du mot, voilà la folie de l'épée. Jamais renoncement égala-t-il le sien ? Il met en action dans sa vie dévouée tout ce que les poèmes chevaleresques chantent de plus merveilleux, de plus sublime. Ce qu'ils disent, il le fait.

Artistes et poètes ! regardez ! — Voilà le chevalier errant de votre religion qui passe. Pareil au juif éternel du culte israélite, il vous annonce que vos autels sont détruits.

O Cervantès, après avoir fait un pareil homme, comment as-tu pu dégrader jusques-là ton ouvrage ; et, toi aussi, faire déchoir ta créature.

Triste et lamentable histoire, épopée plaintive, jamais je n'ai pu te suivre jusqu'à la fin, tant tes moqueries sont amères !

Reprenant le cours de ses pensées un moment interrompu, le songeur continua :

—Je suis trop timoré, trop pusillanime, pour oser répandre sur le monde une parole d'où pourraient sortir des fruits de mort. Le souffle de l'esprit remue la société comme le vent de la tempête remue la mer. Quand on considère qu'aujourd'hui toute idée est féconde, on redoute de penser. Malédiction sur celui dont les malfaisantes doctrines trompent les hommes ; le malheureux ! il égare des aveugles.

Peut-être, si j'avais écrit mes frayeurs et mes doutes, cela m'eût soulagé ; car à mesure que la plainte sort de la bouche, l'affliction, ce semble, s'en va du cœur.....

Jérôme se laissait ainsi emporter de pensée en pensée, sans se fixer à aucune ; battant ces vastes campagnes du monde moral, où il est si commun de s'éloigner et de se perdre ; flottant indécis au sein de ce chaos de rêveries, comme une cigogne déroutée, parmi les nuages. Il songeait que toutes nos croyances nous viennent des anciens, lesquels arrivant les premiers et trouvant table rase, ont affirmé ce qu'ils ont voulu et tout conclu *à priori*, si bien que les imaginations du premier rêveur ont été des lois nécessaires, et les hallucinations du premier visionnaire des vérités révélées, pour tous les hommes qui sont venus après eux.

— Et quelle apparence, pensait-il, que ceux-là même qui se sont si grossièrement mépris sur les questions naturelles, aient rencontré juste au sujet des vérités bien plus ardues, bien plus cachées de Dieu et de l'âme. Si l'on pouvait, à l'aide de l'observation et de l'expérience, vérifier leur symbole moral, comme on a vérifié leur doctrine physique, ne les trouverait-on pas en défaut sur le premier point, comme on les y a déjà trouvés sur le second?

O sublimes esprits du merveilleux, du grand paganisme, Homère, Platon, Aristote, Tacite, Plutarque, Épictète, je ne vous accuse pas. La vérité qui vous fut inconnue ne nous sera pas révélée, à nous, les tard-venus de la science. L'espérer ce serait blasphémer le ciel, et vous-mêmes. Tout ce que l'homme peut savoir, en cette vie, de son avenir et de son Dieu, vous le sûtes. Tout ce qui doit être donné à ce monde, de vérité morale, vous fut remis; et nous n'avons de plus que vous que les bienfaits de votre gloire.

Cependant, de tous les dogmes abandonnés, il en était un, le plus bizarre en apparence, celui auquel l'esprit de l'homme s'arrêta le moins de temps, par la raison qu'il lui promet les moins belles destinées, qui inquiétait surtout le pauvre douteur. Je veux parler de la métempsycose, de ce dogme si modeste qui est devenu ridicule, parce qu'il est devenu vieux. Ce n'est pas que notre rêveur inclinât le moins du monde à croire que nous changeassions de nature, et qu'après la mort, nous descendissions au degré de la brute : la Providence lui montrait assez le soin qu'elle prend d'empêcher le mélange et la confusion des espèces. Mais Jérôme s'alarmait de ce symbole, parce qu'il le trouvait le plus simple, le plus sage, le plus dans l'ordre général; parce que ne voyant rien au-delà de la vie, tant avant le berceau qu'après la tombe, il se trouvait pour ainsi dire forcément ramené dans le temps, et contraint d'y chercher l'accomplissement de sa fortune.

— L'homme ne dépasse point ce monde, se disait le douteur; la mort n'est qu'une halte. Nous sommes faits de deux principes : l'esprit et la matière; quant à celle-ci, la transmigration a certainement lieu pour elle; et notre corps, nous en sommes assurés, deviendra minéral, végétal ou animal, suivant que l'un ou l'autre de ces trois règnes s'assimilera les éléments divers qui le constituent. Après cela, est-il trop déraisonnable de supposer que le principe immatériel de nous-mêmes retourne, en quittant notre cadavre, animer dans le placenta maternel le germe qui s'y développe? Ah! il est plus beau, j'en conviens, de l'envoyer dans un paradis imaginaire, séjour éternel de félicités éternelles, tout en faisant de cet univers qui nous entoure de prodiges un méchant lieu d'exil. Mais, prenons-y garde, cela n'est-il pas trop magnifique pour être véritable? Dans le domaine moral, il suffit souvent qu'une doctrine soit belle pour être admise; ainsi la sublimité y est un motif de défiance plutôt qu'un critérium fidèle.

Et voyez, en acceptant la métempsycose, vous tranchez à la fois deux difficultés insolubles. D'abord la sortie des âmes de ce monde, et leur entrée en cette vie. Les uns disent : Les âmes étant toutes préparées dans une résidence inconnue, elles viennent s'unir au fœtus quelques mois avant l'enfantement; d'autres assurent que Dieu les crée à chaque génération, proportionnément à ce qu'il en faut sur la terre.

Ces préexistences de plusieurs milliers d'années

pour venir vivre un jour ici bas, ne satisferont jamais une tête sérieuse; et ces créations successives ne conviennent pas assez à la puissance de celui qui fit tout d'un mot, d'une pensée. Peut-être répugnerait-il moins d'avancer que chaque chose est à sa place et y demeure; que l'économie générale n'est en aucun point troublée; et que l'homme ne quitte pas plus cette planète que cette planète ne quitte l'univers.

J'avoue que si ceux qui pensent devoir sortir de ce monde, alléguaient, à l'appui de leur prétention, l'intérêt général, leur sentiment serait à tous égards considérable; mais n'offrir pour raison d'un si grand privilége et d'un si grand désordre, que son intérêt exclusif, cela ne vaut rien.

Que d'embarras, que de mystères, dans cette création d'une âme à chaque naissance et dans son départ à chaque décès! Combien n'est-il pas plus régulier, et, j'ose dire, plus magnifique (l'astronome me comprendra) de croire que nous restons dans l'univers, comme y restent les soleils, les animaux et les plantes. Et ne nous offensons pas de ces rapprochements; tout cela c'est notre sang, c'est notre vie. — Les sciences physiques nous démontrent toutes ensemble, que la nature se donne constamment pour arriver à ses fins les lois les plus simples, les plus directes, les moins composées, les moins révolutionnaires. N'ayons pas l'insupportable présomption de lui faire déranger, exprès pour nous, ses équilibres et ses harmonies. Nous sommes les membres, non les hôtes de la création; l'orgueil nous en impose.

L'univers, tout le public, a été fait d'un coup. De là une fraternité précieuse aux yeux du penseur. La forme des corps qui le composent est sphérique, et leur mouvement orbiculaire. Tous, ils affectent la figure la plus une, la plus stable, la plus constante, la plus rigoureuse, la plus égale; la figure qui est l'image de la continuité, de l'éternité, et où ne se voit aucune trace de commencement, d'interruption ou de fin; en un mot, la figure la plus opposée au changement, à la variété, au désordre. Comme les astres, ne sommes-nous pas fixés, nous aussi, dans le mouvement le plus voisin de la stabilité, de l'immobilité? La vie de l'homme n'est-elle pas un cercle comme l'année des sphères? ses deux extrémités, loin de se fuir, ne se réunissent-elles pas dans une imbécillité, dans une faiblesse commune? n'a-t-elle pas, ainsi que les mondes autour de leur soleil, sa période de croissance et de décroissance, son périhélie et son aphélie? Seulement, ce dernier, semblable à celui des comètes, se perd dans la nuit, dans la tombe.

Certes, dans cette orbite de la vie humaine, je

ne vois pas d'issue : la vieillesse c'est encore l'enfance, la mort c'est la gestation ; loin d'échapper alors à ce monde, c'est le moment au contraire où il nous domine, où il nous assujettit avec le plus d'empire ; c'est le moment où, par degrés, nous rentrons en lui pour nous régénérer dans ses prolifiques entrailles.

De plus, cette doctrine qui s'est trouvée chez tous les peuples rapprochés de la nature par leur ignorance, ou de la création par leur chronologie ; cette doctrine, née sans efforts comme un fruit naturel de l'âme, et sous tous les rapports primitive ; cette doctrine fait comprendre la vie et justifie la Providence. De son point de vue, les biens et les maux d'ici-bas s'expliquent : ils sont la sanction du mérite ou du démérite des œuvres de ce monde. Qui souffre sur cette terre, y a péché. Qui fut juste, renaît dans une condition facile (1). Une vie expie une vie. Une existence rémunère une existence. Et, placées ainsi sous les yeux des hommes, les récompenses et les peines imposent bien plus que lorsqu'elles sont remises à cet autre monde, auquel il est bien malaisé de croire abso-

---

(1) On a reproché à la métempsycose d'être la consécration de l'aristocratie, ce qui reviendrait à dire que les richesses et la puissance donnent le bonheur en ce monde ; or, comme c'est le contraire qui est vrai, le reproche est ridicule.

lument : la nature et la raison criant à l'encontre.

La justice humaine (et ceci répond à une objection), la justice humaine, sujette à l'erreur, comme ceux dont elle émane, a besoin de paraître, afin de recevoir de la publicité un contrôle, une garantie, qui lui manque d'ailleurs. Mais celle de Dieu ne se révèle, comme son dispensateur, que par ses œuvres; et parce qu'elle est infaillible, il lui est permis d'être mystérieuse. N'est-ce pas assez pour les mortels d'en avoir les principes gravés dans le cœur? La divinité, les penseurs le savent, reste toujours cachée, et puisqu'elle ne se montre pas quand elle crée, y a-t-il lieu de s'étonner qu'elle se dérobe quand elle conserve, quand elle châtie?

Encore, est-il bon de remarquer, à ce propos, que ce dogme de la transmigration des âmes est celui qui ménage le plus notre libre arbitre, parce que nous ôtant la connaissance de la sanction des lois morales, il nous laisse opter, sans influence étrangère, entre le bien et le mal qui ne conservent plus, l'un que ses seuls attraits, l'autre que la seule horreur qu'il inspire. Et, chose considérable autant que singulière ! ce système, l'aîné de de tous, ce vieux, cet antique système, est encore celui qui s'accommode le mieux de l'idée, tant caressée aujourd'hui, de progrès, de perfectibilité humaine et de fraternité universelle.

Pour nous en convaincre, écoutons comme parle à l'homme le Dieu de ce culte extraordinaire :

« Au commencement, je te plaçai nu sur une
« terre nue, barbare au milieu d'une nature bar-
« bare ; afin que tous les deux vous vous dévelop-
« piez ensemble, vous vous polissiez à mesure.
« J'ai voulu que ton bien-être fût ton ouvrage :
« je ne t'ai pas créé tout entier. Élève cette intel-
« ligence que j'ai mise en toi, comme le germe
« de ta félicité et de ta puissance. Soumets, em-
« bellis ce monde où tu demeureras ; fais-en un
« paradis, c'est le seul auquel je te laisse prétendre.
« Que la lenteur du travail ne te rebute point ;
« tu es plus durable que ton œuvre, et de migra-
« tions en migrations, tu parviendras toujours à
« la dépasser jusqu'en ses conséquences les plus
« reculées. Ton bonheur à venir est dans le bon-
« heur général ; c'est là que tu dois le placer pour
« l'y retrouver et en jouir.

« Sois juste ; le mal que tu sèmes, tu le recueil-
« leras : je t'en ferai naître la victime.

« Sois bienfaisant pour tous : car tu ignores où
« revivent ceux dont tu déplores la perte.

« Surtout, n'appréhende jamais, en secourant
« ceux qui souffrent, d'empêcher ma justice : sou-
« lager un malheureux, c'est expier à sa place.

« Pardonne à ton ennemi ; tu peux devenir

CHAPITRE XV.

« son fils un jour, et tu ne sais pas où l'âme de
« ta mère est entrée.

« Si, après leur mort, je cache dans l'huma-
« nité entière ceux que tu aimes, c'est afin que tu
« aimes l'humanité entière, à cause d'eux.

« L'enfant que tu as perdu est peut-être parmi
« les pauvres : sois charitable ; il est peut-être
« parmi les méchants : sois miséricordieux.

« Un père dénaturé abandonna son fils unique,
« qui venait de coûter la vie à celle qui la lui
« avait donnée. Trop jeune encore pour aller
« quêter son pain de porte en porte, ce pauvre
« nouveau-né périssait, s'il n'eût été recueilli dans
« un pieux asile où il fut mêlé à une foule de tout
« petits enfants, orphelins comme lui. Or, voilà
« qu'après bien des années, le père coupable,
« pressé du remords de son crime, revint des
« pays éloignés où il avait amassé une immense
« fortune, et ne pouvant reconnaître, parmi les
« vingt jeunes hommes sans nom qu'on lui pré-
« senta, celui qu'il avait délaissé dans un âge si
« tendre, il se résolut à partager ses trésors en-
« tre tous ces orphelins ; car, disait-il, mon fils
« est sûrement au milieu d'eux, et je n'ai plus
« que ce moyen de le faire participer à ma for-
« tune. »

O homme, en définitif, s'il ne m'est pas possible

de te prouver que la métempsycose existe, il ne t'est pas donné non plus de me prouver qu'elle n'existe pas ; et, dans ce grand doute, tu n'as contre moi que tes espérances.

Si Jérôme inclinait un peu vers cette foi originaire, ne lui en faisons pas un crime ; il y voyait plutôt un abîme qu'un refuge. Et du reste, avant de croire au passage des âmes, il faut croire à leur existence, et c'est là une vérité que le douteur ne possédait pas encore.

Les hommes, on doit le reconnaître, n'ont jamais pu se résigner à la métempsycose pure ; ils y ont ajouté ce complément magnifique : Après s'être purifiée dans ce monde par plusieurs transmigrations successives, l'âme remonte à Dieu. — Malheureusement cela n'est plus de la métempsycose ; et si nous devons sortir de cette planète après cent révolutions d'existence, c'est comme si nous en sortions après la première. Le problème reste tout entier.

— Hélas ! soupirait Jérôme, ne pas quitter cette terre sans entrailles ; demeurer éternellement attaché à ce monde, comme le condamné à son boulet de fer ; revivre incessamment cette triste vie ; être toujours homme, un homme de chair et de sang, un végétal plus la douleur et les cris, une brute plus le désespoir et les larmes ! Oh ! cela est trop horrible à croire! aussi je ne le crois pas; je le redoute, je le redoute pour-Julla.

Ah! te voilà donc revenue, idée de mon cœur! O femme, c'est à la malheure que tu viens ainsi te mêler à mes doutes! M'aimes-tu?... Qui le sait? tu ne le sais pas toi-même, peut-être; car la femme trompe l'homme, et le cœur de la femme trompe la femme.

Que tu es belle, terrible enfant! Ta beauté, comme la lumière de l'astre, m'éblouit et m'aveugle; je ne saurais m'y arrêter avec calme. — Pourquoi le ciel permet-il au pervers d'être sensible à tes charmes? — Que tu es belle, ma Julla! celui qui te regarderait serait heureux, celui qui te toucherait — je le tuerais.

XVI.

Ce jour-là, le temps était bas et calme. La campagne décolorée dormait à l'ombre des nuages. Pas un souffle, pas une brise pour replier cette tente de nuées tranquilles qui cachait la voûte bleue, et tamisait à la terre une lumière adoucie. L'arrière-saison perdait jour à jour de ses charmes. Les feuilles étaient descendues; les oiseaux frileux, qui de ciel en ciel accompagnent les beaux jours, avaient fui, et l'hiver gagnait sans relâche.

L'avénement de cette époque de douleur se fait vivement sentir au cœur de l'homme, avec qui la nature adeuillée semble alors vouloir compâtir. Les contrastes s'effacent entre la création et la créature : toutes les deux se rapprochent et se retrouvent dans une plainte commune, dans une affliction partagée.

CHAPITRE XVI.

C'est un amer voisinage que ce printemps qui rajeunit toute chose hors la pauvre âme humaine, laquelle s'avance d'un pas toujours égal vers la mort. Mais la vie suspendue ou détruite dans les plantes défleuries, dans les forêts défeuillées, les oiseaux exilés, le soleil qui s'éloigne, la nuit qui s'étend, la chaleur vivifiante éteinte, et le froid, le froid meurtrier qui triomphe; tout cela sympathise avec l'humanité souffrante, tout cela gémit et console.

L'hiver n'avait pas sévi : novembre en était encore à ces jours de lutte entre le midi et la froidure, qui sont le crépuscule de l'année. Jérôme se promenait sous les branches, dans la forêt vieillie, indifférent à cette grande vicissitude de la nature. Le malheureux avait bien assez du drame qui se passait dans son cœur, sans s'arrêter au tableau de l'automne si splendide avec ses vents mélodieux, ses beaux nuages colorés comme des aurores et rapides comme des aigles, et ses brouillards sonores et calmes. Attentif à ses propres angoisses, elles le distrayaient du reste. Une fois cependant, il considéra une petite fleur désaisonnée qui s'entr'ouvrait languissamment et que la nuit prochaine allait glacer.

— Hélas! pensa-t-il, voilà l'image de mon amour : venu trop tard, fleuri trop proche de l'hiver. Julla ne m'aime plus. Depuis qu'elle a reçu de ma bouche cet aveu que j'aurais dû taire, ses visites sont moins fréquentes, moins prolongées; la gaieté a fui de son cœur où n'a jamais régné pour moi qu'une compassion affectueuse, qu'une pitié bienveillante. Insensé, j'ai pris ces sentiments généreux pour de la passion, pour de l'amour. — Oh! que je l'aime!.... Qui donc a pu mettre en mon âme l'inexorable besoin d'être aimé de cette enfant? Ah! fille trop chère, je voudrais être aimé de vous, comme vous êtes aimée de moi!

Jérôme le douteur, conduit par le caprice de sa promenade, se trouva tout à coup devant une petite église. — Au milieu de ces campagnes plantées de forêts, au centre d'un bois immense, la maison sainte était seule et abandonnée, comme une vieille tombe. Aucune demeure ne l'entourait. Le presbytère avait été détruit pendant la Terreur, et pour le rebâtir la paroisse était trop pauvre. Et puis, comme elle ne se composait à peu près que des seuls fermiers de la baronne, ils entendaient chaque dimanche la messe de son aumônier, au château de Valfleuri, où ce prêtre résidait pour cela toute l'année.

Ce pauvre petit temple était donc tout à fait oublié. La forêt s'était avancée insensiblement

CHAPITRE XVI.

jusqu'à lui : elle le recouvrait de son ombre et presque de ses branches. On voyait çà et là, autour des murailles bénites, quelques tertres tumulaires fraîchement élevés; car si le Dieu avait laissé déserter son tabernacle, la mort, elle, n'avait pas laissé abandonner son champ funeste. Mais, dans cet humble cimetière, l'œil ne rencontrait que des fosses, et le cyprès fidèle y fut toujours un luxe ignoré.

Au milieu des ruines éparses de l'ancienne cure, s'élevait un arbre de la liberté, planté par les démolisseurs sur ses débris. C'était un grand peuplier s'élançant de tous ses rameaux vers le ciel, et cet arbre vivace surgissant ainsi, comme un puissant symbole, du sein de ces décombres, en face de cette église morte, produisait sur l'âme un effet pénétrant et douloureux.

Mais la vieille nef perdue, loin des hommes, dans ce désert, composait un tableau plus mélancolique encore. Ses charpentes et ses toitures avaient été enfoncées et pourries par les hivers, et il ne restait plus que la voûte de pierre pour défendre l'intérieur de cette étroite basilique, que la religion et le malheur avaient doublement sanctifiée.

Le douteur s'avança vers ce seuil auguste, où, depuis longtemps, ne venait personne. Le portail de chêne céda dès la première secousse; les ais moisis, les membrures moussues, tombèrent à demi lorsque le battant s'ouvrit et laissa Jérôme promener un regard attendri dans ce sanctuaire infréquenté. Il sentit une fraîcheur sépulcrale le pénétrer jusqu'au cœur, quand il descendit les quelques marches du parvis, où l'odeur de l'encens et de la cire enflammée ne se répandait plus.

Comme la plupart des vieilles églises de campagne, celle-ci se composait d'un vaisseau carré, recouvert d'une voûte basse, que soutenaient quatre piliers massifs, et d'un petit chevet sans colonnes. Les lierres et les ronces avaient gravi le long des murailles extérieures, et, s'accrochant au fenêtrage grillé des croisées, ils formaient au-devant une tenture de feuilles vertes, qui ne laissait pénétrer qu'un jour faux et des reflets blafards. L'isolement de cette pauvre église l'avait préservée des visiteurs étrangers, et les gens du pays n'y entraient jamais, empêchés qu'ils en étaient par des terreurs superstitieuses ; car, depuis que les vivants n'y venaient plus prier, le jour, les trépassés s'y assemblaient, la nuit ; et les forestiers attardés auprès de leur fournaise mourante avaient ouï maintes fois le glas funèbre se mêler, pendant l'office des morts, à des voix extraordinaires qui chantaient doucement.

A cause de ces frayeurs, et à cause de cette solitude, personne n'avait relevé l'autel renversé, la chaire abattue ; et tout se trouvait encore dans le même état où l'avaient laissé les mains sacriléges des profanateurs de ce sanctuaire. On voyait sur les dalles humides, dans un désordre affreux, des cierges, des croix rompues, une chasuble lacérée, un grand crucifix haut de six pieds gisant la face contre terre, quelques pots à fleurs, un missel en lambeaux, des débris confus, et (je l'écris en frémissant) une statue de la bonne Vierge à qui ces parricides avaient attaché une corde au cou. Pauvre mère, dans ta bonté, comment auras-tu fait pour cacher à ton Fils, pour dérober à sa justice, un pareil outrage ?

Cette petite église ainsi désolée, et conservant après cinquante ans les marques de l'injure, formait un spectacle souverainement triste. Les vitraux brisés ne s'opposaient plus à l'entrée du vent qui traversait les voussoirs sonores, avec des bruits lamentables.

— Hélas ! disait Jérôme, depuis le jour où une main pieuse fonda ces murailles, elles ont abrité bien des générations. Pauvre église délaissée, la vie te reviendrait si tous ceux que tu as consolés par la douce charité de tes ministres, par les grâces muettes de ton tabernacle, pouvaient se lever de ton cimetière et revenir dans cet asile où ils en-

trèrent enveloppés des langes de l'enfance, d'où
ils sortirent pliés dans le linceul de la mort! —
Voilà ce tribunal plus salutaire que celui de la
conscience, plus auguste, plus imposant que le lit
justicier des rois; ce tribunal pacifique où tant de
fautes ont été consolées, tant de méfaits empêchés.
Voici les degrés de pierre usés par les genoux qui
s'y sont reposés, au moment sublime où la foi, qui
peut tout, faisait descendre le Ciel dans un peu de
pain. De toutes les demeures qu'aient bâties les
hommes, celle-ci seule a su les défendre des in-
clémences de la vie, et elle est renversée. Les autres préservent du soleil et de l'hiver, celle-ci pré-
servait du mal et de la mort, — et du doute.

O regrets! il y aurait assez de joie pour tout un
paradis, dans les entraînements d'amour, dans les
élans de charité brûlante, qui ont gonflé ici-même
la poitrine des heureux fidèles. Cette enceinte
froide et terne, c'était le Ciel, ce tabernacle brisé
contenait le Christ, c'est-à-dire Dieu. Infortunés,
qui ne savez pas que ces colonnes étaient de jaspe,
et ces murailles de saphir, quand la foi les éclairait.
Maintenant tout y est sombre : lorsque la nuit enveloppe la terre, aperçoit-on ses fleurs et sa verdure ? — O grande ruine, je pleure sur toi comme
sur une tombe chère et vénérée. O religion, ô
mère, tu as cessé de vivre en me mettant au

monde; je suis sorti de tes flancs, mais de tes flancs glacés. Et pourtant, douce croyance des Evangiles, nul plus que moi ne fut fait pour t'aimer, nul plus que moi n'eut besoin de te croire. Et voilà, qu'en arrivant dans cette vie, je te trouve morte. J'ai attendu longtemps sur la pierre de ton sépulcre, mais tu n'es pas ressuscitée, ni au bout de trois jours, comme le Christ après la Passion ; ni au bout de trois cents jours, comme l'humanité après le déluge.

Hélas! que va-t-elle devenir cette humanité orpheline de ses croyances?

Jérôme s'avançait tristement dans ce temple violé, plus vide encore pour lui de son Dieu que de ses fidèles ; mais tout rempli de souvenirs désolants. L'humidité avait moisi les menuiseries et verdi les pierres ; de lugubres chauves-souris, enveloppées dans leurs larges ailes membraneuses, pendaient agriffées aux rinceaux des corniches ; de longues ronces, blanchies par le manque de lumière, s'allongeaient hors des fenêtres jusque sous les nefs latérales ; un reptile immonde, effrayé par le bruit des pas, rentra lourdement sous un débris : la désolation et le délaissement étaient à leur comble.

Mais voilà qu'au fond du chœur, au-dessus de l'autel dévasté, se trouvait un tableau gothique qui émut profondément celui qui visitait ainsi celle que l'on ne visitait plus. Ce tableau représentait un religieux en extase, dont la bouche entr'ouverte donnait passage à une bandelette blanche, sur laquelle étaient écrits ces mots : *Seigneur, vous savez que je vous aime!*

A la façon hardie de cette peinture, à l'ampleur austère du sac de bure grise qui drapait le corps agenouillé, à l'expression, à la poésie de l'attitude, à l'éclat du front radieux, on sentait le ravissement de cette âme favorisée. La tête surtout, renversée en arrière par l'émotion infinie, la tête était vivante; et le visage étonné brillait du reflet de ce Dieu qu'il contemplait face à face. Les genoux soulevés ne touchaient plus le sol que les pieds nus du saint effleuraient à peine. Les deux mains et les deux bras, déployés comme des ailes, laissaient à découvert cette poitrine ardente où montait la marée des transports divins. Les yeux mourants, sur lesquels s'affaissait à demi la paupière sombre, paraissaient accablés sous les épais rayons de la céleste gloire. Toute cette figure enfin, pleine de chaleur et de fougue, annonçait un cœur rassasié du ciel et de ses joies inénarrables.

Jérôme regarda longtemps ce possédé de Dieu.

— Ah! s'écria-t-il, voilà l'amour! Le seul vrai, le seul qui puisse dire à la personne aimée : Vous savez que je vous aime! Et il n'y a que Dieu qui puisse savoir cela. Aussi, comme ce frère, dans sa communion avec celui qui l'embrâse, le lui rappelle avec bonheur! Comme il se complaît à la redire, cette abondante parole : vous savez que je vous aime! vous sentez l'ardeur qui me brûle, comme si vous l'éprouviez vous-même ; vous voyez l'amour de mon âme, comme les hommes voient la beauté du visage ; vous regardez mon cœur vous aimer, comme l'époux regarde les lèvres lui sourire : vous savez que je vous aime, vous le savez!...

C'est là le cri fidèle. Quand il est sorti des entrailles, il ne reste plus qu'à s'abandonner au charme tout-puissant de cette union infinie ; il ne reste plus qu'à dormir sur le sein de celui à qui l'on s'est donné, et qui s'est donné lui-même.

Oh! comme il est amoureux, ce moine!

Hélas! continua Jérôme, quel amant peut parler ainsi à l'amante? quel amant peut savoir s'il est aimé? Croire à l'amour du cœur voilé de la femme, de ce cœur que la nature a perfidement caché sous les attraits et les grâces d'une poitrine séduisante, n'est-ce pas croire à un mystère? O homme, si tu pouvais lire dans le sein qui t'aime, et t'assurer de son amour, tu serais si ravi de ton bonheur que tu entrerais en extase, comme ce moine! Mais aussi, en retour, quand tu verrais à nu la fausseté du cœur coupable, ce serait pour en mourir de rage!

Le douteur demeura devant cette grande figure jusqu'au moment où la nuit vint l'effacer, par degrés. Il ne pouvait détacher ses yeux de ce bonheur. La richesse de cet amour lui faisait davantage sentir l'indigence du sien. Il se trouvait bien petit en présence de ce portrait sublime. Mais son scepticisme le reprit bientôt.

— Pauvre moine, murmura-t-il, avec un rire amer dont les voûtes s'émurent, comme ta poitrine est gonflée de chimères ! et, pour toi, quel dessillement terrible, quand tu découvriras enfin le néant de tes tendresses et de ta foi ! — Voilà donc que l'erreur peut aller jusqu'à donner la félicité, et pour cela il suffit d'y croire. — Ah! de votre temps, mon frère, les rêveurs étaient plus heureux qu'ils ne le sont aujourd'hui!

Et revenant à lui-même, il ajouta :

— Puisqu'un pareil amour ne s'adresse qu'à un mensonge, qu'est-ce donc du mien ?

C'est ainsi que, dans les plus beaux sentiments de ce cœur désolé, pénétrait toujours le doute, comme le reptile impur dans le temple.

Quand il eut relevé le grand crucifix qu'il adossa contre un pilier, et la statue de la Vierge qu'il plaça, après l'avoir délivrée des marques de l'of-

CHAPITRE XVI.

fense, sur l'estrade de l'autel, Jérôme sortit de l'église sombre, et vint s'asseoir, préoccupé de pensées tristes, sur une éminence tumulaire, en face de la campanille muette. Autour de lui, tout était calme, tout était mort. Pas un bruit d'oiseau dans les branches, pas un astre dans le ciel crépusculaire, pas un nuage sur le firmament étroit et sans horizon de la forêt.

Insensiblement, l'imagination du solitaire, déjà enflammée, s'exalta davantage au sein du vide de la nuit confuse. Car c'est dans les ténèbres que cette faculté créatrice ouvre librement son vol; quand le monde visible s'évanouit, le monde fantastique du poète n'est plus gêné pour se produire.

Cependant l'ombre s'épaississait. Les étoiles, développant leurs rayons agités, s'allumaient une à une. Sous leur douteuse lueur tout devenait vague. Les tiges pâles des bouleaux se détachaient çà et là du milieu des clairières. Vénus, qui allait atteindre sa plus grande élongation, brillait de tout son éclat sur l'occident, et cette planète dessine une ombre sensible derrière les corps qu'elle éclaire. Aussi, le vent de nuit, balançant les mélèzes, remuait des ténèbres et des lueurs au-dessous des futaies assombries.

— Si le scepticisme n'avait éteint en mon âme toute poésie, je me consolerais aisément de ce deuil par quelque fiction heureuse, se disait Jérôme. Voici l'heure terrible. Il ne tiendrait qu'à moi de voir les corps des ensevelis sourdre de ce sol mortuaire, y grandir comme une germination funeste, et, entourant cette église inanimée, sépulcre du Christ, blasphémer sur elle. Ils lui diraient :

« Nous nous étions pressés autour de toi,
« comme une famille de petits enfants autour de
« leur mère, et voilà que tes flancs sont glacés et
« que tu ne nous réchauffes plus dans nos tom-
« beaux.

« En vain, nous sommes sortis de nos sépul-
« tures, et nous sommes venus nous serrer contre
« les entrailles de ton tabernacle ; le tabernacle
« aussi est glacé : la mort a gagné jusqu'au cœur.

« Quand des hommes puissants vinrent con-
« sommer ta ruine, nous ressentîmes le coup dans
« nos poussières, et la mort nous fut donnée une
« seconde fois. Hélas! tu nous avais consolés de
« la première, mais de celle-ci, qui donc nous en
« consolera ?

« Durant la vie, le cœur distrait peut se passer
« de culte et d'amour, mais il faut un Dieu dans
« la tombe! »

XVII.

En revenant de sa promenade, Jérôme monta chez Uranée, qu'il trouva, comme toujours, fervent et joyeux. Si quelque chagrin attristait parfois le vieillard, ce n'était jamais pour longtemps; si sa vie était troublée, elle n'avait besoin, comme une eau limpide, que de couler un moment pour se purifier d'elle-même.

L'astronome, malgré ses quatre-vingt-treize ans, était encore droit et fort; il avait seulement perdu cette souplesse des mouvements, cette agilité de la démarche qui n'appartient qu'à la jeunesse et demeure son apanage exclusif. Sur sa tête chenue, une couronne de cheveux blancs ceignait la large tonsure qu'imposent les années à ceux qu'elles investissent de cet auguste sacerdoce de la vieillesse, qui fut la première puissance sur la terre, alors que chaque famille voyait, dans son aïeul, un père, un pontife et un roi.

Uranée n'avait jamais eu de barbe ; par sa nature exaltée et délicate, il tenait beaucoup du caractère de la femme. Son attitude était tellement austère et pénétrée, qu'il semblait toujours être dans un temple ; et il y était en effet. Il ne riait jamais, mais un sourire léger animait souvent son visage serein qui paraissait avoir pris quelque chose de la majesté de ce firmament qu'il contemplait sans cesse. Son œil révélait son génie ; le charme en était prodigieux ; toute description en serait impossible. Ce vieux solitaire portait habituellement sous le bras un bâton de bois écorcé, dont il se servait pour montrer les astres ; et, comme il agissait surtout la nuit, ses épaules étaient couvertes, en tout temps, d'un grand manteau brun qui le défendait du froid et de l'humidité des ombres. Il allait toujours tête nue ; une coiffure l'eût empêché de voir le zénith et les constellations apogées. Seulement, lorsque la nuit était fraîche ou le soleil fort, il remontait son manteau jusque sur sa tête, de manière à la cacher entièrement. Aussi, les bûcherons anuités qui l'ont aperçu quelquefois dans les ténèbres, errant de la sorte affublé auprès de la vieille tour, assurent-ils avoir vu passer, avec grand'frayeur, le fantôme décapité de l'ancien seigneur de ces ruines, lequel, en 93, périt victime sur l'échafaud.

Le douteur entra sans bruit sur la plate-forme du donjon, et resta longtemps à considérer le vieillard, si fort appliqué, qu'il ne s'apercevait pas de la présence de son ami. Enfin, le contemplateur remarqua le jeune homme.

— Hé ! sois le bienvenu, lui cria-t-il en le pressant dans ses bras, voilà bien des jours passés sans te voir. Tu délaisses donc le cénobite ? Oublies-tu que si la nuit j'ai la compagnie des astres, le jour je n'ai que toi ?

Pour toute réponse, Jérôme embrassa de nouveau l'astronome.

— Je crains, lui dit-il ensuite, de vous être importun. Je viens vous distraire de votre ciel, vous ravir votre solitude ; quand je suis arrivé, vous méditiez, vous adoriez. Je vous interromps.

— Mon ami, bannis cette crainte, dit Uranée, l'univers entier fût-il autour de moi, quand je regarde quelque chose de beau, je suis seul.

— Ah ! puisqu'il en est ainsi, daignez continuer vos contemplations en ma présence, et m'y laisser prendre part. Ce que l'on met dans les livres est artificiel et mensonger, mais les réflexions qui vous arrivent, sur cette tour isolée, sont naturelles et naissent sans efforts.

— Peut-être pas sans efforts, dit le vieillard, mais du moins sans influence ni de parti ni de système. Le plus que je puis, je me laisse conduire. Je laisse opérer le dieu, je le reçois; tout mon soin se borne à me faire sa victime.

Seul, devant cette immensité que je travaille à comprendre depuis soixante années, et dans laquelle je pénètre plus avant chaque nuit, je ne saurais avoir qu'une pensée, celle de ma misère. Je songe à la hauteur de Dieu, à l'inanité des hommes; de ces hommes que je vois de loin se tourmenter, s'agiter, pour aboutir à la mort, pareils à des vagues qui se lèvent, se heurtent, se combattent, en courant vers l'écueil qui doit les briser.

— Oui, et un homme qui disparaît de cette terre importe aussi peu à l'humanité que la chute d'une vague à l'océan, dit le douteur.

— Il est vrai qu'en général la disparition d'un homme n'importe pas à la société, mais elle importe assurément à celui qui s'en va.

— Alors c'est son affaire, dit vivement Jérôme, et s'il veut mourir, ce soin ne concerne que lui.

— Ainsi donc, on viendra quelque jour m'appeler du pied de ces murailles, avec des cris d'alarme, pour m'annoncer ta mort, et j'irai te relever raide et sanglant sous un arbre de cette forêt, où l'on aura trouvé ton cadavre un couteau dans la

CHAPITRE XVII.

main ; et il ne m'appartiendra pas de me plaindre, et mes pleurs auront tort, car tu voulais mourir et cela ne concernait que toi. Et il y aura encore une autre victime qui viendra tomber et gémir sur ton cercueil fermé, mais il faudra lui dire aussi à cette femme : que tu voulais mourir et que ce soin ne concernait que toi.

— Ah ! cruel, c'est toujours au cœur que vous frappez !

— Tu n'es vulnérable que là : je te frappe au défaut du doute.

— Rassurez-vous, et n'en croyez pas mes paroles. Je vivrai. Au moins ma vie ne fait souffrir que moi ; et, à ce compte, elle vaut mieux que ma mort. Mon faix est lourd, mais je le porterai jusqu'au bout. J'en aurai la force, ou plutôt la faiblesse.

— Pauvre ami, nous t'aimons tant tous les deux : ne nous afflige pas. Regarde, me voilà vieux, je dois te précéder : j'arriverai bientôt. N'enlève pas à ma dernière heure les prérogatives de ma vieillesse. — Toutefois, je t'en supplie, ne t'effraye point : que ce ne soit pas seulement la peur qui te retienne sur ce monde. Ne fais pas de ton existence une lâcheté ; sois juste envers la mort que tes craintes blasphèment. Il est doux, je te le promets, de quitter cette terre, triste domaine du trépas ; cette terre, astre déchu, soleil éteint. Mais il faut attendre, et ne pas plus hâter sa fin que l'on n'a hâté son berceau. Dieu ne veut pas que nous dérobions une seconde à notre existence ; elles sont comptées aussi rigoureusement que les cheveux de notre tête. Comme la justice humaine pose un gardien formidable devant la porte qui ferme au captif la liberté, de même, à l'issue de cette vie, la Providence a placé la mort, geôlier fidèle. — Il faut vivre, c'est un devoir, et le premier de tous, peut-être. Vois encore, quels soins prend la nature pour nous faire naître ; elle, si avare de jouissances, comme elle en accable ceux qui se soumettent à sa grande loi de reproduction ; comme elle les récompense au moment qu'ils obéissent ; comme elle attire, comme elle rapproche, par des joies perfides, les sexes divers. Quand il s'agit d'engendrer un homme, elle devient magnifique, et prodigue le plaisir comme si c'était la douleur. Ce sont ces seuls enivrements de l'amour qui perpétuent les hommes sur cette terre ; c'est là le nœud de fer qui lie l'humanité à son rocher d'exil ; et l'on reconnaît le roi de la création à la richesse de son entrave, comme on reconnaissait, dans le triomphe antique, les rois vaincus, à l'éclat de leurs chaînes d'or.

Tant de soins, tant de frais, n'ont pas pour but,

CHAPITRE XVII.

crois-le bien, cette vie unique. L'effet vaudrait-il les dépens ? Ah ! s'il nous importe tant de naître, c'est qu'il nous importe beaucoup de mourir !

— Heureux donc ceux qui meurent jeunes !

— Oui, reprit Uranée, comme les fleuves, les vies les plus courtes sont les plus riantes, les plus calmes et les plus pures. Pourtant, ne nous plaignons pas de vivre ; ne condamnons pas l'existence présente : n'eussions-nous que celle-là, il faudrait encore en bénir le créateur, chaque jour.—Quelle outre-cuidance à l'homme de réprouver l'œuvre de Dieu, et de rejeter la vie ! Jérôme, je te le dis, tout est bon, tout est divin, tout est harmonieux, ici-bas ; le mal n'y est qu'apparent ; notre intelligence infirme dénature tout ce qu'elle essaye de comprendre, et réfléchit sa propre imperfection sur ce qu'elle éclaire. Le vrai ne nous est pas moins caché que le tout : il nous est impossible de voir ce monde dans sa vérité, comme il nous est impossible de le voir en son entier ; l'image qu'en offrent nos sens est mensongère : gardons-nous de juger l'œuvre de Dieu en la regardant de l'illusoire point de vue humain.

Puis, du geste montrant le ciel, il ajouta :

— Et là aussi, dans cet univers où règne un ordre si rigide, une régularité si inexorable, si fidèle, nos yeux n'aperçoivent que des astres jetés au hasard, comme le grain sur l'aire, dans une confusion qui rappelle le chaos !

— Tout est bien excepté l'homme, dit le douteur.

— Dieu a donné à chacun de ses ouvrages une perfection également infinie ; si l'homme nous semble imparfait, c'est que nous ne le voyons pas tout : il n'est pas borné à ce monde, son être immense atteint jusqu'à l'infini ; du berceau il touche le néant, et du cercueil l'éternité.

— Mais la douleur est-elle aussi un bien ? demanda Jérôme.

A cette question le vieillard s'exalta et répondit avec chaleur, comme celui qui parle dans sa propre cause.

— Oh ! la douleur, la douleur ! c'est ta plus belle prérogative, ô homme ! Au milieu de cet univers insensible, indigne de souffrir, de régner, c'est ta couronne d'épines, mais c'est ta couronne. La plus glorieuse de toutes, la seule dont le Christ ait voulu. Quand il descendit parmi nous, sur cette terre, il n'y jugea dignes de lui que deux choses seules : Aimer et souffrir.

La brute ne souffre pas, ou du moins, sa douleur toute matérielle, sans imagination qui la prolonge, la prévienne ou l'exagère, réduite au seul aiguillon du moment, sa douleur est peu de chose.

La souffrance, qui fait notre suprématie, engage le ciel. C'est elle qui nous a révélé Dieu et l'amour; car, si l'un est un refuge, l'autre est une consolation, on y a recours dans le malheur, comme à la lumière dans les ténèbres. L'homme toujours heureux se suffirait, il serait son amour et sa religion. Triste culte!

O noble créature humaine! ne renie pas ce qui fait ta gloire, ne dépouille pas tes insignes. Si ce monde te convenait, s'il te rendait heureux, tu serais fait pour ce monde. Mais il te repousse, et c'est là ton titre. C'est lorsque ton âme est abattue et ton corps sanglant; c'est lorsque tu as bu le calice d'amertume tout entier, et que tu as été triste jusqu'à en mourir, que te montrant à la foule on s'écrie : *Ecce homo*, voilà l'homme !

Aussi, ne devait-elle pas manquer à la naissance de la créature immortelle, cette douleur précieuse; il fallait que dès le berceau, ce roi eût sa couronne. Mais un nouveau-né ne peut souffrir, la souffrance veut des cœurs virils, et les plus exquises natures sont aussi les plus aptes au malheur. La mère fut choisie, et se chargea de jeter ce grand cri d'angoisse, qui publie que c'est un homme qui va naître, et qui l'introduit dans ce monde. — Au surplus, Jérôme, quand je te dis que les maux sont glorieux et salutaires, crois-en, là-dessus, ma propre expérience, à moi qui ai beaucoup souffert parce que j'ai beaucoup aimé.....

— Vous? s'écria le douteur, vous avez souffert, vous avez aimé?

— Oui, répondit Uranée, j'ai beaucoup souffert, j'ai beaucoup aimé. Le peu que je vaux, je le dois au malheur : je suis le fruit de mes peines ; elles furent impitoyables, mais aussi elles furent fécondes. — Tu t'étonnes, mon enfant, que je ne t'en aie rien dit jusqu'à ce jour ; c'est que, vois-tu, les grandes douleurs, comme toutes les grandes choses, aiment à se taire : elles sont silencieuses comme ces mondes, elles sont muettes comme Dieu. Tu le sais, on cache avec jalousie ce que l'on a dans le cœur, ce trésor des vraies richesses : tu ne me parles jamais de Julla.

— Ah! mon père, si mon amour était heureux, je vous l'aurais confié, s'écria Jérôme, en se jetant dans le sein du vieillard ; mais pourquoi vous associer à mes peines?

— Tu oublies, dit doucement l'astronome, que nous venons d'établir l'excellence de la douleur, et qu'en conséquence on doit la partager avec ses amis. Et puis, d'ailleurs, tu fus heureux pendant deux jours, au moins.

— C'est vrai, deux jours ; mais ils ont passé si vite : ai-je eu le temps de m'y arrêter! — Souvent, je vous ai entendu comparer le bonheur de l'homme à ces anges du Seigneur qui visitaient, au commencement, les patriarches sous la tente, s'asseyaient sans être connus à leur table hospitalière, et ne se découvraient à leurs hôtes qu'en les quittant.

— L'amour ne te soulage donc pas? dit le vieillard affligé, j'avais compté sur lui, cependant.

— Hélas! moi aussi j'y avais compté, répondit Jérôme. Nous nous abusions tous les deux. Que sont les joies de l'amour pour distraire de la faim de l'âme, et pour combler l'abîme que le scepticisme y a creusé? Ah! ce n'est pas lui qui me guérira de mes anxiétés terribles, et le doute est une douleur que l'on ne console pas avec des baisers.

— Vois, mon ami, dit Uranée, combien la foi est le premier besoin de l'homme. Nous ne pouvons rien sans elle, et c'est justice que celui qui n'ose se confier à la Providence n'ose s'abandonner non plus à la tendresse d'une femme. Oui, privé de cette grande vertu, tout te manque : tu ne saurais ni prier, ni aimer, ni connaître; tu t'effrayes d'une enfant, tu as peur de Dieu. Si tu osais affronter tes incertitudes, tu te serais déjà donné la mort; et tu ne tiens à l'existence que par ce doute même qui te la rend affreuse et intolérable.

Puis, après un silence, pendant lequel l'abattement du jeune homme l'empêcha de parler, le vieillard fidèle reprit :

— Mon enfant, la droiture de ton cœur t'a retenu jusqu'ici dans le bien, mais tu ne crois pas, et ce manquement désenchante en toi tout le reste. Tu ressembles, en quelque sorte, au triste figuier, arbre qui donne d'excellents fruits, mais qui n'a pas de fleurs.

Cependant, cache, s'il est possible, à cet ange ton impuissance d'aimer; que ton amour ne soit un malheur que pour nous deux.— Elle t'aime tant ! tu lui es entré au cœur comme un glaive, comme ces dards perfides qui se cramponnent dans la blessure et qu'on n'en peut retirer qu'avec la vie.

— Quelle influence hostile s'appesantit sur moi? murmura le douteur : non contente de me faire souffrir, elle me condamne à devenir, pour ceux que j'aime, un instrument d'affliction, un tourmenteur, un bourreau. Uranée, je suis au fond de l'abîme, je ne vis plus que par le sentiment de mes maux, et au bout de cette existence de damné, je ne vois pour refuge que la mort, la mort épouvantable. Quand je me serai lassé à fournir ma rude carrière, j'aurai, pour reposer ma tête accablée, la dure pierre du tombeau; et je n'aurai que cela. Ah! si vous saviez combien j'ai peur de mourir!

CHAPITRE XVII.

combien ce formidable instant, où tout va se décider, m'impose et me menace! si vous le saviez, bienheureux témoin des œuvres de Dieu, la compassion pénible que vous inspirerait ma misère vous divertirait de votre bonheur. — Je crains tout ; j'ai toujours peur ; il y a dans ma vie tout un monde d'épouvante. Hélas! vous l'avez dit : dans cet univers, le cœur seul de l'homme est sensible, et la douleur y habite toute, comme dans son unique asile.

— Ton mal est trop violent pour durer.

— C'est ce que l'on dit toujours, répliqua Jérôme.

— Mettons de côté toutes préoccupations étrangères, et tâchons de causer posément ensemble, dit Uranée en prenant le bras du douteur ; je sens bien que tu ne vivras en paix que lorsque tu n'appréhenderas plus de cesser de vivre, et que, si tu pouvais croire qu'il te fût avantageux de mourir, tu ne te trouverais pas trop malheureux d'exister.

— D'abord, le calme où tu me vois devrait te rassurer, car, bien que vivant sur cette tour, comme un stilite, je n'en ai pas moins tout mon bon sens, et si je ne crains pas, c'est que je suis convaincu qu'il n'y a pas à craindre. De plus, ma créance doit être bien entière pour surmonter cette naturelle horreur que nous inspire à tous l'approche de notre fin. Il me semble qu'à ta place j'aurais au moins le courage de me reposer de tout sur la foi d'un vieillard pieux et honnête. Mon ami, n'oublie jamais que celui qui te parle a quatre-vingt-treize ans, parce qu'il ne l'oublie pas lui-même.

Tu le vois, à chaque heure : notre vie est une mort incessante, et ce que nous nommons la mort est précisément l'instant où nous cessons de mourir ; car, à proprement parler, la mort n'existe point, et ce qui paraît tel en deçà de la tombe est une naissance au delà. Les astres qui se couchent pour nous se lèvent pour ceux qui habitent de l'autre côté du monde ; la mort n'existe pas plus que l'horizon. Tout change, tout se métamorphose, mais rien n'est détruit. Détruire ne serait pas un moins grand problème que créer. La création est parfaite et demeure dans sa perfection. Si un atome de poussière était anéanti, avec lui disparaîtrait toute l'harmonie de l'univers.

O aveuglement ! ce sont ces mêmes vicissitudes multipliées, ces mêmes transformations rapides, qui nous font croire à l'anéantissement, alors qu'elles sont les sensibles marques d'une vitalité magnifique. Ah ! si nous jugeons ainsi, c'est que nous jugeons de la terre, et que, pour nous, appelés à vivre avec Dieu dans l'immobile éternité, le mouvement c'est la mort !

CHAPITRE XVII.

Jérôme, après la vie, il y a l'existence.

— En me disant qu'il se trouve quelque chose en dehors du temps, vous ne faites, hélas! qu'alimenter mes incertitudes. J'aimerais mieux de beaucoup être assuré qu'il n'y a rien que croire qu'il y a quelque chose, et l'ignorer. Je préfère le néant au doute. Je ne demande que du repos. Ne pas souffrir, ne pas craindre, et c'est assez pour moi. Si je croyais à l'anéantissement, j'ouvrirais d'un coup mon sein à la mort; et, lorsqu'elle m'arriverait, je ne la prierais pas, soyez-en sûr, de remettre sur mes épaules mon faix de douleurs. Je l'aimerais pour ce qu'elle m'ôterait, comme tant d'autres l'ont aimée pour ce qu'elle devait leur donner.

— Va, pauvre âme en peine, ces jours d'orage passeront; la nuit n'est jamais éternelle, et quand celle du tombeau déploiera sur ta tête ses ténèbres fécondes, tu y verras des soleils inconnus à tes espérances, — et aux miennes.

— Mais si le Créateur...

— Assez, dit Uranée, ne profanons pas davantage par nos inquiètes pensées la beauté, la bonté infinie. N'en parlons plus.

Puis il ajouta avec une ironie sérieuse:

— Certes, je ne déciderai pas qui a raison, de Dieu ou de Jérôme.

— Vous me faites songer au premier vers d'une certaine fable, dit le douteur qui voulut rendre ironie pour ironie. Toutefois, j'y souscris : ne parlons plus de la mort ; sa nature ne nous est pas moins cachée que son heure. La poussière du sépulcre, je le reconnais, est le grain de sable où doit s'arrêter l'orageuse mer des pensées humaines. Ne parlons plus de la mort ; soyons muets comme elle. D'ailleurs, ajouta-t-il avec un douloureux sourire, je craindrais, pour trop y penser, de m'en rassasier comme du reste.

Adieu, mon père, je vous quitte. Pardonnez-moi de vous dérober ainsi vos méditations fortunées. Continuez à m'aimer, et dites-moi que mes chagrins désordonnés n'assombrissent ni vos jours, ni vos nuits.

— Mon enfant, crois-le bien, ma félicité ne s'effarouche pas du voisinage du malheur. Ma félicité, c'est la foi. — Reviens souvent visiter le vieil ermite ; peut-être qu'à force de presser son cœur contre le tien, il y fera pénétrer un peu de son bonheur.

Et lorsque Jérôme était déjà aux premières marches :

— Pense à Julla ! cria le vieillard.

— Ah ! j'y pense trop ! répondit une voix sourde, du fond de la spirale caverneuse.

CHAPITRE XVII.

— Songe que celui qui est aimé a charge d'âme et de vie...

Mais le douteur n'entendit pas.

Uranée était un de ces hommes à la conscience reposée, qui, n'étant troublés par aucune passion, voient les choses sans prestiges. De même qu'il existe, au dire de la science, des yeux puissants qui dépouillent les astres de leurs rayons, et aperçoivent leur disque nu, sans radiation éblouissante ni fausse lumière. L'astronome lisait, comme à livre ouvert, dans la conduite des rares personnes qui vivaient autour de lui. Il savait que Jérôme aimait Julla et qu'il en était aimé ; il savait encore que Julla était la fille adultérine de l'avocat Hellénor, et que ce dernier personnage avait épousé, depuis un an, madame de Ruault, sa complice. Pour qui sait voir, tout cela était patent, et la vérité de ces faciles énigmes du cœur humain était plus aisée à découvrir que l'heure des passages, ou que le moment des éclipses. Le vieillard savait de plus que Julla se trouvait contrariée dans son amour, et que la jalousie gagnait sourdement dans l'esprit du douteur. Ces derniers maux avaient sur les premiers l'avantage de n'être pas irréparables, et l'astronome voulut essayer d'y porter remède. Il comptait peu réussir, mais un cœur généreux aime à tenter l'entreprise ; de même qu'un galant homme ne laisse pas de tirer l'épée pour sa querelle, bien que certain d'y succomber.

Un matin donc, Uranée se rendit au château de Valfleuri.

XVIII.

Quand Jérôme eut achevé de descendre les degrés croulants où son cœur avait battu pour la première fois contre une poitrine amoureuse, il s'enfonça sous l'antique avenue du château détruit, laquelle maintenant ne conduisait plus qu'à des débris, et que, pour cette raison, il avait souvent comparée à la vie, qui, elle aussi, n'aboutit qu'à une ruine. — La nuit était close; le jeune homme erra quelque temps dans cette obscurité profonde, rêvant à sa misère et à la foi magnifique d'Uranée.

— Est-il donc si sûr de sa science, cet astronome, se disait le douteur, et le scepticisme ne pourrait-il l'aller atteindre au fond de ce ciel, où il se réfugie comme l'aigle?

Et les doutes affluaient dans l'esprit du promeneur.

—Il nous est démontré, pensait-il, que parfois nos cinq sens réunis nous abusent ; qu'est-ce donc, lorsque l'on ne peut, comme dans la science des astres, faire usage que d'un seul ?

Ordinairement, le toucher rectifie la vue, la vue, à son tour, vient en aide à l'ouïe et la corrige ; mais, en astronomie, l'œil seul rend témoignage, et, s'il se trompe, qui le convaincra d'erreur ?

En général, tout ce qui ajoute à l'étendue de nos facultés les dérègle ; l'instrument télescopique, qui exagère si extraordinairement la puissance de la vue, ne la dérègle-t-il pas aussi ?

Connaît-on les différents milieux que le regard traverse avant d'arriver à ces corps éloignés, ainsi que les réfractions diverses que la lumière y peut subir ?

Est-il possible de suivre le rayon pendant plusieurs millions de lieues, afin de vérifier si jamais il ne dévie, si jamais il n'est dénaturé.

La science sait-elle s'il existe du vide entre les mondes et nous ? Et, s'il en existe, quelle est son action sur le fluide lumineux qui le traverse ?

Sait-elle seulement quelle est l'essence de cette lumière ardente qui émane des soleils ?

CHAPITRE XVIII.

Le jour a ses mirages, ses arcs-en-ciel, ses halos, ses images sur les nuées ; la nuit est-elle sans mensonges ?

Nous nous apercevons des prestiges intermittents, mais comment reconnaître ceux qui durent sans relâche ?

L'œil est-il un miroir fidèle ? (J'aurais dû commencer par là.) Nous savons qu'il renverse, qu'il déplace, qu'il rapproche les objets ; qui nous prouve qu'il ne les amplifie pas ?

Puisque nos sens se trompent dans ce monde auquel ils furent appropriés, seront-ils infaillibles dans ces régions inaccessibles du ciel astronomique, qu'ils ne furent pas destinés à connaître ?

De ce qu'un système explique les phénomènes de l'univers, s'ensuit-il qu'il soit véritable ? On explique si bien les choses avec de mauvaises raisons.

Bien plus, de ce que l'œil voit un objet, s'ensuit-il que cet objet existe ? Vous pouvez le croire, mais vous ne pourriez pas le prouver.

Ces pensées que j'abrége, et beaucoup d'autres, se développèrent longtemps dans l'esprit de Jérôme, qui se promenait sous la sombre avenue. Cette avenue, par son ordonnance singulière, mérite qu'on la décrive.

Communément, toutes les allées se ressemblent ; ce sont toujours, règle obligée, des arbres de même espèce, uniformément conduits et servilement égalés. Mais celle-ci ne ressemblait à aucune autre; son économie comme sa beauté étaient également extraordinaires. Bien loin d'être exclusivement composée d'une seule espèce d'arbres, elle renfermait quasi toutes celles qui peuvent végéter sous notre ciel. Ce riche mélange, et la variété contrastante qui en résulte, lui donnaient un aspect unique, et empêchaient cette plate monotonie dont l'œil affadi se rassasie si vite. On y voyait capricieusement rassemblés, sans autre symétrie que celle de l'alignement, des frênes, des peupliers d'Italie, des yeuses sombres, des sureaux, des ormes stériles, des thuyas d'Asie, des cyprès lugubres, des tamarins, des arbousiers et des saules. Les acacias odorants, les catalpas aux larges feuilles, les tulipiers d'Amérique, les gainiers de Judée, les marronniers d'Inde, y fleurissaient au printemps. Le pin aride y répandait son résineux arôme, et le laurier l'odeur balsamique de son noble feuillage. On rencontrait même, dans cette foule, un pied d'aubépine parvenu, à force d'années, aux proportions d'un chêne; et un houx arborescent qui montrait, en toutes saisons, sa verdure constante, et, durant l'hiver, ses graines d'un beau rouge.

Comme ce terrain occupait le milieu entre les

fonds riches et les sables, et que, bien que léger, il était encore nourrissant et généreux, presque tous les arbres pouvaient y croître ; et l'on y voyait rapprochés les sapins alpestres des saules insulaires, le hêtre de la plaine de l'aune des rivages, et le bouleau montagnard de l'érable des bruyères.

Le croissant du jardinier, la serpe de l'émondeur, n'avaient jamais asservi ces arbres, venus à l'abandon et que l'art avait respectés. Aussi chacun conservait-il, avec la forme qui lui est propre, une physionomie particulière. Le peuplier montait d'un jet à la nue, comme une flèche gothique ; le tremble multipliait ses branches aux feuilles murmureuses ; l'if, à la figure pyramidale, laissait tomber ses rameaux éplorés ; et le pin parasol étalait sous le ciel sa gigantesque ombelle verte, toujours immobile. Il y avait là des tiges droites comme des colonnes grecques, des troncs tortus et bossus, des ramures inclinées sous les vents dominants. Chez certains arbres, les branches commençaient dès le sol ; chez d'autres, le fût était dégarni jusques à dix toises ; les uns se divisaient en deux cuisses puissantes, les autres s'éparpillaient en mille bras flexibles, ou flottaient onduleux comme des chevelures.

Lorsque, avril venu, tous ces rameaux se mettaient à bourgeonner, puis à feuillir, on aimait à suivre leurs progrès divers, ceux-ci précoces, ceux-là tardifs; quelques-uns commençant par une floraison blanche ou rose, quelques autres par des chatons cotonneux, et le plus grand nombre par une verdure aussi délicate et aussi tendre que des fleurs. Et, quand toutes les feuilles étaient déployées, toutes les corolles épanouies, que de nuances, que de formes différentes dans cet ensemble pittoresque ! Depuis le thyrse jusqu'au corymbe, depuis le feuillage largement étoilé des planes jusqu'aux folioles du mimosa, quelle diversité ! Tout cela était riche comme la nature, et charmant comme elle.

Ces oppositions nombreuses, ces rapprochements heurtés recréaient agréablement l'esprit et la vue. Là, tout était contraste, même les branchures dépouillées par l'hiver, même les écorces, blanches sur les bouleaux, tachetées et renaissantes sur les platanes, rugueuses et brunes sur les conifères.

Tous ces arbres, et on en comptait près de deux cents, avaient atteint depuis des siècles leur âge de consistance : plusieurs dépérissaient de vieillesse, plusieurs tombaient de vétusté, et l'on voyait, dans le nombre, bien des branches arides, bien des troncs décrépits, rongés par les agarics, les ulcères et les mousses; bien des flancs ouverts et décharnés, où l'essaim venait établir sa cité de cire, aux alvéoles harmonieuses. La tempête avait passé bien des fois, avec tous ses éclairs et tous ses nuages, sur ces vieilles têtes, et quelques-unes montraient encore béant l'oblique sillon de la foudre.

Un hêtre énorme, mutilé de tous ses rameaux, ne conservait plus qu'un petit bouquet de feuilles jaunies, tout au sommet d'une longue poutre nue. Un micocoulier, entièrement sec, avait été envahi par un lierre immense, lequel, à la place de la verdure passagère que l'arbre mort ne possédait plus, lui en faisait une qui ne redoutait rien des hivers.

Les oiseaux affluaient dans cette avenue isolée, car chaque oiseau a son arbre où il bâtit son nid et où mûrit le fruit qu'il préfère. Les palombes grises, le ramier fidèle, le geai criard aux ailes maillées d'azur, habitaient les chênes dont ils aiment le gland amer. Les grives, les mauvis, les loriots tout dorés, becquetaient les baies de l'alizier et de l'azédarac, les fraises de l'arbousier toujours vert, ainsi que l'âpre graine du genévrier. Dans le sein obscur des cyprès touffus, se cachaient, le jour, l'engoulevent crépusculaire, et les petites hulottes noires, qui ne sont pas de beaucoup plus grosses que des chauves-souris. La pie, au blanc corsage, et la corneille qui a servi à tant de funestes augures, aimaient à se percher sur la cime balancée des hauts peupliers, et à y construire leur aire entre les dernières branches. La famille gazouillante des mésanges variées, les unes bleues, les autres jaunes, celles-ci cendrées ou noires, voletaient, assemblées en tribu nomade, sur les noyers et sur les amandiers, dont elles parviennent à percer, avec leur petit bec puissant, les coques ligneuses. Les grimpereaux et les pics, à la voix éclatante, hantaient les arbres à rude écorce et gravissaient leur mât écailleux, en décrivant autour une spirale rapide. Les groseilles du sureau attiraient les muriers et les bec-figues. Des écureuils, sautant d'un arbre à l'autre, allaient aux pins chargés de leurs pommes épanouies, et aux châtaigniers dont les siliques hérissonnées bâillaient au soleil. Enfin, sur les tilleuls en fleurs, bourdonnaient les abeilles mielleuses.

Rien n'est beau, rien n'impose comme un arbre lorsqu'il a fini d'atteindre, après une longue croissance, son entier développement. L'or ni le travail n'y font rien, les années seules le donnent. Un homme peut bâtir des pyramides hautes comme des montagnes, creuser une mer de cent lieues, construire une ville en un jour : il ne faut qu'être roi pour cela. Mais pour obtenir un bel arbre il faut attendre des siècles et puis des siècles ;

CHAPITRE XVIII.

mille ans ce n'est pas trop. Or, il y avait dans l'avenue où se promène Jérôme un chêne prodigieux, allant épanouir, à soixante coudées en l'air, une ramure immense. On n'y eut pas entendu chanter un oiseau, un aigle y paraissait à peine de la grosseur d'un épervier. La tige de ce géant était nue jusqu'aux trois-quarts de sa hauteur; six hommes ne pouvaient l'embrasser. Au matin, le soleil dorait sa cime lointaine bien avant de paraître à l'horizon; on voyait descendre sa lumière le long du tronc colossal, puis, au moment où ses rayons arrivaient à quelques pieds du sol, l'astre se levait pour l'œil de l'homme. Pendant la nuit, cette large cime figurait un vaste nuage sur le dôme constellé, et, lorsque le vent ne régnait que dans les hautes couches de l'atmosphère, on entendait murmurer ses feuilles innombrables, comme le chant merveilleux des étoiles.

Ce chêne millénaire, contemporain des Galls et des Celtes, était assurément antérieur de beaucoup à l'avenue, qu'on avait su disposer de façon à ce qu'il en fît partie. Il dominait ce pays couvert, où il ne voyait de plus vieux que lui que la terre où fouillaient ses racines. Il planait sur cette forêt vaste qui semblait née tout entière de ses glands, et sur laquelle tournait son ombre. L'œil exercé du druide avait sans doute interrogé bien des fois ses rameaux antiques pour y chercher le gui sacré ; ce n'était plus un arbre, c'était un monument.

Sans sortir de ce long propylée d'arbres divers, il y avait, on le voit, tout un monde à contempler, à sentir. Sur la fin de l'été, quand le soleil torride, approchant de l'horizon, remplissait l'avenue d'un faisceau de rayons parallèles, que traversait de temps en temps l'oiseau qui passe ou la feuille qui tombe, et où gravitait une vivante poussière d'insectes éphémères, tous les arbres, éclairés en dessous, s'imprégnaient des splendeurs de l'astre illuminant, à l'un des bouts de l'allée, la vieille tour et les ruines. Alors il était doux, plus qu'on ne saurait dire, de se promener seul au milieu de cette pompe du soir, sous cette voûte de verdure dont chaque pas variait les aspects et les charmes !

Mais tous les aspects et tous les charmes étaient effacés pour Jérôme qui marchait, la nuit, dans les ténèbres de cette solitude. Quelquefois, en passant sous un arbre dégarni, le ciel lui apparaissait par une ouverture du toit de feuillage ; mais il ne regardait le ciel que pour douter de la science qui le révèle.

— Quand même, pensait-il, je parviendrais à jeter quelque incertitude dans l'esprit de ce sage (ce qui serait le plus noir des crimes), sa foi n'en serait pas ébranlée, car pour le croyant tout mystère est une espérance. Ah ! que l'on est favorisé de croire! — Ce que vaut la foi, les douteurs le savent.

En disant ces derniers mots, Jérôme prit l'étroit sentier qui aboutissait en serpentant à sa petite demeure. L'aube n'était pas loin : les ténèbres finissantes commençaient à décroître au bord de l'horizon, où le grand Lucifer montait radieux. La campagne, aussi paisible qu'une mer sereine, s'abreuvait de la rosée qui tombait sur elle goutte à goutte, comme les larmes silencieuses du bonheur. Le calme, la pureté suave de ce doux soir de la nuit étaient immenses. Il s'exhalait de cette forêt endormie, de ces graminées humides et de ces feuilles sèches, une fraîcheur odorante que la poitrine aspirait avidement et dont elle se nourrissait avec délices. C'était là un de ces moments heureux où le ciel et la terre sont en paix, et où la nature désarmée semble vouloir témoigner à l'homme une souveraine bienveillance. Mais Jérôme, fermant sa porte à toute cette poésie, s'assit tristement au milieu de sa chambre parmi ses doutes; car, que lui importait la lumière qui allait venir? le malheureux en désirait une, qu'il savait bien ne devoir jamais se lever pour lui en ce monde.

Seul, dans cette chambre ténébreuse autant que

son âme, l'incroyant s'enfonça avec audace au plus épais du doute, et il y rencontra des pensées que gardent encore les sept sceaux de l'avenir irrité, pensées qui bouleverseront un jour la terre comme l'ont déjà bouleversée l'eau et le feu, le cataclysme et l'incendie. Mais, des révolutions de ce globe, celle qui s'accomplira par l'esprit sera la plus homicide et la plus terrible. Malheur alors aux vivants et aux morts! malheur à tous! car, en ces jours cruels, ni les entrailles du tombeau, ni le sein des mères, ne seront un refuge, et des mains effrénées violeront les placentas et les tombes. Ah! si une comète immense s'abattait du soleil sur ce monde et l'enveloppait de ses crins de flamme, comme une amante enveloppe de ses cheveux épars une tête adorée, cet embrasement serait un bienfait au prix de ce que l'on verra ; car les plus affreuses douleurs d'aujourd'hui seront alors enviées, et nul ne saura dire lequel souffrira le plus de la victime ou du bourreau !

XIX.

Uranée se rendit au château de Valfleuri.

Ce n'était pas un vieillard presque centenaire, candide comme un enfant, héroïque comme un saint, qui allait se laisser intimider par les portails armoriés, les grands dogues et les appartements d'or et de soie d'une baronne. L'astronome passait à côté de ces pauvres magnificences, indifférent et noble comme un roi. Les laquais aiguillettés, chamarrés et galonnés ne l'étonnèrent pas plus que les molosses de la basse-cour; et, s'avançant vers l'un de ces valets, qui portait l'épaulette et l'épée ainsi qu'un soldat, il le pria poliment de le conduire auprès de madame de Ruault.

Le valet introduisit le visiteur, sans façon.

— Voici un homme qui désirerait parler à madame la baronne, dit-il en entrant dans la chambre de la chanoinesse, et après avoir laissé le vieillard à la porte.

— Quel est cet homme?

— Madame, reprit le domestique à demi-voix, j'ai cru reconnaître le sorcier de la vieille tour.

— Ah!... le chercheur de comètes! Faites entrer, dit la noble dame, d'une voix indifférente. Et, sans se lever, elle salua le vieillard d'un simple bonjour, tout en continuant à offrir de la pâtisserie à un griffon hideux qu'elle tenait sur ses genoux, et qui se mit à japper sans quitter sa place favorite. Or, les jappements du petit aboyeur étaient d'autant plus aigus, que celui qui les proférait avait été mis en état d'être nécessairement le dernier de sa race.

Uranée salua affectueusement, comme il faisait toujours; car il était solitaire, mais tant s'en faut qu'il fût misanthrope. Il aimait, il honorait les hommes. Souvent il quittait sa cénobie et se rendait à quelque ville d'alentour, afin de visiter ses frères et de se promener parmi les vivants. Il allait voir prier dans les églises; ce spectacle, assurait-il, est le plus touchant qui soit sur la terre. Il écoutait quelque sermon sur la morale évangélique, sur les grands dogmes chrétiens; il faisait quelques aumônes, et, quoique pauvre, donnait à de

CHAPITRE XIX.

plus pauvres que lui ; puis il rentrait dans son désert.

La vue de la figure humaine le réjouissait toujours. Bien qu'il connût le crime de la baronne, il ne ressentit aucune aversion contre elle : il savait que les astres eux-mêmes ont leurs écarts, et qu'il serait, par conséquent, injuste de chercher la perfection chez les hommes, alors que ces mondes où la sagesse divine agit immédiatement éprouvent des perturbations fréquentes et dévient souvent de leurs lois. C'est ainsi que l'univers, dont il avait fait son messie, lui enseignait la charité.

Uranée s'avança donc vers madame de Ruault avec cette affectueuse civilité du cœur qui est la véritable politesse, la seule qui ne soit pas mensongère. La baronne fut d'abord touchée de la dignité du vieillard, et puis aussi de sa beauté vénérable, sentiment qu'elle témoigna en posant à terre Lindor, c'est le nom du chien, et en priant le visiteur de s'asseoir.

— Votre locataire, madame, vient vous remercier de l'hospitalité prolongée que reçoit de vous sa vieillesse, dit l'astronome ; et puis, ajouta-t-il aussitôt, ma visite a un autre but : Je viens, au risque de commettre une inconvenance, vous entretenir d'une question délicate qui ne devrait sûrement être agitée que par vous seule ; mais que mon bon vouloir me tienne lieu d'excuse. Les vieillards sont un peu comme les enfants, ils veulent toucher à tout. Avant de commencer à parler, toutefois, je cède au besoin de vous dire combien est éloignée de mon cœur la pensée de vous déplaire, et, si j'y suis amené, malgré moi, par la nature même du sujet, je vous en demande pardon par avance.

Ici, la baronne fut tout à fait gagnée par l'aménité de cette voix, par la bienveillance que témoignait la physionomie de celui qui parlait, et surtout par sa modestie; car rien ne plaît tant que cela. La pauvre mère sentit rasséréner son âme si triste, en présence du calme et de la paix qu'étalaient devant elle, les manières augustes et lentes du vieillard.

— Parlez, parlez! lui dit-elle, je vous avouerai de tout; je vous donne licence de tout dire!

— Madame, reprit Uranée, Jérôme, vous le savez sans doute, aime mademoiselle de Ruault.

— Je le sais, répondit la baronne un peu saisie.

— Vous savez peut-être aussi que Jérôme est aimé.

La chanoinesse fit un mouvement.

— Jamais passion ne fut plus pure, ajouta le vieillard, mais aussi jamais plus profonde. Je l'ai vue naître, à mes côtés, sous mes yeux....

CHAPITRE XIX.

— Et comment n'y avez-vous pas mis obstacle? s'écria la baronne en interrompant.

— Mettre obstacle à l'amour? répondit Uranée, avec une expression angélique, je ne charge pas ma tête blanche de ce crime. Je me suis souvent opposé à la haine; mais l'amour, je le favorise. Et d'ailleurs, les obstacles que l'on oppose à la passion, loin de l'arrêter, l'alimentent et l'avivent. La combattre, c'est la nourrir. Les orages du cœur, comme ceux de la nature, montent toujours contre le vent.

— Mais, mon cher monsieur, Jérôme n'a ni qualité, ni fortune.

— Il a laissé tout cela, madame, car il possédait ces deux choses dans le monde qu'il a voulu fuir. —Mais remarquez, je vous prie, qu'il ne s'agit plus de voir si mademoiselle Julla est faite pour mon ami, car, sans être arrêtés par la difficulté que cette question soulève, ils l'ont tranchée en se donnant réciproquement l'un à l'autre, en s'aimant. Dans la conjoncture présente, il faut donc considérer seulement ceci : à savoir qu'ils s'aiment et qu'ils ne pourront jamais vivre désunis sur la terre.

— Monsieur, vous faites injure à ma fille! cria la baronne.

— Le médecin peut-il faire injure au malade en disant que sa maladie est grave et que si l'on n'y

14

remédie, il va mourir. — J'ai pour mademoiselle Julla les entrailles d'un père. Je suis venu ici avec candeur, pour chercher auprès de vous s'il n'est pas possible de conjurer les malheurs que je redoute, les malheurs que je vois poindre à l'horizon de cette jeune vie. J'ai pensé que vous aussi vous étiez en peine de cet avenir précieux, et je me suis dit que les paroles d'un vieillard seraient peut-être bienfaisantes. Si vous voulez me le permettre, nous parlerons ici comme deux amis, comme deux chrétiens, mettant de côté toute arrière-pensée d'amour-propre ou d'intérêt, et tâchant de faire le bien comme le fait la Providence : uniquement pour autrui. Certes, il vaudrait mieux de beaucoup que mademoiselle de Ruault eût placé sa tendresse sur un homme de son rang, à égalité de mérite, bien entendu; mais puisque la chose est accomplie, il ne nous reste plus qu'à essayer d'en diriger les conséquences. Cela est dur à dire, madame, mais la religion et la nature, c'est-à-dire Dieu, commandent de marier votre fille à ....

— En vérité, vous n'y pensez pas, monsieur Uranée; est-ce possible, je vous le demande, ce que vous proposez là?

— Tous les malheurs sont possibles, madame, et celui-ci est inévitable. — Au surplus, je me permettrai de vous faire observer que, pour vous, le mariage dérogeant de mademoiselle de Ruault n'aura pas tous les inconvénients qu'il pourrait avoir dans une autre circonstance, car vous êtes la dernière de votre nom, et, si votre fille se mésallie, personne n'aura à s'en plaindre ni à en souffrir, autour de vous. Mais, je vous l'ai dit, madame, Jérôme a un rang dans le monde, et, s'il a renoncé au titre de sa noblesse, il n'en a pas quitté, soyez-en sûre, les sentiments généreux.

— Tenez, monsieur, vous paraissez attaché aux intérêts de mon enfant, eh bien ! aidez-moi à la guérir de son amour déraisonnable.

— Elle est frappée au cœur, on ne guérit point de ces blessures-là.

— Il faudra bien qu'elle en guérisse.

— Je connais beaucoup les hommes, parce que je me suis beaucoup étudié moi-même, et je vous le déclare, madame, si vous ne laissez s'accomplir cette union salutaire, vous préparez un grand malheur.

— Je n'en prévois pas de plus grand, je vous avoue, que de voir ma fille épouser cet homme.

— Cet homme est mon ami, madame, dit l'astronome avec douceur, il en est de plus riches, de plus heureux, de plus nobles de nom, assurément ; mais de plus magnanimes, de plus honnêtes, vous n'en trouveriez pas. Quand la statue est d'or, qu'importe que le piédestal soit d'argile? — Nous avançons, tout le présage, vers une époque où chacun n'aura plus que ses œuvres devant les hommes comme devant Dieu; où le mérite personnel sera seul compté, et où l'hôte des châteaux sera réduit à se frayer sa vie, comme un chemin, parmi les ronces et les pierres. Il ne sera plus donné, alors, à pas un de ceux qui naîtront de la femme de trouver en naissant sa vie toute tracée; il ne sera plus permis à quinze ou vingt héritiers d'un nom illustre ou d'une fortune heureuse de repasser tous, l'un après l'autre, dans la même existence, comme les voyageurs d'une caravane dans le même sentier. Ce sera un âge d'activité générale, l'humanité entière travaillera comme un paysan.

— Que m'annoncez-vous là, cria la baronne, avec vos utopies de la fin du monde, avec votre apocalypse? Vous parlez comme un démocrate; eh! mon cher, les démocrates! je prie pour eux.

Ici Uranée se leva, et se mettant à genoux devant la chanoinesse, il lui dit:

— Madame, je vous implore comme l'on implore Jésus-Christ même; rendez-vous à mes instances, ne craignez pas de céder à mon zèle....

— Ah! mon Dieu! relevez-vous, relevez-vous! cria la noble dame attendrie et embarrassée de voir ce vieillard ainsi suppliant et prosterné.

CHAPITRE XIX.

— Il y va de tout le bonheur de votre enfant, je vous le jure; il y va de son avenir en ce monde, exaucez-moi. Je pleure à vos pieds; je vous prie pour deux âmes dont le Seigneur, songez-y, a placé la destinée en vos mains. Vous êtes pour elles la Providence, ne l'oubliez pas. — Entre votre fille et le malheur, vous allez choisir.....

La chanoinesse était touchée, elle pleurait; mais le vieillard comprit bien qu'il n'obtiendrait pas le bonheur de ceux qu'il aimait.

— Ah! dit-il avec abattement, il serait difficile, je le sais, d'accorder ce que j'implore. Aussi, vous l'avouerai-je en toute franchise, je ne l'avais pas espéré. Si je suis venu c'est par obéissance, par devoir. — Pauvre fille! il y a trop d'obstacles entre le bonheur et toi.

Après ces paroles, Uranée prit congé de madame de Ruault qui lui tendit la main, et il sortit gravement.

Les laquais, qui avaient tout écouté derrière la porte, le regardèrent passer d'un air hébété, et l'un d'eux remarquant qu'il était sans coiffure, l'avertit qu'il oubliait son chapeau. Pour toute réponse, le vieillard, qui pleurait, mit son manteau par dessus sa tête.

Les chiens de garde aboyèrent un moment, lorsque l'astronome descendit le perron sur les marches duquel ils étaient assoupis ; la chanoinesse, demeurée seule, se dit naïvement que, pour quelqu'un qui ne *pratiquait* pas, cet Uranée était un bien brave homme ; et la visite du vieillard n'eut pas de plus longues suites, tout s'arrêta là.

XX.

Depuis long-temps déjà les fleurs de la tête de mort étaient toutes passées, et personne ne les renouvelait plus. Julla venait moins souvent chez Jérôme ; Hellénor, fait tout-puissant par l'aveu de la baronne, l'en empêchait. De plus, le secret que gardait la jeune fille mêlait beaucoup de gêne à ses rares entretiens avec son amant ; et celui-ci, prenant cette gêne pour de la froideur, sentait la jalousie grandir dans son âme ; jalousie terrible comme le doute dont elle était née. Deux fois il avait vu, le long des murs du parc, l'avocat et sa fille se promener familièrement ensemble, et le pauvre amoureux avait pris l'abattement de Julla pour ce voluptueux silence qui règne souvent entre deux personnes qui s'aiment et qui sont seules.

Il n'en faut pas tant pour tourmenter un faible douteur, dont l'esprit plein d'imagination tire de toutes choses de funestes présages.

Enfin, dans un accès de désespoir, le timide Jérôme voulant risquer le tout pour le tout, écrivit à la fille de la chanoinesse ce billet extraordinaire :

« Si vous m'aimez encore, quittez à mon exem-
« ple, et titre et fortune ; abandonnez votre mère
« et venez au loin avec moi.

« Tant que durera notre amour nous aurons la
« vie, et s'il s'éteint nous aurons la mort.

« Le bonheur de la terre, comme celui du ciel,
« n'appartient qu'à ceux qui savent mettre en
« œuvre, pour le conquérir, la force et la violence. »

— Décidément, cria-t-il après avoir tracé ces lignes extravagantes, je vais dès ce jour vivre sans trembler! que je sois heureux ou que je meure! J'ai assez rampé devant Dieu, assez fui devant les hommes ; l'heure a sonné de se montrer à tous, debout et content. Cette fille m'aime, elle viendra.

Puis regardant le ciel.

— O toi, qui n'as pu m'arracher à cette abjection d'où je sors, donne-nous les félicités du monde, âcres et vives ; car, si les joies du temps nous manquent, nous monterons chercher celles de l'éternité. Et si tu ne viens à nous, je vais aller à toi !

CHAPITRE XX.

Julla répondit au billet de Jérôme :

« Je vous aime, mon ami, et c'est pour jamais.
« Ce déshonneur auquel votre lettre me convie ne
« nous donnerait pas le bonheur ; et, nous le don-
« nât-il, je n'en veux pas, pour vous, à ce prix.
« On souffre en tous lieux, hormis au ciel, mais
« on souffre surtout lorsqu'on a mérité son mal-
« heur. Du reste, je ne me plains pas de souffrir,
« parce que je souffre à cause de vous.

« Votre proposition m'a désolée, vous le savez.
« Ah ! mon ami, estimez-moi toujours, cela nous
« épargnera bien des peines ! »

Quand Jérôme reçut cette réponse sa fièvre était passée, son courage était tombé, et, revenu à de moins aventureuses idées, il ne se sentait plus l'énergie qu'eût exigé la fuite audacieuse qu'il avait osé proposer. A quelques jours de là, un entretien qu'il eut avec mademoiselle de Ruault, loin de le calmer, ne fit qu'accroître ses injustes appréhensions et son injuste jalousie.

Dans cet entretien, après quelques phrases qui se ressentaient de la contrainte où la mettait le secret de crime et de honte qu'elle portait, mêlé à son amour, dans son sein, la jeune fille, pour se soulager, essaya d'avouer à Jérôme tout ce qu'elle pouvait lui avouer sans impiété envers la baronne, sa mère.

— Mon ami, dit-elle, dans un moment où le regard avide du douteur la tourmentait le plus, mes parents... ma mère veut me marier.

— Vous marier ! cria Jérôme, ah ! je m'en doutais. Mais, tant que vous m'aimerez, je n'ai rien à craindre. — Jurez-le-moi !

— Vous n'avez rien à craindre, répondit l'amante avec l'accent de la résignation la plus douce, mais, moi, j'ai beaucoup à souffrir. Il me faut résister aux prières de ma mère, il me faut lui désobéir, il me faut, il me faut... me taire.

— Les cruels ! dit à part soi le douteur, qu'est pour eux mon désespoir auprès de l'accomplissement d'une seule de leurs fantaisies ? Ah ! que pour l'homme l'homme est redoutable, et qu'il peut lui faire de mal ! — Vous enlever à moi, ma Julla, ce serait enlever au mourant le bras qui le soutient sur sa dernière couche; ce serait arracher au naufragé la planche salutaire qui le retient sur l'abîme. Heur et malheur, vous m'êtes tout.

— Je le sais, répondit la jeune fille, avec une expression qui ne peut se traduire.

— Mon amie, dit Jérôme en regardant tristement Julla, il me faudra vous perdre, j'en suis sûr. Le bonheur m'a constamment déçu, mais l'affliction m'est demeurée fidèle.

Ici les alarmes du douteur reparurent plus vives ; Hellénor lui revint en mémoire, si bien que lorsque Julla lui dit :

— Ayez confiance ; je vous aimerai toujours, quoi qu'il arrive.

Il lui répondit cruellement :

— Oui, vous m'aimerez toujours, et cependant vous en épouserez un autre.

— Ah! fit Julla étonnée, vous êtes donc bien malheureux que vous m'outragez ainsi? — En épouser un autre durant que je vous aime! donner à l'un avec ma main la honte, et à l'autre avec mon cœur tous les tourments de la jalousie ; être tout ensemble épouse infidèle et amante sans vertu, voilà ce dont vous me jugez capable ! En vérité, elles sont impitoyables les angoisses qui vous font me jeter au visage ces paroles sanglantes!

— Julla, dit Jérôme avec expression, je sens que si nous pouvions ne nous revoir jamais, ce serait un grand bien pour tous deux. Nous nous sommes crus faits jusqu'ici pour nous donner le bonheur l'un à l'autre, et nous ne sommes propres qu'à nous tourmenter. La candeur de votre âme innocente ne va pas à mon scepticisme : votre foi me fait sourire et mes doutes vous font pleurer.

— Mais, Jérôme, qu'avez-vous? demanda la jeune fille effrayée.

— J'ai des pressentiments affreux, répondit le

douteur, en saisissant de ses mains crispées les frêles poignets de Julla, je vous ai vue vous promener avec Hellénor, je vous ai entendue lui parler, lui dire... Ah! vous pâlissez, quel malheur!... Je sais tout! je sais tout! Hellénor est votre...

A ce moment, Julla, par un effort subit, se dégagea des mains qui l'étreignaient, et ferma la bouche de Jérôme, cette bouche qui allait nommer Hellénor son amant, et qu'elle croyait prête à le nommer son père.

— Tais-toi! cria-t-elle, tais-toi! Pas de ta bouche, oh! non, pas de ta bouche!

— Tu l'aimes donc?

— Je le dois, répondit la pauvre enfant consternée, c'est ma honte, il faut que je la subisse, il faut que je l'expie... C'est ma honte, celle de ma...

Elle n'eut pas la force d'accuser sa mère. Elle garda sur son cœur tout ce poids d'ignominie qui l'accablait. Car on a beau réunir d'excellentes raisons à l'encontre, les personnes dont l'origine est entachée rougiront toujours, en dépit d'elles, de l'opprobre de leur naissance.

— Mais il fallait, dès le premier jour, tout m'avouer, criait le douteur hors de lui. Quand vous reçûtes son aveu abominable, il fallait me le confier, à moi, qui aurais su qu'en faire et y répondre!

— Je ne voulais pas rougir devant vous, et puis, à tout cela vous ne pouvez rien.

— Je n'y puis rien? cria le jeune homme tout bouillant, je n'y puis rien? Mais je puis tuer qui je veux! Je puis le jeter hors de ce monde, cet homme qui nous gêne! Je puis, d'un coup d'épieu ou de couteau, te donner du sang assez, pauvre fille, pour te laver de la souillure d'appartenir à un infâme!

— Du sang! du sang! insensé! — Voyez de quel secours vons êtes dans le malheur, et comme votre tête s'égare vite.

— Mais sais-tu bien ce que c'est qu'Hellénor? Le plus vil, le plus dégradé des êtres; une créature abjecte qui a mille fois ramassé de l'or dans la fange, et peut-être aussi, entends-tu? dans le crime.

— Jérôme, dit Julla indignée, vous êtes offensant jusqu'à la lâcheté. Ne me parlez jamais d'Hellénor, je vous le défends.

— Pardonnez-moi, dit le douteur, dont le transport s'abattit soudain, car chez lui, comme chez tous ceux qui sentent trop vivement, chaque impression était passagère et rapide, pardonnez-moi, vous le savez, je suis un pauvre fou. Vous ne me deviez rien et vous m'avez beaucoup donné. Vous êtes venue dans ma solitude, et j'ai été consolé pour un peu de temps, à cause de vous ; et voilà que pour prix de vos bienfaits, je m'efforce de vous entraîner dans mon néant, ou de vous suivre dans cette société que j'ai quittée, et où je vous serais un sujet d'affliction. Je vous offense par mes discours, pardonnez-le-moi : je ne sais pas être bon parce que je ne sais pas être heureux. Si je suis méchant, c'est que je viens de retomber dans ces mêmes tristesses d'où vous m'aviez retiré, et la paix que j'ai connue à vous aimer me rend ce premier état plus affreux encore. J'ai désappris de souffrir avec vous, mais je vais m'y remettre, et j'en aurais bientôt repris la morne habitude. Je rentre dans mon isolement et je vous laisse parmi les hommes. Soyez-y heureuse : vous le serez. Venez quelquefois dans ma retraite, vous y trouverez celui qui vous aime. Je ne vous y parlerai plus de ce qui nous afflige. Vous me direz votre bonheur, et moi, je vous tairai mes peines.

— Vous ne savez être modéré en rien, répondit Julla attendrie ; tout à l'heure vous m'outragiez par des paroles cruelles, et maintenant vous m'outragez encore par des paroles généreuses. Vous me parlez de vous quitter, comme si je pouvais m'y résoudre. Mon ami, je suis l'amante de vos chagrins, je suis l'épouse de votre malheur. Attendez patiemment la fin de tout ceci. J'ai plus de calme et plus de force que vous. Ayez seulement le courage de me suivre. La route sera semée d'obstacles, mais le but sera le port, je vous le promets.

Les deux amants se séparèrent sans avoir éclairci le malentendu funeste qui mettait tant de confusion dans leur entretien. Malheureux tous les deux par cet amour redoutable qui fait plus souffrir ici-bas que la haine, et dont nul ne voudrait goûter, si ce qui vient après venait avant lui.

Jérôme, tout entier à cette exaltation éphémère qui s'empare de l'homme au commencement de ses peines et de ses joies, et qui l'étourdit, Jérôme jouissait de sa résignation et se croyait guéri. Il croyait véritablement avoir renoncé à Julla, il se croyait délivré de sa passion ; mais il se trompait, et beaucoup.

La jeune fille, plus reposée, et partant plus abattue, s'abandonnait à la Providence; car c'est ce que nous faisons toujours, lorsqu'elle paraît nous abandonner.

XXI.

Je suis parvenu à réunir plusieurs pensées de Jérôme, qui les avait écrites au crayon, tantôt sur les marges de ses livres, tantôt sur les murs de sa chambre qui en était toute barbouillée. Comme elles peignent son caractère et montrent l'état de son âme désordonnée, je les transcris ici dans toute leur confusion. Le lecteur remarquera que dans cet esprit militant, où il n'y avait d'assuré que le doute, les idées d'un jour contredisent souvent celles d'un autre jour, et il est instamment prié de se souvenir que ceci n'est rien autre chose qu'une portraiture morale très-fidèle.

1.

Malgré l'aveugle amour de tout être pour sa nature, et malgré le jugement favorable qu'il porte sur lui-même, nousnous estimons cependant petits et pervers. Que serait-ce donc si un être étranger à notre espèce nous estimait à notre juste valeur?

2.

Tant que l'on a cru présomptueusement, en astronomie, que la terre fût le centre de l'univers, toute la science n'a été qu'erreur. Cette erreur est passée ; mais celle, non moins folle, qui fait l'homme centre du monde moral dure encore.

3.

Le sommet du savoir rapproche de la vérité, comme le sommet des monts rapproche des étoiles.

4.

Ce que nous pouvons faire de plus sublime pour notre foi, pour notre amour, c'est de donner notre vie. Ainsi notre plus grand effort de vertu aboutit tout juste à la plus grande preuve de notre misère.

5.

A la suite de toutes les vérités physiques et métaphysiques, ajoutez : *Cela est ainsi, vu de la terre.*

6.

La meilleure chose de ce monde, au jugement de tous, c'est l'argent, et il faut que cette vie soit bien dénuée pour qu'une si vile chose y soit encore la meilleure chose.

7.

Caton, avant de s'éventrer pour mourir, relut par deux fois un traité sur l'immortalité de l'âme. Il en doutait donc.

8.

Le cœur de l'homme ressemble à la mer : même immensité vide, mêmes orages, et surtout même monotonie.

9.

Pourquoi sommes-nous si ignorants sur ce qui est nous-mêmes, tandis que dans ce qui ne l'est pas nous tenons pour acquises beaucoup de vérités? C'est parce que, lorsque nous parlons de ce qui est nous-même, nous sommes là pour nous contredire, au lieu que tout ce qui n'est pas nous souffre nos systèmes en silence.

10.

Tout au contraire des objets physiques, les objets moraux grandissent en raison de leur éloignement. L'application de cette vérité est toute la sagesse.

11.

Défiez-vous des cultes, des doctrines, qui vous

CHAPITRE XXI.

expliquent l'homme, la création, la vie présente et la future; défiez-vous-en, car nous sommes ici-bas pour ignorer toutes ces choses.

12.

Du temps de Pascal, la philosophie n'était pas encore parvenue à prouver l'existence de Dieu.

13.

Durant l'antiquité païenne, on mourait pour la patrie; pendant les premiers siècles du christianisme, pour Dieu; au moyen-âge, pour l'honneur; aujourd'hui, qui veut cesser de vivre ne trouve à mourir que pour soi et se suicide. Nous voilà égoïstes jusques dans la mort.

14.

Quand je considère cette création toute sublime, ce qui m'étonne ce n'est pas l'univers, c'est l'homme.

15.

La mort est ce qu'elle paraît.

16.

Le malheur, c'est que pour les objets de l'intelligence il n'existe pas de parallaxe, comme pour les corps célestes.

17.

Les religions ne sont détruites que par les religions.

18.

La plupart des hommes ne me valent pas ; or, je ne vaux pas grand'chose : les juger d'après moi, ce n'est pas leur faire tort, mais ce n'est pas leur faire honneur non plus.

19.

Sans nous embarrasser de ce qui nous est inconnu, regardons ce qui se passe sous nos yeux durant le phénomène de notre mort. En premier lieu, le principe de l'existence paraît nous abandonner : l'intelligence disparaît ; puis notre cerveau, où vit la pensée, est le premier à se corrompre ; ensuite, les entrailles, où palpitait la vie, se dissolvent ; les muscles et les teguments se décomposent ; et enfin le squelette tombe en poussière le dernier. Si bien, que ce qu'il y a de plus inerte, de plus matériel dans l'homme, est, apparemment, la portion la plus durable de son être.

Dans l'original, cette dernière phrase est effacée à demi, et on lit en surcharge cette seconde leçon :

Si bien, que ce qu'il y a de plus insensible, de plus inerte dans l'homme, serait la portion la plus

CHAPITRE XXI.

durable de son être, si les matérialistes avaient raison.

20.

La poésie, c'est le désir. Nous sommes des dieux, mais des dieux stériles, des dieux déchus; comme à l'eunuque, il ne nous est resté de notre premier état de créateur que le désir, et ce désir c'est la poésie.

21.

Au moral, comme au physique, les joies de l'amour sont rapides; prétendre en faire durer le sentiment jusqu'au tombeau, n'est guère moins absurde que de vouloir en prolonger la sensation toute la vie.

22.

Il y a, dans ce monde, de certaines douleurs qui feraient croire à l'enfer, tant elles sont terribles.

23.

Ce qui me fait nier le christianisme, c'est l'astronomie. Pour l'infinie création que la science nous dévoile, le dieu de l'Écriture-Sainte est trop petit; c'est le dieu de la terre, mais ce n'est pas le Dieu de l'univers.

24.

Les douleurs, les afflictions de l'homme sur cette

terre, prouvent moins un avenir qu'un passé. (*Métempsycose.*)

25.

Dans les œuvres de Dieu, il y a différence de nature, mais pas de perfection. Que dans cette immensité, la perfection soit une et la variété infinie, voilà le chef-d'œuvre.

26.

L'idée de la divinité est si loin de notre pensée, si inconcevable pour nous, que ceux qui proclament l'existence de Dieu et ceux qui la nient, sont tout aussi éloignés de le connaître, les uns que les autres.

27.

Un homme nous trompe une fois, nous nous défions de lui; notre raison nous trompe à chaque heure, et nous y croyons toujours.

28.

Dans le monde intellectuel, croire c'est posséder.

29.

Nous expliquons Dieu d'après l'homme qui est lui-même inexpliqué; ainsi une *inconnue* expliquant une *inconnue*, voilà le fondement de tous les cultes et a base de toutes les philosophies.

CHAPITRE XXI.

30.

Les hommes se croient le centre de la création parce qu'ils sont le centre de leur intelligence.

31.

Le beau, c'est l'excès.

32.

Femme, contente-toi d'être épouse : il faut plus que de la vertu pour être amante.

33.

Le plus grand effort de l'esprit humain c'est de parvenir, à force de science et à force de génie, à s'assurer qu'il ne sait rien.

34.

Si le christianisme avait été étouffé par les premières persécutions qu'il a subies, personne aujourd'hui ne douterait des sacrifices humains et des incestes que l'on reprochait généralement alors aux premiers fidèles. Que d'erreurs maintenant reconnues auxquelles il n'a manqué, pour se justifier, qu'une plus longue durée !

35.

A nous voir faire et à nous entendre dire, ne croirait-on pas que la raison humaine engage Dieu même ?

36.

Vivre, c'est assister, comme les féroces Romains des arènes, au spectacle des douleurs et de la mort des hommes. Quel dégoût !

37.

Nous nous apercevons des maladies de notre corps et nous ne remarquons pas celles de notre esprit, parce que les premières nous font souffrir, tandis que les secondes font souffrir seulement les autres.

38.

Ce qui chez le premier homme fut un désir, devint une espérance chez le second, puis une certitude chez le troisième. Pensez-y-bien.

39.

Si Dieu avait placé, dans l'accomplissement des œuvres de vertu, la moitié du plaisir qu'il a mis dans l'accomplissement des œuvres de chair, le mal n'eût jamais paru sur la terre.

40.

Qu'est-ce que l'inconnu ? — C'est tout.

41.

Un ancien s'écriait en parlant de la divinité :

O Jupiter! car de toi je ne sais que ton nom! Cet ancien en savait plus que moi.

42.

Il faut que l'art répare le mal que l'art a fait. De cette vérité découle la nécessité de la médecine, de la philosophie et de la religion ; à des maux artificiels, des remèdes artificiels, à des malheurs artificiels, des consolations artificielles, et à des vices artificiels une conscience artificielle.

43.

Si le foie, la rate et la vessie, étaient, chez la femme, des parties extérieures et palpables, comme la main, le visage et la gorge, on verrait, je vous assure, des hommes amoureux fous d'un joli foie ou d'une charmante vessie, de même qu'on en voit, dans l'état présent des choses, qui sont épris et désespérés d'un frais visage ou d'un jeune sein, tant l'amour est une belle affaire !

44.

Viendra une époque où la plupart des hommes seront indifférents en matière de politique, comme ils le sont déjà en matière de religion. Cette époque est venue pour moi, et j'en jouis.

45.

Les croyants sont des gens qui vont je ne sais où, par un beau chemin.

46.

On appelle mariage de convenance celui où toutes choses se conviennent, hormis les cœurs.

47.

Deux mondes qui se rencontrent dans l'espace, qui se heurtent et qui se brisent, ne distraient pas la Providence attentive du ciron qui se noie, sur la rive d'une goutte de rosée.

48.

Que l'homme ressemble à la brute ! Ils naissent, ils sont engendrés de la même façon, ils existent de la même vie, respirent la même atmosphère, se disputent la même pâture, meurent par un commun trépas, et sont rongés du même ver. Leurs organes, leurs sens, leur anatomie est identique. L'un a l'instinct, c'est-à-dire une intelligence réglée et dépendante ; l'autre a la pensée, c'est-à-dire une intelligence désordonnée et libre. C'est donc la pensée seule qui les distingue, dans tout le reste ils sont pareils. Triste prérogative et qui rappelle celle dont jouissait, à la cour de Perse, l'empe reur de la ville et du monde, après sa défaite, alors qu'au milieu d'un troupeau d'esclaves, ses égaux en servitude et en misère, il en différait cependant par un manteau de pourpre et une couronne d'or.

Mais, je t'assimile à la brute et tu te récries; eh bien! soit, je ferai pour ta honte davantage encore : je te comparerai à toi-même. Le singe, l'éléphant, ne sont pas tes semblables, mais les Néron, les Pizarre, les Borgia, sont tes pareils. C'est là les plus pervers, peux-tu dire. Eh bien! je cède encore; choisissons parmi les meilleurs, je le veux: remontons au premier homme, à celui qui fut placé heureux et parfait sur la terre. Que voyons-nous? Un être comblé par Dieu de tous les biens qui, sitôt en possession de son bonheur, consomme, sans lutte aucune, la plus criminelle ingratitude, la plus sanglante désobéissance, et qui n'emploie son immortalité qu'à mériter la mort. Ils étaient deux, et pas un ne résiste, et pas un ne combat. Voilà ce qu'était l'homme avant sa déchéance, qu'est-il donc aujourd'hui?

49.

Cette vie, et tout ce qu'elle renferme, n'est pas un commencement, puisque nous ne la comprenons pas.

50.

Quelles que soient les illusions de l'amour-propre et les prérogatives de l'intelligence, je ne puis me croire plus important dans cet univers qu'un soleil, voire même qu'un monde.

51.

Évidence, apparence : même mot, même chose.

52.

O homme, que de chimères tu as entassées de l'autre côté de la tombe !

53.

Ayez pour les malheureux non de la pitié, mais du respect.

54.

Dans le monde moral, les choses ne sont rien, le point de vue est tout.

55.

A voir la pauvre créature humaine placée sur cette terre au milieu d'apparences trompeuses et de mystères, qui tous portent une vérité cachée qui la menace, ne dirait-on pas que l'intelligence lui a été donnée, comme la soif à Tantale, pour son châtiment.

CHAPITRE XXI.

56.

Une éternité!..... Et qu'en veux-tu faire, convoiteux misérable? N'es-tu pas accablé déjà de cette vie éphémère que tous tes efforts ne peuvent remplir? L'ennui, l'ignoble ennui, dont tu ne saurais te distraire que par la douleur ou par le travail, t'assiége sans cesse. Il t'ennuie de vivre un jour et tu comptes que l'éternité te donnera le bonheur!—Ma nature sera changée, réponds-tu, mes appétits, mes désirs, mes idées, ne seront plus les mêmes. — Alors, ce ne sera plus toi.

57.

Si le Christ est un homme, l'humanité est déifiée, s'il est Dieu elle est sauvée.

58.

Ne croyez pas que la foi soit la vertu, elle en est la récompense, ni que le doute soit le péché, il en est l'expiation.

59.

Rien ne prouve l'absence de la vérité chez les hommes, comme le désaccord qui règne entre eux, à son sujet. Voici une fable :

On raconte qu'à la naissance du monde, avant la lumière, au temps où les humains vivaient dans une nuit incessante, il leur fut promis qu'un soleil se lèverait dans l'orient pour les réchauffer et les éclairer. Les yeux se tournèrent aussitôt vers l'horizon, où l'astre annoncé devait naître, et où ne se levaient encore que des étoiles. C'est Sirius qui est le soleil, disait l'un ; c'est Arcturus, disait l'autre. Puis vint un troisième personnage qui, montrant Altaïr, soutint et prouva qu'il était la lumière attendue, et il convertit à son sentiment une grande multitude. Sur ces entrefaites, un inconnu, qui avait traversé l'équateur, annonça qu'à l'autre pôle du globe le soleil avait brillé et qu'il se nommait Canopus, et comme on ne put vérifier ses paroles, ce fut ce dernier-venu qui réunit le plus de partisans. Cela dura, car le soleil, sans doute pour confondre la raison humaine, se faisait beaucoup attendre.

Cependant, les choses en vinrent à ce point que toutes les étoiles du ciel eurent leurs fidèles, jusqu'aux plus petites, lesquelles devaient croître, au dire de leurs sectateurs. Il y avait bien, parmi la foule, quelques rêveurs, demi-fous, demi-libertins, prétendant que dans l'état des choses l'homme ne pouvait démêler le véritable soleil ; c'étaient les sceptiques. Il s'en trouva même deux ou trois, au plus, qui soutinrent hardiment que tout ce qui brillait n'était que des étoiles, et qu'il n'y avait pas de soleil sur l'horizon, mais ceux-là étaient de beaucoup les plus aisés à confondre.

CHAPITRE XXI.

Enfin, la division et la confusion étaient au comble, quand tout à coup le soleil, le vrai soleil, se leva. Oh! alors, tous les esprits furent unanimes, il n'exista plus de dissidents d'aucune espèce, et les aveugles mêmes confessèrent la vérité, car ils reconnurent l'astre promis à sa chaleur.

60.

La mort et l'horizon, si considérables pour qui les voit de loin, ne sont rien quand on les traverse.

61.-

Du moment qu'il s'agit de l'existence de Dieu, de l'immortalité de l'âme, du néant et de l'être, homme, je te récuse, tu es trop intéressé dans la question pour en être juge.

62.

La vie est une carrière qui a pour but un abîme.

63.

De toutes les croyances religieuses, il n'en est qu'une seule qui sache expliquer raisonnablement l'existence du mal sur la terre, et qui puisse s'accorder avec la magnificence, l'harmonie et la durée de l'univers, et cette croyance est la métempsycose.

64.

Celui qui comprendrait un ciron dépasserait en savoir les plus grands, les plus doctes génies. Qu'est-ce donc que la science humaine?

65.

Dans ce monde, toutes les choses morales qui ne sont pas l'homme même, sont de la création de l'homme.

66.

Comme le fiel fait trouver l'absinthe douce, la vie fait aimer la mort.

67.

Ce qui me prouverait la grandeur de Dieu, c'est moins la magnificence de l'univers que la misère de l'homme; car, pour nous traiter avec tant de dédain, le Créateur doit être bien puissant. Il nous donne la vie sans notre aveu, il nous accable de maux dont nous ignorons la cause, il nous tue quand il lui plaît: cette noble intelligence humaine, il la rejette comme fait le potier d'un vase mal venu, sans lui dire pourquoi.

68.

Tout bien est immuable; si tout change ici-bas c'est que tout y est mauvais.

CHAPITRE XXI.

69.

Homme, tu te prétends libre, mais les soleils ne le sont pas; mais, soumis à sa loi de vérité, de justice, Dieu lui-même est sujet. Tu penses donc conduire l'humanité au gré de tes caprices; va, il ne t'est pas plus donné de faire dévier un événement de sa route qu'une étoile de son chemin. Cet univers est prédestiné, les mondes sont esclaves. Si tu étais libre, réponds, choisirais-tu la mort? Que dis-je? choisirais-tu la vie? — Mais ma liberté ne commence qu'après mon berceau. — Fort bien! ainsi tu es libre de choisir quand le choix est fait. Crois-moi, la pierre lancée obéit pendant tout son élan à la main du frondeur, et en est aussi dépendante au moment où elle atteint le but qu'au moment où elle tournait sur la corde. Malheureux insensé, tu souffres et tu es libre, tu ignores et tu es libre, mais, afin qu'on te puisse croire, évite donc tes malheurs et tes doutes! Quant à moi, loin de m'effrayer de cette vérité fatale, je m'en réjouis: j'aime mieux obéir à Dieu qu'à moi-même.

70.

L'âme humaine ne pouvant agir que par les cinq sens de l'homme, c'est le soleil caché sous l'horizon et ne se révélant à la terre que par la lueur des cinq planètes. L'âme dégagée du corps, c'est le soleil éclairant par lui-même.

71.

Il est bien difficile aujourd'hui de croire en Dieu sans croire aux hommes.

72.

La mort est plus peuplée que la vie.

73.

Autrefois, durant l'antiquité, les métempsycosistes ne connaissant que ce monde, que cette sphère, y bornèrent leur destinée. Mais aujourd'hui ils peuvent les étendre à la création entière, et faire voyager le principe de la vie d'un système à l'autre, comme voyagent les principes de la lumière et de l'attraction. Ainsi, les sciences astronomiques, si fatales à toutes les religions de la terre, ont ouvert à la métempsycose seule le champ de l'infini. Loin de combattre ce culte extraordinaire, elles le favorisent uniquement. Ce zénith, que toutes les croyances unanimes nomment leur ciel, n'est plus qu'une faible partie du domaine de cette religion, autrefois la plus pauvre, aujourd'hui la plus riche. Elle a su trouver, dans ces étoiles, l'espace et la durée qui lui manquaient jadis ; loin de promettre un élysée inconnu, un paradis mystérieux, elle a ouvert son ciel sur les hommes, et tous y peuvent lire. Et, chose inouie, le ciel de cette religion est dévoilé par la seule infaillible science de ce monde, par la géométrie, par le calcul. Il n'y a plus là de rêveries ni de fantômes, tout est pesé à la balance, tout est mesuré au compas, tout est humain, tout est réel.

74.

Les hommes sans la haine et les mondes sans la force centrifuge, c'est tout un.

75.

On me dit : La mort est le passage de la vie à l'éternité, comme la naissance est le passage du néant à la vie. Reste à savoir ce que c'est que la vie, ce que c'est que le néant, ce que c'est que la mort, et ce que c'est que l'éternité !

76.

O philosophes, si vous aviez imité ces prudents capitaines qui ne laissent derrière eux, en avançant sur le territoire ennemi, aucune place-forte sans la prendre, vous en seriez encore au grain de sable.

77.

Plutôt que de publier ce que je pense parfois, dans mes heures de mélancolie, j'aimerais mieux empoisonner les puits et les fontaines. Mais que sert-il de se taire? ces pensées désespérantes que je n'oserais confier même aux roseaux, elles sont partout aujourd'hui, on les respire comme l'air ; le vent les charrie par dessus les océans d'un monde à l'autre, elles traversent les montagnes, et les joncs du désert disent tout haut ce que je n'ose écrire.

78.

Homme, s'il t'est destiné quelque chose de grand c'est dans la mort que tu le trouveras.

79.

La base de toutes les doctrines, de tous les cultes, c'est la mensongère espérance.

80.

Le christianisme n'est plus qu'un fantôme, eh bien ! je voudrais mourir pour ce fantôme.

81.

La perfection de l'homme, son but, ce n'est pas plus la félicité que la douleur.

82.

La seule chose de ce monde qui ne laisse après elle ni peines, ni regrets, ni lassitude, ni remords, c'est le triste sommeil.

CHAPITRE XXI.

83.

Si le Christ est un faux dieu ; si sa parole n'est pas la vérité ; s'il est permis à l'erreur de revêtir, en ce monde, un pareil caractère de bonté, de sainteté, de grandeur ; s'il est possible à l'humanité de s'abuser jusqu'à croire un mensonge, si fermement, pendant des siècles... homme tu es perdu !

84.

Pour le poète, pour l'artiste, la nature n'est pas un modèle, mais une rivale.

85.

Savez-vous, profond docteur, ce que c'est que ce rayon de soleil qui pénètre dans ma chambre nue ? — Non. — Comprenez-vous cette étincelle de mon foyer ? — Non plus. — Et ce brin d'herbe qui verdoie sur l'accoudoir de ma croisée ? — Pas davantage. — Savez-vous ce que c'est que Dieu ? — Ah ! oui.

86.

S'il n'y avait pas d'hommes sur la terre, l'homme y serait heureux.

87.

Est-ce que la balle qui briserait mon cerveau,

atteindrait ma pensée, qui est maintenant dans Sirius?

88.

Toutes les femmes peuvent vous faire goûter les joies de l'amour charnel, mais vous en trouverez à grand'peine une seule, dans toute votre vie, qui soit capable de vous faire ressentir les félicités pures de l'amour véritable.

89.

Si je compare les idées qui s'élèvent du cerveau de l'homme à la fumée qui s'élève de ses toits, le rapprochement sera-t-il d'un poète ou d'un sage?

90.

Le grand secret pour vivre en paix avec les hommes, c'est de les mépriser.

91.

La vie ne gagne pas à être connue, mais bien la mort.

92.

L'esprit se redresse rarement et le cœur jamais, parce qu'il est le maître.

93.

Passer de cette vie misérable à une éternité de

CHAPITRE XXI. 247

délices, cela serait plus beau que la nature et plus magnifique que l'univers.

94.

Quand un astre commence à poindre à l'horizon, il éclaire d'abord le faîte des montagnes, puis le haut des collines, puis le sommet des côtes, puis enfin la plaine, le creux des vallons et toute la terre.

Lors donc que vous voyez luire quelque front élevé, d'une idée nouvelle, ne criez pas à l'extravagance, car, descendant de cime en cime, un peu plus tôt un peu plus tard, l'idée extraordinaire finira, soyez-en sûrs, par rayonner sur toutes les têtes.

95.

O homme, il serait plus facile de comprendre l'univers entier que de te comprendre toi-même, parce que tu es plus grand que le monde.

96.

Blaise Pascal, ayant entendu dire à son père que la géométrie est la science des mesures de l'étendue figurée, parvint à en deviner les trente-deux premières propositions. Certes! voilà qui fait l'éloge de la géométrie bien plus que de Pascal. Mais quelle est la philosophie, la religion, la loi civile, qui pourraient en espérer autant? Et cependant, si elles étaient vraies, si elles étaient justes, ne seraient-elles pas innées dans tous les cœurs, comme les vérités géométriques sont écrites dans tous les esprits?

97.

Si l'Évangile était pratiqué sur la terre par tous les hommes, il serait trop affreux de mourir.

98.

Dès qu'une personne de mérite fait quelque chose grand, au bas de son piédestal la basse envie se vient coucher patiente, comme le tigre au pied de l'arbre, puis, à la première chute du grand homme, elle le déchire sans pitié.

99.

Ceux qui se piquent de fidélité à leurs opinions, à leur croyance, sont bienheureux que la vie soit si courte, car, si nous vivions seulement trois cents années, il n'est pas un homme, pour obstiné qu'il fût, dont la foi changeante, sautant d'un rhumb à l'autre, ne fît le tour de l'horizon.

100.

Si vous veniez à mon point de vue, vous verriez les choses comme je les vois, et si j'allais au vôtre

CHAPITRE XXI.

je les verrais comme vous les voyez vous-même. Ne nous fâchons donc plus : ni vous, ni moi n'a tort.

Toutes les douleurs morales se guérissent en changeant le point de vue. C'est pourquoi le temps console ; il déplace les objets en les éloignant, voilà tout son secret.

Pour être nouveau dans les arts, dans les sciences, changez le point de vue.

Dans la création, rien ne change en réalité que le point de vue.

Il y a un point de vue où la mort est aimable, où le crime est héroïque, il y en a un autre où la volupté est un supplice et la gloire un opprobre.

Le sage est celui qui sait garder le point de vue; le malheureux, l'insensé, est celui qui l'a perdu.

Ceci est à considérer, qu'il n'y a rien ici-bas qui ne varie, pour nous, quant et quant le point de vue.

Vivez toujours au même point de vue, et vous vivrez sans mécomptes.

La forme la plus parfaite, c'est la forme sphérique, parce que c'est celle que le déplacement défigure le moins.

101.

Le théâtre châtie les mœurs, comme le fouet

qu'il recevait de la main de mademoiselle Lambercier châtiait Jean-Jacques, en les corrompant.

102.

Plus l'homme est civilisé, plus il est égoïste, parce qu'étant compté pour beaucoup il s'estime beaucoup aussi. Dans la société païenne, les esclaves, les femmes, les enfants et les étrangers, étaient égaux à la brute devant la loi. Le moyen, en présence de cette appréciation légale, d'avoir une bien haute idée de soi-même?

103.

L'homme qui se montre toujours si avide du nouveau, du merveilleux, de l'inconnu, devrait aimer la mort, pour lui si nouvelle, si merveilleue, si inconnue.

104.

Soulager les malheureux et les pauvres pour gagner le ciel, c'est imiter, dans leur charité, les chiens du Lazare.

105.

Jeunes gens, je veux vous apprendre une chose, c'est qu'il existe ici-bas un amour plus délicieux que celui des femmes ; un amour qui ne connaît ni satiété, ni fin, ni mesure; un amour qui est à l'amour qui vous accable, ce que la poésie la plus sublime est à la réalité la plus lourde; un amour qui a rempli des cœurs que toutes les richesses, tous les plaisirs et toutes les gloires, avaient laissé vides; un amour tout de félicité, tout de transports, tout de flamme; un amour qui rend meilleur : un amour que vous ne comprenez pas, que vous ne soupçonnez pas, mais qui ne laisse pas d'exister cependant, puisqu'il fait pleurer, puisqu'il fait jouir; un amour, enfin, qui se nomme l'amour de Jésus-Christ.

106.

L'univers pourquoi existe-t-il? — Cette écrasante question est pourtant la plus élémentaire; du jour où l'homme y aura répondu, la science commencera.

107.

Le Créateur n'a rien respecté. — Ni le cœur des mères, ni l'enfance des vieillards; l'impitoyable nature, foulant aux pieds les choses les plus grandes, les plus saintes, marche à son but sans dévier jamais.

108.

Tout édifice moral est le contraire des constructions matérielles : la première pierre en est toujours la moins solide.

109.

Je m'arrête quelquefois à des idées curieuses. Je pensais, l'autre jour, en me chauffant au soleil, assis devant ma porte, sur une gerbe de ramée, qu'il pourrait bien être que la terre fut plongée dans un milieu intellectuel, comme elle l'est dans un milieu gazeux, et que le cerveau fût entretenu par cette atmosphère incorporelle, comme le sont les poumons par l'atmosphère aérienne. D'après cela, l'esprit serait un grand tout, un principe universel répandu autour de nous, comme l'eau autour des hôtes de l'océan, et dont chacun userait, depuis le polype jusqu'à l'homme, selon la capacité de son organe cérébral, de même que chacun use des gaz atmosphériques selon la qualité de son appareil respiratoire. En un mot, la cervelle serait un sens de plus, nous mettant en rapport avec l'âme extérieure, comme l'œil nous met en rapport avec le jour extérieur, et pas plus la pensée que le rayon ne serait nous-même.

Cette idée a traversé sans doute bien des têtes avant d'arriver à la mienne, et c'est ce qui me console.

110.

Il faut respecter les choses respectées, parce que si l'on ne respectait que les choses respectables, il y aurait trop de gens au monde qui ne respecteraient rien.

111.

Que le Christ soit Dieu ou qu'il soit un homme, l'un n'est guère moins inconciliable que l'autre, et, quelque parti qu'il embrasse, le libre penseur se demandera toujours : *Comment Dieu peut-il descendre si bas? Comment l'homme peut-il s'élever si haut?*

112.

Quand ma pensée s'arrête sur l'humanité, comme le regard sur la mer, et que je cherche à la comprendre, je suis aussitôt frappé de cette idée vulgaire, que tous nous possédons par portions égales les plaisirs et les peines. Je ne vois rien plus clairement, et si nous pouvions connaître la vérité des choses, nous serions étonnés, j'en suis convaincu, de la justesse sévère, de l'équité mathématique avec laquelle sont répartis aux hommes les biens et les maux de ce monde.

Ici, plus de joies, mais moins vives; là, moins de bonheur, mais mieux senti. C'est l'appétit qui compense la médiocre chère; c'est une vanité complaisante qui rend le sot plus heureux de sa mine que l'Antinoüs de sa beauté, et plus fier de son esprit qu'Homère de son génie; ce sont les illusions de l'amour-propre, c'est une présomption généreuse réparant des disgrâces réelles ; c'est un peuple de chimères venant combler le vide que l'absence des choses a laissé ; c'est la satiété, cette lourde digestion du plaisir, mettant pour les fortunés autant de peines après les biens que pour les dénués la privation en met devant ; c'est un quart d'heure de félicité dédommageant d'une carrière toute de douleurs ; c'est le rustre non moins jouissant sur le fétide giron de la ribaude qu'il caresse au fond d'un fossé, que le seigneur dans les bras de la plus belle courtisane de la ville, jeune fille qui dort dans la plume et qui lave chaque jour dans un bain parfumé les morsures et les baisers de la nuit passée ; ce sont les mille moyens donnés à la nature pour nous dispenser ses rigueurs et ses grâces ; c'est une longue vie de prospérité et de gloire, se résumant à peine en un jour de bien-être ; c'est la soif de ceux qui boivent à une étroite fontaine, aussi bien apaisée que la soif de celui qui boit à un grand fleuve ; c'est le fleuve plus vaste et la source plus pure ; c'est la compensation, c'est l'équilibre et c'est l'harmonie, en un mot.

Or, il se trouve que les conséquences de cette vérité sont formidables.

CHAPITRE XXI.

113.

Mon Dieu si je dois revivre, après la mort, faites-moi renaître quelque part où l'on ne voie pas souffrir ceux qu'on aime, car, en vérité, c'est trop horrible !

114.

Si un homme méchant employait sa vie à détruire les remèdes que la nature fournit contre les maladies du corps, il serait écartelé par la multitude, et ce serait justice ; mais voilà que des hommes pareils détruisent la foi et la piété, qui sont les deux seuls remèdes contre les maux de l'âme, et on les laisse faire.

115.

Un désir sans cesse combattu, tel est le mobile, tel est le ressort que Dieu a donné au monde matériel et au monde moral pour les conduire.

Si la terre et si l'humanité atteignaient, l'une le bonheur qu'elle souhaite, l'autre le soleil qu'elle désire, toutes les deux seraient détruites à l'instant.

116.

Il faut moins de génie pour être homme de talent que pour être homme de bien. Car il y a dans la pratique de la vertu tant de distinctions à établir, tant d'intérêts rivaux à entendre, tant de ruses de la concupiscence à déjouer; il est besoin d'apporter, dans ce débat de chaque minute, tant de choix, tant de délicatesse, tant de clairvoyance, tant de finesse, tant d'esprit, que jamais une personne médiocre ne sera, je ne dis pas juste, mais seulement honnête.

117.

On passe tout aux conquérants dévastateurs quand ils sont habiles; après cela je ne vois de conséquent que ce législateur ancien, dont les lois faisaient grâce aux voleurs, lorsqu'ils dérobaient avec adresse.

Si Néron avait ravagé une moitié de ce monde, fait périr deux ou trois millions d'hommes, détruit cent villes, Néron vaudrait Alexandre.

Il est des hommes qui ont fait plus de mal à l'humanité que les déluges, les tremblements de terre, les pestes et les famines, et ce sont ceux-là que l'histoire honore et que la postérité glorifie.

Au surplus, Alexandre était un ivrogne et César un giton, et je vois avec peine qu'on ne leur en tient pas compte.

118.

Puisque dans ce monde l'intelligence humaine est seule de son espèce, on ne peut la comparer, et puisqu'on ne peut la comparer, on ne saurait ni la juger ni la comprendre.

119.

Plus ce que l'on croit est extraordinaire, absurde, plus la foi récompense.

120.

Certes, si quelque chose m'enorgueillit et m'élève, si quelque chose me rassure, c'est de penser que celui qui a fait cet univers m'a créé ; c'est de penser que, d'un pôle de la création à l'autre, je suis frère de toute cette magnificence, de tout cet infini ; c'est de penser que les mondes du firmament et moi nous sommes issus de la même main, et qu'il y a dans la voie lactée mille millions de soleils qui sortent d'où je sors.

121.

Celui qui tiendra tout ce que l'homme se promet aura beaucoup à faire.

122.

Les métempsycosistes ont pour eux l'harmonie universelle qui est la loi suprême.

123.

Avant de s'écrier : *Je pense, donc je suis !* je voudrais que le philosophe m'expliquât ce que c'est qu'exister, et ce que c'est que penser. Jusque-là, sa doctrine ne me paraîtra jamais qu'un fantôme colossal, debout, chaque pied sur un abîme.

124.

Qui a été heureux, sur la terre, depuis le commencement jusqu'à nous? Personne, à coup sûr. Ainsi donc, celui qui espère encore le bonheur ici-bas, après une expérience de six mille ans, et soixante siècles d'infructueux efforts, n'est pas moins insensé que s'il espérait ne jamais mourir.

125.

Lorsque le penseur s'enquiert, par la méditation, de la première loi, du premier devoir de l'homme en ce monde, il voit tout d'abord que c'est l'obligation de se reproduire. La nature le lui crie, et le créateur cette fois parle sans mystères. Certes, s'il s'était aussi clairement expliqué sur tout le reste, les douteurs, les indifférents seraient moins nombreux.

126.

Si l'espèce est plus précieuse que l'individu, la virginité volontaire est un plus grand attentat que le suicide.

127.

Mettre au rang des vertus l'abstinence de la re-

CHAPITRE XXI.

production charnelle, de la transmission de la vie; croire, qu'aux yeux du Créateur, la génération soit une impureté, la maternité une souillure, voilà sûrement le plus grand écart que l'esprit de l'homme puisse se permettre; la plus absurde folie n'alla jamais aussi loin. C'est ici le *nec plus ultrà* de l'erreur; un pas de plus, la race entière serait détruite.

128.

Rassemblez par l'imagination tous les hommes qui ont passé sur ce globe depuis l'origine de l'humanité; efforcez-vous d'embrasser dans l'horizon de la pensée cette foule innombrable. Quelle multitude!... Eh bien! voilà l'œuvre de cette chair que le prêtre a réprouvée.

Voulez-vous connaître l'œuvre de la virginité? — Cherchez dans le néant.

129.

L'amour purement spirituel est plus monstrueux, plus contre nature, plus anti-providentiel que l'amour purement physique.

Comment l'amour serait-il exclusivement spirituel, quand le but que lui a marqué le Créateur est tout matériel?

130.

L'amour platonique est une dépravation inventée par ceux qui, à cause de la nature ou des hommes, ne sauraient faire mieux.

131.

A la longue, un seul célibat dépeuple le monde plus que ne feraient cent batailles meurtrières. Si Ève eût fait vœu de chasteté, en expiation de son crime, toute l'humanité périssait.

132.

Homme, songe que tu peux tirer du néant un être semblable à toi !

133.

Vous ne pouvez goûter les plaisirs de l'amour, hors du mariage, qu'à la condition, ou de déshonorer une femme, ou de vous adresser à celles qui sont déjà déshonorées.

134.

Plaindre un malheureux, c'est l'aimer à cause de ce qu'il souffre.

135.

J'ignore ce qui doit nous arriver après la mort, mais ce n'est rien de ce que l'homme a pensé, je l'affirme.

— Eh ! bon Jérôme, en pareille matière, ton sentiment n'est pas considérable.

CHAPITRE XXI.

— S'il l'était, je ne le donnerais pas.

136.

Veux-tu être juste? défends qui l'on accuse, et accuse qui l'on défend.

137.

Rien ne commence. Rien ne finit. Tout horizon n'est qu'un fantôme. Etre, c'est *toujours*.

138.

Quand on songe à tous les fléaux, à tous les cataclysmes, convulsions du sol, pestilences de l'air, conflagrations des forêts, passages des comètes, famines et détresses de toutes sortes, qui ont affligé autrefois la race humaine, on est conduit à voir dans l'humanité une grande famille qui a perdu, à force de souffrir, la mémoire de son origine, et dont toutes les facultés se sont dépravées dans l'abjection du malheur.

D'après cela, la misère de l'homme n'est pas une déchéance, mais une convalescence; il n'expie pas, il guérit.

139.

Ce dont l'homme se doute le moins, c'est de sa misère; s'il la connaissait véritablement, telle qu'elle est en effet, je ne pense pas qu'il y pût tenir un quart d'heure.

140.

A la vue des souffrances de l'homme sur cette terre, mon âme est triste jusqu'à la mort. Mais si, cherchant un remède à ces inexorables souffrances, je viens à me convaincre qu'il n'en existe aucun, mon inguérissable tristesse se résout en désespoir. Je ne rencontre qu'opprobres, que misères de toutes sortes; ce sont des plaintes lassées, des larmes découragées, des abattements que rien ne relève, que rien ne ranime. Ah! autour de moi, partout, que de sueurs, que de larmes, que de sang! Suivez-le, par la pensée, depuis sa source fatale, ce long fleuve aux vagues plaintives, qui s'avance à travers les siècles, toujours grossissant ses ondes, toujours perdant quelque chose du charme de ses rives; c'est l'humanité, c'est la partie souffrante de ce monde.

Oh! elle fait mal, l'idée de ce que vous endurez, pauvres âmes, mes sœurs! Je voudrais souffrir seul! Qu'il serait élu de Dieu, l'homme qui pourrait amonceler sur sa tête favorisée toutes les afflictions, tous les maux de ses frères, comme la plus haute montagne amasse sur son front tous les orages, et, par sa passion fortunée, les racheter de tout malheur! Du haut de son Golgotha, de son trône, il lui serait doux, malgré son supplice, de voir passer, sur la terre consolée, la rapide suite des générations heureuses. Ah! je voudrais être celui-là, je le voudrais!

Aussi, est-ce avec horreur que mon esprit s'arrête aux scènes épouvantables de l'arène et du cirque; alors que toute une ville, tout un peuple, assistait avec délices à l'agonie poignante, au martyre impie d'une créature humaine; alors que le fils de la femme jouissait et trouvait son compte à regarder les convulsions et les tortures des mourants; alors que le spectacle de la douleur et de la mort de l'homme était pour l'homme une fête!

Qu'un sauvage se repaisse du cadavre de son ennemi vaincu, cela n'est rien auprès.

Il y avait (hélas! la chose est sûre), il y avait des jeunes filles qui battaient des mains aux lions, lorsqu'ils faisaient beaucoup souffrir leur vivante pâture, et qui, le cou tendu pour mieux voir, contemplaient ces visages effroyables de terreur, et suivaient d'un œil avide les pas appesantis des éléphants furieux, broyant sous leurs pieds lourds des corps pleins de douleur et de vie. Il y avait des vieillards qui regardaient avec ravissement fumer les troncs ouverts et saigner les larges morsures. Les larmes ne paraissent pas, quel dommage! Peuple romain, est-ce qu'on ne t'inventera pas ce nouveau plaisir de rendre les larmes éclatantes comme le sang, afin que tu les voies lorsqu'elles coulent? Du moins, tu entends les cris, et ton geste commande le silence pour les mieux entendre. Ces cris perçants, ces cris étouffés, renforcés par la souffrance ou interrompus par la mort; ces cris de haine, de malédiction et d'effroi; ces derniers soupirs jetés tout haut, plus éclatants que la trompette. Quelle variété délicieuse! Ces cris, tu les reconnais tous, par habitude; celui-ci vient d'un guerrier, cet autre d'une femme, et celui-là d'une mère... Oh! les cris des mères! ce sont les meilleurs, n'est-ce pas? Que les tigres se taisent au moins, car leurs hurlements à eux ne font pas plaisir.

Va, peuple souverain, n'accuse plus ton empereur: vous êtes tous des Néron! et celui qui raconte les crimes de ce monstre assistait, sans nul doute, avec la foule, aux jeux du colysée. Ils appelaient cela des jeux! — Qu'il est désolant de penser que la plus grande récréation des plus grands hommes de ce monde a été la vue des tortures et du sang humain. — Du pain et des jeux! du pain et du sang! voilà leur seul désir, voilà leur cri de joie.

La voyez-vous cette nation qui fut toute la terre? la voyez-vous s'asseyant, joyeuse, dans ces amphithéâtres si vastes que le ciel leur servait de voûte, et qu'ils servaient d'horizon au ciel? Ils sont là tous, sur les mille degrés, poètes et capitaines, rhéteurs et pontifes, le sénat et le César. Ils viennent assister à la publique agonie de plusieurs milliers d'hommes. Et ce sont des innocents, et ce sont des âmes, que le belluaire amène! — La fête commence! L'épouvante, les angoisses de ce plein cirque de victimes, voilà le premier plaisir. Tous, ils vont mourir. Les uns pleurent en se couvrant le visage de leurs mains, les autres blasphèment avec des grincements, on en voit qui frissonnent, on en voit expirer de frayeur. Et les cent lions, les cent tigres, l'hyène punique, la louve romaine, tout cela, troupeau terrible, rugit et hurle de faim derrière les barreaux de fer. Quelle tragédie! Que c'est beau! — Regardez! regardez ces femmes éperdues et folles d'épouvante, ces vieux Germains qui tremblent de vieillesse et de rage, ces enfants, dont les cris aigus déchirent les oreilles à défaut des cœurs. Il y avait là, ô descendants des Brens, il y avait là des Gaulois vaincus qui portaient leur main vide à la place de l'épée, et qui criaient vengeance! Il y avait là, héritiers des martyrs, il y avait là des fidèles vêtus de robes blanches qui bénissaient leurs cent mille bourreaux, et qu'attendait le ciel!

Mais les spectateurs sont plus impatients que les bêtes affamées : les antres s'ouvrent à ces gueules fumantes... Oh ! pour le coup, toute peinture est impossible. Ce n'est plus qu'une seule clameur, qu'un seul bruit, des applaudissements, des rires, des agonies rapides ; les uns meurent, ceux-ci s'amusent, et ceux-là dévorent. Quelles joies ! quelles douleurs ! que de plaisirs ! que de supplices ! Tout s'agite, tout se mêle, tout s'efface, dans un carnage effroyable, et quelque poète, savourant devant cette douleur infinie le sentiment barbare de sa sécurité, redit peut-être avec un raffinement abominable ces deux vers inhumains :

> Suave mari magno, turbantibus æquora ventis,
> E terra magnum alterius spectare laborem (1).

Bientôt l'attention s'émousse, les yeux se distrayent, le divertissement et les souffrances décroissent ensemble ; les causeries commencent. De leur gradin élevé, les jeunes chevaliers romains, qui entretiennent des lions et des tigres, s'applaudissent entre eux de l'agilité et de l'ardeur dont ces bêtes farouches leur donnent des preuves. Cependant, l'arène est remplie de lambeaux affreux et de débris qui remuent. La belle patricienne sourit à ses amants, et rêve d'amour et de volupté. Une

---

(1) Il est doux de contempler du rivage les flots soulevés par la tempête, et le péril d'un malheureux qu'ils vont engloutir.
(*Traduction de Lagrange.*)

lionne, lasse d'égorger, mange à l'écart ; une once lape avidement dans une flaque rouge ; alongé sur le sable bouleversé, un léopard se repose ; les spectateurs, repus, eux aussi, les spectateurs s'ennuient et bâillent...

J'ai interrogé les histoires et les poèmes, afin de savoir si personne ne s'abstenait de ces fêtes exécrables. J'ai cherché s'ils ne me citeraient pas le nom d'une femme, d'une jeune fille au moins, qui s'en fût éloignée par horreur, par dégoût, ou seulement par défaillance de cœur, et je n'ai pas trouvé une seule exception. On rapporte bien qu'un ou deux lions et quelques éléphants refusèrent d'égorger certains condamnés, soit que ces bêtes les reconnussent, soit qu'elles se souvinssent d'en avoir reçu quelque bon office, ou simplement par pitié ; mais des hommes, on n'en parle pas.

Eh bien donc! venez, tigres et panthères, vous êtes mes frères et mes sœurs !

Comme la pensée de ces infamies rabaisse l'espèce humaine! Quelle perversité! Voilà de quelles barbaries nous sommes capables dans tout l'éclat de notre civilisation ; voilà les délassements de la gloire ; voilà l'homme! Ils avaient sucé le lait de la mamelle, ils avaient une poitrine, je n'ose dire un cœur, ils vivaient notre même vie ; c'étaient nos semblables, nous n'en saurions douter, ces atroces témoins du carnage des colysées. Eh, mon Dieu ! si demain on ouvrait une arène à Paris, à Berlin ou à Londres, avant trois mois, toute la ville y courrait. Quel malheur pour l'homme d'être si dépravé!

Nul ne mérite d'être loué de sa bonté, s'il n'a pas la force d'être méchant, a-t-on dit avec justesse. Je parle donc sans orgueil, car je n'ai pas la force d'être méchant ; mais, je puis le dire : Jamais je n'ai connu le malheur d'un homme, quel qu'il fût, sans y compatir, sans en pleurer; je suis ainsi fait, le Seigneur en soit béni ! Lorsque j'ai rencontré de ces figures tristes et malheureuses, de ces pauvres jeunes filles pâles et enlaidies par la honte de leur misère, de ces vieillards pleurant tout haut, de ces hommes possédés du désespoir et jetant de ces cris de rage qui témoignent qu'on n'en peut plus de souffrir.... oh! alors, j'ai souhaité n'être plus de ce monde, car je ne puis les soulager. Il y a surtout de certains regards suppliants et affligés, de certaines voix honteuses et attendries qui me désolent. Oh! pour ces voix émues, qui tremblent en demandant secours, voilà mon sang, voilà ma vie ! — Une pauvre veuve, entourée de ses petits enfants qui la caressent de leurs bras amaigris et de leurs lèvres affamées, pour avoir du pain, et auxquels la malheureuse ne peut répondre que par ses larmes, cela est bien vulgaire à dire, n'est-ce pas? si vulgaire que l'on n'ose plus le répéter, de peur de revenir sur un trivial lieu commun, et, cependant, pour empêcher une seule de ces mères d'assister ainsi à l'horrible spectacle de ses enfants mourant de faim, il faudrait tout donner et tout faire.

O mes semblables! si j'ai fui au désert, c'est en partie afin de ne pas vous voir souffrir : je me suis éloigné de vous comme Agar s'éloigne de l'agonie de son fils qui succombe.

Beaucoup d'hommes ont cherché, beaucoup d'hommes cherchent encore s'il n'existe pas, à notre portée, un moyen d'être heureux durant notre vie en ce monde. Les uns ont dit (et c'est le grand nombre) : L'argent donne la félicité. D'autres ont choisi la gloire. Les plus généreux se sont réfugiés dans le détachement, dans la pauvreté volontaire; et tous, ils ont été déçus. Le moyen d'être heureux? il consiste à procurer le bonheur aux hommes, et il y a long-temps que la plume du sage en a, mais en vain, enseigné le précieux secret à la terre. Celui qui pourrait rendre heureux, le serait; mais on ne le sera jamais qu'à ce prix.

Quel êtes-vous donc, ô Créateur, et combien vous différez de celui qui se dit insolemment votre image, puisque cette félicité vous ne l'avez pas choisie, vous n'en avez pas voulu !

Si je pouvais maudire, je dirais : Qu'il soit maudit septante fois sept fois, celui qui devient, pour ses frères, un sujet de souffrance et de deuil ! Celui qui, pour un plaisir rapide, une distraction d'un moment, fait couler, comme l'eau, les sueurs brûlantes et les larmes amères ! celui qui va chercher au fond d'un pauvre cœur le peu de joie qui s'y cache, pour le verser dans le sien où le bien-être abonde !

Ah ! on ne le sait pas assez combien sur cette terre les douleurs sont répandues ! Si elles s'y montraient au grand jour, les gouttes d'eau et les grains de sable, seraient moins nombreux. Il existe des phénix et des vampires ; mais des hommes exempts de peines, il n'en existe pas.

Viens ici, mon frère, approche, et maintenant que je t'ai embrassé, laisse-moi te regarder à travers mes larmes. Oh ! comme ton front est flétri, tes yeux éteints, et que ta bouche est triste ! Quelle pâleur hâve sur tes traits livides ! Tes bras sont lassés, tes pieds sont meurtris, et que serait-ce donc si je pouvais voir ton cœur comme je vois ton visage ? Combien tu as dû pâtir pour descendre à cet état d'épuisement, de dégradation, de laideur, toi, si fort, si fier et si beau ! Il a fallu six mille années de tortures pour te changer ainsi. Que tu étais différent de ce que je te vois, avant de commencer tes chagrins et tes peines, à l'aurore du monde, cette aurore menteuse qui fut si belle et qui précédait tant d'orages. Les vices de ton âme, comme les défauts de ton visage, sont le fruit du malheur : si tu avais été heureux, tu serais beau, tu serais bon. Va, je te plains trop pour ne pas te pardonner : la souffrance qui te fit coupable, te fait innocent à mes yeux. Hélas! faut-il tout dire?... Souvent, bien souvent, j'ai souhaité que vous fussiez pervers, ô vous qui souffrez; souvent je me suis réjoui de votre corruption, car, pensais-je, la torpeur du vice sera comme un opium versé sur les afflictions de votre cœur. Oui, je me suis réjoui de votre abrutissement, il fait ce que je ne puis faire : il vous ôte le sentiment de vos peines. S'ils étaient candides et purs, me disais-je, les noirs stigmates du malheur se verraient trop sur la neige de leur âme. Cachez-vous donc dans vos désordres, comme dans une nuit, couvrez-vous de votre perversité comme d'un manteau, et que votre dépravation soit votre bouclier !.. Mais non, cela est horrible, cela est impie! et je tends à votre main qui se noie un fer rouge qui ne vous sauvera point. Non, non, soyez toujours fidèles ; ma charité pour vous est aveugle de même qu'impuissante : n'écoutez pas ses blasphèmes. Souffrez, souffrez! le mal est la cause de votre malheur, il n'en sera pas le remède.

141.

Autant les créations de la pensée de Dieu dépassent les œuvres de l'imagination humaine, autant ce qu'il y a pour nous dans l'autre vie dépasse ce que l'espérance des croyants y a placé.

142.

Ceux qui ne croyent pas tout ce qu'on dit sont sujets à croire bien des choses qu'on ne dit pas.

143.

Les religions ont faussé la morale, mais il n'y a pas à s'en plaindre.

144.

Les vérités morales ressemblent en quelque sorte à ces puits perfides, recouverts de menues branches et de gazon, que les sauvages creusent sur le chemin des bêtes féroces : il faut les traverser légèrement pour ne pas y tomber.

145.

En France, aujourd'hui, ce sont les paysans seuls qui composent l'armée et le clergé, et, en aucun temps, ces deux corps n'y ont été si réguliers, si honnêtes.

Plus l'individu est médiocre, plus il s'identifie et plus le corps est excellent; plus le brin est faible, plus il se lie et plus le cable est fort.

146.

Si vous savez être modéré en tout, vous savez tout.

147.

Il n'est guère moins impossible à l'homme de vivre dans le présent que dans le vide.

148.

Graviter éternellement autour de la mort, comme le satellite autour de sa planète sombre, voilà l'épouvantable destin dont la métempsycose nous menace, mais, Dieu merci, nous ne savons rien, car, en présence de cette théorie désolante, le doute n'est plus un ennemi, il est un refuge.

149.

Hommes, lorsqu'on s'isole de vous par le savoir, le malheur, la solitude, ou la gloire, le sentiment que vous inspirez, j'aime à vous le dire, c'est le dégoût.

150.

Le bonheur, si vous êtes banni, c'est la patrie; si vous êtes malade, c'est la santé. Le bonheur, pour l'aveugle, c'est la vue, mais pour le clairvoyant ce ne l'est pas; pour l'amant repoussé c'est le lit de l'amante, pour l'amant heureux ce ne l'est plus ; pour le pauvre c'est le trésor du riche, pour le riche c'est le repos du pauvre ; pour le voyageur c'est le port, pour le riverain, le voyage ; pour aujourd'hui c'est demain, et pour demain c'est encore demain ; pour l'inglorieux c'est la gloire, et pour le renommé, l'oubli ; le campagnard dit, c'est la ville, et le citadin, les champs. Le bonheur, c'est toujours l'espérance, elle le porte éternellement dans son sein, mais elle n'accouche jamais. Le bonheur c'est le but de tout l'homme, et c'est son contraire. Le bonheur, c'est ce qui n'est pas, ou c'est ce qui n'est plus, c'est où l'on n'est pas et c'est où l'on n'est plus. Le bonheur, c'est ce qui n'habite jamais le présent : lorsqu'on le poursuit, il s'éloigne, lorsqu'on s'éloigne, il se rapproche ; l'absence le fait naître, la privation le fait grandir, à son avénement il meurt ; l'œil l'aperçoit par de là les étoiles, et la main qui le touche ne peut le saisir ; il a l'éternité pour durée, et ne saurait remplir l'intervalle qui sépare une seconde d'une seconde ; lorsqu'il arrive, l'ennui est moins lent, lorsqu'il fuit, le temps est moins rapide ; il réside par portions inégales dans le passé et dans l'avenir ; celui-ci contient la tête et le cœur du monstre, celui-là la croupe seulement. Le bonheur, pour le vivant, c'est la mort, pour le mort, c'est la vie ; en promesse c'est tout, en effet, ce n'est rien.

151.

Si ce que vous croyez est la vérité, ma Julla, l'autre vie est encore plus affreuse que celle-ci.

152.

Je n'envie ni la fortune d'Alexandre, ni les richesses de Sardanapale, ni la beauté d'Alcibiade, ni la santé de Xénophile, ni la force d'Hercule, ni l'entendement de Képler, ni l'imagination d'Homère; mais il existe de l'autre côté de la forêt, devant la porte d'une cabane de roseaux, sur une souche de chêne, une vieille femme infirme qui file depuis quarante ans des quenouillées de laine ou de chanvre, eh bien! j'envie la foi magnifique de cette pauvre filandière, qui croit, qui sait, ce que contiennent l'espace et l'éternité. Mais il me serait plus facile d'acquérir la gloire d'Alexandre, les trésors de Sardanapale, la beauté du fils de Clinias, la santé constante de Xénophile, la vigueur d'Alcide, le génie de l'astronome et celui du poète, que la foi béatifiante de cette fileuse imbécile : tant que je suis dévoyé de la route du bonheur!

153.

Le confiant Uranée me disait l'autre nuit : Est-ce que celui qui a créé cet univers, où tout est merveilles et prodiges, où l'ensemble est infini en étendue et les détails en perfection, n'a pas assez fait pour mériter au moins ta confiance? Nous nous abandonnons à un inconnu parce qu'il nous rend quelque bon office, et celui qui nous a donné tout ce que nous sommes, nous nous en défions ; si bien, qu'aux yeux de la plupart des hommes, Dieu est un ennemi.

Je répondis au vieillard en ces termes : les comparaisons qui sont l'ornement de la poésie ne sont pas les armes de la logique ; elles parent, mais elles ne prouvent pas. Car, il ne s'ensuit point, de ce que deux faits ont quelques rapports, que leurs conséquences en aient aussi. C'est déjà beaucoup, si, dans ce monde divers, deux objets, deux idées, se ressemblent par une face ; mais de prétendre qu'ils soient identiques en toutes les déductions qui en découlent, l'abus est énorme. Et cependant, des similitudes, des images, des rapprochements, des allusions même, voilà les raisons, les arguments et les preuves de ceux qui affirment ici-bas. Platon s'en plaignait de son temps, ce qui, du reste, ne l'empêchait pas de comparer sans cesse.

154.

Prouver sans comparer est peut-être impossible ; mais, en revanche, prouver en comparant, rien n'est plus aisé.

Le besoin qu'a l'homme de comparer pour apprécier et pour comprendre, est la meilleure preuve de son ignorance.

155.

Si tous les hommes qui sont sur cette planète s'entendaient, ils seraient véritablement les maîtres de la terre. Une idée obéie par un milliard de têtes et de bras unanimes, quelle puissance ! Océan, qu'en dis-tu ?

En viendrons-nous jamais là ? Mais, il y a des moments, où je l'espère.

156.

Depuis que ma mère est morte, je me suis souvent dit : Ou elle connaît ma misère et ne peut la secourir, et alors pour elle quel supplice ! ou, la connaissant, elle y est indifférente, et alors en elle quel changement affreux.

Entre ces deux alternatives, tout croyant doit choisir.

157.

Celui qui le premier osa dire, en voyant le soleil se coucher sur l'immensité des flots : *Ce petit disque est plus grand que la mer*, celui-là, à coup sûr, fut un homme extraordinaire. Mais, lecteur, n'oubliez jamais, à ce propos, deux choses : la première, que si vous aviez été contemporain de ce malheureux, vous auriez jugé son opinion tout-à-fait insensée, et que peut-être vous en auriez fait punir l'auteur par le bourreau ou par l'exil ; la seconde, que tel vous auriez été alors, par votre iniquité et votre ignorance, tel vous êtes encore ; car ce qui change, ce n'est pas la misère de l'homme.

158.

La statistique nous enseigne qu'il meurt, de nos jours, sur la terre, de quinze à vingt personnes par minute. Ainsi, nous ne sommes jamais seuls, et pas même durant cet étroit passage qui nous conduit de la vie à l'inconnu.

159.

L'homme a cinq ou six sens, et partant il sait cinq ou six choses, ou plutôt il sait une partie de cinq ou six choses; car nos sens sont bornés, et il s'en faut bien que l'œil voie tout ce qui est visible, et que la main touche tout ce qui est tangible.

160.

Être sot, ce n'est pas être niais, encore moins stupide ; être sot, c'est être content. Il n'y a que lui qui le soit, on ne saurait s'y tromper.

Le sot est content de lui, c'est pourquoi il est content de tout.

Le sot peut éprouver ce qui, pour une autre personne, serait un grand malheur ; il peut pleurer, et même tout haut, sans retenue, et même en public, sans pudeur ; mais derrière ses larmes, il sera, je vous assure, content.

CHAPITRE XXI.

Le sot oblige ses amis, est-ce bonté ! Il soulage les malheureux, est-ce qu'il soit charitable ? Point. C'est qu'il est content.

Des choses impossibles au sot, la première, c'est la dignité.

Le sot est parleur, ça ne lui coûte rien.

Si le sot est seul, ce qui est rare, il parle haut ; s'il se tait, il parle bas.

Le sot ne pense jamais avant de parler, tout au plus pourrait-on dire qu'il parle intérieurement avant de parler en dehors ; il parle dans sa tête.

Le sot a de la vivacité dans le geste, dans le port, dans la voix.

Le sot c'est le niais, plus l'esprit ; c'est l'homme d'esprit, moins le sens commun.

Loin d'être la majorité, c'est le nombre des élus que les sots.

Un sot a la chaussure d'un sot, le nez d'un sot et la rate d'un sot.

En parlant figurément, on peut dire : L'idiot, l'imbécile, le bénêt, sont impuissants plus ou moins, et le sot est eunuque.

Le sot jouit de la vie à sa manière, comme fait le castrat des femmes ; je veux dire, sans lassitude et sans passion.

Quand le savant, le poëte, entendent le sot parler science, poésie, ils éprouvent approchant ce qu'éprouverait un homme entier qui verrait un eunuque faire l'empressé auprès des dames.

La conversation d'une personne de sens et d'un sot, c'est le commerce d'une femme et d'un éviré : tout y est vain, tout y est incomplet, creux et vide.

Pour le sot, il n'y a que des surfaces.

Le sot n'apprécie rien et rien ne lui impose.

Le sot ne sait pas qu'il est sot, et il ne le saura jamais ; on l'en avertirait qu'il n'entendrait pas ; on ne pourrait point le lui prouver.

Le sot n'est jamais timide, encore moins misanthrope.

Confondre le sot avec le fat, serait une bien grande iniquité.

Les sots ennuient, mais on ne peut pas le leur rendre.

Après les sots, les plus heureux ce sont les vertueux.

Les sots n'ont besoin ni de fortune, ni de mérite, ils sont heureux naturellement et le portent sur leur visage ; mais n'est pas sot qui veut.

161.

Voilà tantôt deux siècles que les astronomes ont trouvé l'univers, et je m'étonne chaque jour que cette découverte n'ait fait de révolutions, ni dans les croyances, ni dans les idées. Ce que l'on croyait quand la terre était tout dans la création, on le croit encore aujourd'hui où l'on sait qu'elle n'y est qu'un imperceptible atome. Nous sommes fixés sur cette terre par de si fortes attaches, que pas plus notre esprit que notre corps ne saurait la quitter. — La plupart de ceux qui liront, dans ces pages, les mots *Création* et *Univers,* se représenteront seulement l'étroit espace que renferme le cercle de l'horizon sensible, et que domine tour à tour le dôme de l'air et le toit des nuages.

162.

Si le secret que garde la mort était pour nous un mal, nous le saurions dès cette vie; car le mal ne nous y est pas épargné.

163.

A juger seulement d'après nos idées actuelles, il semble qu'il nous serait plus avantageux d'avoir pour Providence, en ce monde, tel ou tel homme que Dieu même. Car un Epictète, un Vincent-de-Paule, doués de la toute-puissance divine, ne nous feraient jamais souffrir ici-bas ce que nous y souffrons; et s'ils pouvaient nous rendre bons et heureux, ils le feraient.

Comprenons, d'après cela, combien nous en impose le point de vue où nous sommes placés durant cette vie.

164.

Celui qui n'a jamais eu la foi ne se doute pas plus de ce qu'elle est, que l'aveugle ne se doute de ce qu'est la lumière.

Je comparerai la foi à une femme chaste, couvertes de voiles impénétrables : pour connaître ses charmes, il faut la posséder.

Avoir la foi, c'est bien moins croire qu'aimer, attendre que recevoir, espérer que jouir.

Avoir la foi, c'est ne douter de rien, dans toute la beauté du terme.

La foi n'est pas une ancre, c'est une mer.

Je donnerais mon cœur à couper en quatre, pourvu que dans un de ses lambeaux pût revivre la foi catholique. Je dis *catholique*, car des réformateurs impitoyables ont retranché du christianisme ce qu'il a de surnaturel, de consolant, de divin. Je voudrais pouvoir me confesser à un prêtre de Jésus-Christ ; cela est si rude de faire toujours le mal sans jamais être absous, d'expier toujours sans être pardonné jamais. Cela est si doux quand un saint qui nous appelle *mon enfant*, et à qui nous disons *mon père*, reçoit nos fautes, et lève sa main puissante sur notre tête accablée qu'il décharge du poids de ses souillures, qu'il délivre du joug de sa misère.

Je voudrais pouvoir manger de ce pain du ciel

qui rassasie toute chair, et dont mes entrailles se souviennent!

Je voudrais pouvoir prier!—Que de fois, durant des jours qui me semblent, à cause de leur beauté, ne pas appartenir à cette même vie que je fournis maintenant, que de fois je me suis agenouillé par terre, dans un angle obscur de quelque grande église, et là, seul avec celui que j'aimais à pleine poitrine, j'ai vu la lumière qui veille auprès de l'autel s'irradier, puis disparaître entièrement, parce que je pleurais. Qui m'eût dit, en ces moments heureux, que ma foi magnifique s'effacerait un jour devant mes doutes, comme la clarté de cette lampe s'effaçait alors devant mes larmes?...

165.

Pour un peu d'or, un peu de science, le trafiquant, le voyageur, s'empressent d'affronter tous les périls, toutes les fatigues; et pour assister au merveilleux spectacle de l'univers, pour goûter les biens de la vie, nous nous plaindrions de ce qu'il en coûte, et de la peine qu'il y a à vivre? — Quelle ingratitude et quelle inconséquence!

166.

Oui, sans l'astronomie, je serais croyant, je serais chrétion.

O Christ! quand la science m'enleva de ce

monde, pour me porter jusqu'aux étoiles, je vis disparaître, une à une, par ordre de proportions, toutes les choses de la terre, et toi, ô Sauveur, tu disparus le dernier.

167.

La routine, c'est le bon sens.

168.

Avant de condamner un coupable, assurez-vous bien que si vous aviez été à sa place, c'est-à-dire dans les mêmes conditions de caractère et de fortune, d'organisation et d'influences étrangères, vous n'auriez pas failli comme il l'a fait.

169.

Sous chaque grain de poussière se cache pour l'homme un insoluble problème, et sous chaque feuille d'herbe un impénétrable mystère.

170.

Ce nous est une bien grande, une bien touchante preuve de la sollicitude du Créateur, que nous ne puissions jamais nous apprécier nous-même. Quand j'y songe, il me semble, tant la chose est sensible, que je vois, que j'entends la Providence elle-même : son œuvre la manifeste. — Nul de nous ne se voit, ni tel qu'il est, ni où il est; l'illusion est immense et le bienfait aussi. L'octogénaire parle de ce qu'il fera dans vingt-cinq années ; la femme perdue parle d'honnêteté, de pudeur, en personne qui n'y est pas étrangère ; le traître parle de loyauté, et qui pis est, de perfidie ; un vieillard décrépit disait un jour à sa fille, jeune pensionnaire de dix-sept ans à peine, en lui présentant un sexagénaire décharné : *Mon enfant, voici l'époux que je vous destine, je l'ai choisi comme pour moi-même.*

171.

Nous serions étonné de l'étroitesse de l'imagination humaine, si nous pouvions vérifier combien est exiguë la surface qu'elle peut se représenter lucidement, combien est petit le volume qu'elle peut contenir sans confusion. Quand je dis : cinq lieues, quinze lieues, trente lieues, notre esprit se figure assez distinctement cette distance, pour pouvoir, en quelque sorte, la parcourir de l'œil de la pensée ; mais quand je dis : Un million de lieues, cent millions de lieues, quelle est l'intelligence qui saurait suivre un si long chemin, pas à pas, pour ainsi dire, et le mesurer, et le voir, dans toute son étendue ?

Et si, présentant à notre esprit, d'abord un petit espace, je vais de multiplications en multiplications à de plus vastes objets, pourrons-nous agrandir le champ de notre pensée à mesure que j'agrandirai celui de l'étendue ? Si je montre d'abord une commune, puis une province, puis un royaume, puis un continent, puis la mer, puis la terre, puis la planète Jupiter qui contient plus de mille terres, puis le soleil qui contient plus de mille Jupiter, puis une certaine nébuleuse qui contient plus de mille soleils... je vous le demande, aurons-nous de ce dernier volume la moindre idée? et ne puis-je pas dire qu'il tiendrait aussitôt dans notre main que dans notre pensée ?

Reconnaissez donc la faiblesse de cette intelligence superbe, qui, elle aussi, a son horizon, et un horizon bien rapproché, bien étroit.

172.

Autrefois, étant enfant (il n'y a pas loin de cela), je remarquai que les sentiers qu'ont tracés les hommes dans les campagnes sont tous tortueux, et maintenant j'observe chaque jour qu'il en est de même de ceux qu'ils ont tracés dans la morale, dans la philosophie, et dans tout.

173.

Malgré sa toute-puissance, Dieu ne peut cependant faire ceci ou cela, parce que ce serait absurde ou inique... Quand je lis cette phrase, écrite de la main de l'homme, conçue par le cerveau de l'homme, cela me fait suer.

CHAPITRE XXI.

174.

Ne faites pas cet honneur à la société de lui attribuer ce déluge de misères et de douleurs qui couvrent le monde. L'homme est moins puissant que cela. Tout vient de Dieu.

175.

Poètes, imitez l'alouette qui ne chante qu'en montant vers le ciel.

176.

Au point où en sont les choses, l'homme n'est plus la créature de Dieu, il est la créature de l'homme.

177.

Comme l'anémone qui, pour fleurir, a besoin d'être agitée par le vent, il est de certains caractères qui ne se développent qu'à l'influence du malheur.

178.

Une campagne sans forêts, c'est une femme sans cheveux.

179.

L'harmonie la plus douce, c'est la voix du pauvre qui remercie.

180.

Quelque faiblesse s'allie toujours aux grandes âmes, comme la liane aux palmiers.

181.

La civilisation a rétréci les vies avec des lois et les fleuves avec des digues.

182.

Dans les révolutions politiques, le grand homme paraît tout à coup ; quand le ciel est chargé de nuages, les grands astres n'ont pas d'aurore.

183.

Bon sens ne peut mentir.

184.

La nature laisse dire, mais elle ne laisse pas faire.

185.

Il n'y a de vice que la haine, il n'y a de vertu que l'amour.

186.

La lumière du progrès, comme celle du soleil, en effaçant la nuit efface aussi les étoiles.

187.

L'artiste est pâle, parce qu'il a tout le sang au cœur.

188.

Ce qu'il y a de plus inconcevable pour nous dans

l'univers, c'est son immensité. De sa constitution, de ses lois, nous savons quelque chose : de son volume, rien.

189.

L'homme est l'image de Dieu, tant il est vrai qu'il faut se défier des apparences?

190.

La vérité ne se cacherait pas si bien, si les hommes ne l'y aidaient un peu.

191.

Il y a, sur la terre, une idée qui a été servie, une cause qui a été défendue, pendant près de dix-huit siècles, par l'élite des intelligences et des cœurs....

192.

Il est aujourd'hui beaucoup de gens qui pensent rendre un signalé service à la religion chrétienne en la poétisant, l'artialisant ; ils croient être ses missionnaires parce qu'ils travaillent à la rendre aimable et futile, aux yeux du monde. Certes, ce sont là des hommes de bonne volonté, mais ils ne savent ce qu'ils font. Grâce à eux, bien des âmes abusées abandonnent les œuvres pour s'attacher à la bagatelle, et se croient chrétiennes parce qu'elles admirent un bas-relief ou une statue, si l'on peut honorer de ce grand nom les sauvages effigies gothiques. — Ah! téméraires insensés, vous hâtez les temps où le christianisme ne sera plus qu'une mythologie! Laissez-lui, à ce culte sévère, ses austérités, sa rudesse; en se faisant ainsi il n'agissait pas sans raison : il savait que les hommes, qui s'attachent un jour à ce qui est seulement curieux et beau, se prennent sans retour à tout ce qui est rigueurs, travaux ou périls, et que pour donner du prix aux objets de la terre il n'est que ces trois attraits qui vaillent.

Ces statues que vous admirez ne sont que des caricatures, et elles le sont à dessein : elles atteignent leur but qui est de dégrader cette chair pernicieuse, d'humilier ce corps réprouvé. Bien loin de les admirer, si vous en compreniez l'esprit, vous n'oseriez les regarder : elles sont votre condamnation.

Hélas! le plus souvent, ceux qui savent si bien le nom du maçon inconnu qui a bâti ces nefs prodigieuses ne savent pas celui de leur curé ; et ceux qui vont *les dimanches et les jours de fête*, comme René et Amélie, *entendre dans le grand bois, à travers les arbres, le son de la cloche lointaine qui appelle au temple l'homme des champs*, ceux-là, par le fait, ne vont pas à la messe.

CHAPITRE XXI.

193.

Le douteur est celui qui a trop d'imagination pour être croyant, et trop de cœur pour être incrédule.

194.

O mes frères ! de même qu'il existe quelque chose par delà le point où l'œil s'arrête de voir, l'oreille d'ouïr, et le bras d'atteindre, de même il existe quelque chose par delà le point où le cœur s'arrête de désirer, l'âme d'espérer, et l'entendement de concevoir.

XXII.

Le cœur de l'homme n'est jamais vide d'espérance. Jérôme ne pouvait croire à son malheur. Julla aimer Hellénor, cela lui paraissait impossible.

— Dans mon trouble, pensait-il, je n'ai pas entendu ses paroles, elle ne s'est pas positivement expliquée. Elle parlait par obéissance envers sa mère : son langage était dicté. D'ailleurs, ne m'a-t-elle pas dit d'espérer, qu'elle m'aimait. Si elle ne tient plus à moi, qui l'empêche, pour éloigner un fâcheux voisinage, de quitter le pays ? L'époque de son départ est déjà passée. C'est pour moi qu'elle reste, oui, c'est pour moi. — Vraiment, j'en serai bientôt à douter de la lumière, puisque le visage de cet ange ne me rassure pas. — Sa mère veut la marier à Hellénor, Julla résiste et résistera toujours. Elle refuse d'aller à Paris cet hiver, et son

CHAPITRE XXII.

ferme vouloir, à la fin, l'emportera sur des projets contraires. Il faudra la laisser seule à Valfleuri, je l'y verrai chaque jour, à toute heure, comme frère et sœur, pendant cinq mois entiers, passés lesquels elle ne sera point en peine, à force d'expédients nouveaux, de prolonger sa résidence : ses ressources étant inépuisables comme son amour, et se multipliant avec les obstacles. Puis, en définitive, l'époque de sa majorité viendra l'affranchir de tout le parentage, et dès-lors nous serons sans malencontre l'un à l'autre, nous ne nous quitterons plus qu'à la mort qui nous réunira éternellement je ne sais où, et voilà la vérité !

Réjoui, réconforté par ces bonnes pensées, l'amoureux arriva au château de la baronne, bien résolu à voir Julla pour lui demander pardon et oubli de la scène de la veille, et l'assurer, en même temps, que, revenu à de meilleures idées, il ne redoutait plus rien, et qu'elle ne devait pas lui tenir compte des extravagances qu'il avait eu le malheur de lui dire, comme, par exemple, qu'il renonçait à elle, qu'elle pouvait le quitter, ne plus le voir, en aimer un autre, se marier... toutes folies qu'il désavouait de toutes ses forces et qu'il se reprochait de tout son cœur.

La journée finissait, le soleil, descendu derrière un grand pan de nuages frangés d'argent l'illuminaît comme une ruine; le ciel s'épurait pour les étoiles prochaines; la flottante architecture des nuées croulait à l'horizon du soir... Tout, dans la nature et dans le cœur de Jérôme, présageait une belle nuit; ce qui, dans le roman, veut toujours dire qu'elle sera terrible.

Le douteur rôda quelque temps dans le parc, et, n'y rencontrant pas celle qu'il cherchait, il s'avança jusque dans les charmilles, et, comme la jeune fille ne s'y trouvait pas non plus, il se hasarda dans une arrière-cour, puis, s'armant de courage, et ne voyant personne, il entra vaillamment dans le château, prêt à demander Hellénor au premier visage qui se montrerait. Un moment, il se crut perdu à la vue du petit griffon de la chanoinesse, mais, au lieu du jappement aigu qu'il redoutait, Lindor qui le reconnut très-bien pour s'être souvent promené avec lui, à la suite de mademoiselle de Ruault, ne l'accueillit qu'avec force caresses que Jérôme trouvait trop empressées, et auxquelles il répondait avec des gestes d'une grande énergie, et des froncements de sourcils bien faits pour rebuter, en pareil cas, tout autre personne qu'un griffon.

Enfin, après un périlleux voyage, à travers vestibules, escaliers et pas-perdus, l'audacieux visiteur atteignit le port sans naufrage, et entra étour-

CHAPITRE XXII.

diment dans la chambre à coucher de Julla, où il était une fois venu, durant l'absence de la baronne, avec Hellénor.

La chambre, comme le parc, comme la cour et comme le château, était vide. Cette fois, l'aventureux amant n'y trouvait plus son compte. L'attente, dans un pareil lieu et à pareille heure, l'exposait à mille dangers. Le douteur ne tenait pas à l'idée que madame de Ruault, ou seulement quelqu'un de ses domestiques, pouvait le découvrir. Tout entier à ses alarmes, il s'assit avec ménagement sur une chaise, dans une attitude pleine de vigilance : l'œil inquiet, la mine étonnée, et tournant la tête au moindre bruit, mieux que girouette neuve au moindre vent. Il se repentait sincèrement de sa témérité, mais trop tard ; pour être bien loin, que n'eut-il pas fait ?

Ils sont bien rares les hommes assez fermes pour demeurer, sans battements de cœur, dans une de ces fausses positions morales trop fréquentes dans la vie. Quant à moi, durant ces affreux instants, je suis sur le gril, et il n'est pas de vilenies dont je ne devienne alors capable, pour me délivrer.

Si Jérôme avait pu fuir par quelque voie sûre, il l'eût fait de bon cœur. Mais, traverser le château une seconde fois, s'exposer encore aux mêmes écueils, il n'en avait plus le courage.

Cependant, celle qu'il attendait, ne venait pas.

— Je vais me placer derrière les rideaux fermés de cette croisée, pensait notre inconsidéré jeune homme, j'y attendrai la nuit close, les ténèbres protégeront ma fuite, et je pourrai....

Jérôme en était là de ses inquiétudes, quand tout à coup un bruit de voix mêlées frappa son oreille attentive. Il crut d'abord que l'on se dirigeait vers lui, et courut se blottir de son mieux ; mais il remarqua bientôt que le murmure venait de la chambre contiguë, et s'approchant d'une cloison qui l'en séparait, il reconnut la voix d'Hellénor et celle de Julla.

Un frisson le prit, et toutes ses frayeurs disparurent.

Il ne pensa plus à fuir. Sa destinée était là, devant lui, comme dans un livre ouvert : il pouvait enfin y lire. Et le moyen de croire que, contrairement à toutes nos espérances, la vérité nous sera funeste, et que le doute, auquel cependant tant d'espoir s'allie, vaut mieux qu'une certitude fatale. L'épreuve me sera peut-être favorable, pense-t-on, et sur ce *peut-être*, on jette les dez.

Jérôme demeura donc.

En ce moment suprême, ses doutes, ses soupçons, l'assaillaient en foule. Il écouta long-temps.

CHAPITRE XXII.

Les voix étaient confuses et il ne pouvait rien démêler dans leur sourd murmure. Et puis, son émotion l'empêchait d'entendre; une sueur glacée pleuvait de son visage goutte à goutte, comme des larmes; ses genoux s'entre-choquaient et ployaient d'eux-mêmes; un tremblement nerveux le secouait.

Tout à coup, il crut distinguer un soupir : il faillit tomber.

D'intervalle en intervalle, le bourdonnement vague était interrompu par de formidables silences. Oh! alors, le moindre bruit était interprété d'une façon terrible, le craquement d'un meuble devenait redoutable. L'esprit échauffé de Jérôme dénaturait toutes choses. Le bruit résultant des battements hâtés de son cœur qui jouait à pleine poitrine, et du râlement qui s'échappait de sa bouche entr'ouverte et desséchée, il croyait l'entendre dans la chambre voisine. Que n'eût-il pas donné pour percer cette cloison, pour voir à travers ses briques? Ses mains, ses ongles, la parcouraient, cherchant une ouverture, ne fut-ce que la place vide d'un clou arraché ; et son imagination emportée allait toujours : les idées les plus épouvantables la traversaient plus rapides et plus pressées que les éclairs d'une nuit d'orage.

— Ils se parlent..... ils sont seuls dans les ténèbres, bien près l'un de l'autre, puisqu'ils causent si bas..... Ils se touchent peut-être épaule contre épaule, tempe contre tempe. Ah ! mon Dieu !

Et, dans son délire, il les voyait tous les deux, conduits, de caresse en caresse, jusqu'au crime. L'émotion l'accablait tellement que, vaincu par elle, il était tombé sur ses genoux, puis sur ses mains, puis ses bras avaient ployé, et le tapis avait assourdi sa chute.

Il gisait là, pantelant, terrassé, l'oreille contre la cloison, attentif au bruit comme le torturé à la douleur, et réunissant tous ses efforts pour retenir un cri qu'il sentait prêt à lui échapper.

Et les voix parlaient toujours. Mais Jérôme n'entendait plus que des secousses rapides, des soupirs interrompus vivement pour reprendre plus vivement encore, des gémissements extraordinaires, alternés de molles plaintes et comme étouffés sous des baisers.

Son état était si violent, son sang bouillonnait si fort dans sa tête égarée, qu'il croyait ouïr l'insaisissable bruit des caresses, le craquement des étreintes, le frottement muet de la chair sur la chair, l'humide épanouissement des lèvres sur les lèvres. Il croyait entendre, il croyait voir. Et ce n'étaient plus seulement des chuchotements indistincts, des sons de voix légers, qui frappaient son

CHAPITRE XXII.

oreille, mais des rires éclatants, des paroles joyeuses, des cris.

Le malheureux était sous l'empire d'une hallucination inexorable.

Cela dura. Combien? On ne sait. Pour les grandes souffrances, comme pour l'enfer, le temps est immobile.

L'obscurité était profonde. Une femme de chambre vint disposer le lit de Julla, pour la nuit. Elle ne vit rien. Jérôme n'entendit rien.

Enfin, tout à coup, le douteur est frappé d'une idée. Il se relève ; il sort de la chambre ; il arrive devant la porte de l'appartement où se passe la terrible scène ; il colle son œil contre la serrure, et, à la vive clarté d'une lampe, il voit Julla assise sur les genoux d'Hellénor.

Ce spectacle ne l'étonna point.

Il regarda quelque temps. Ce qu'il voyait, ce qu'il sentait, le fixait à cette place, sans volonté, sans mouvements, transi de fureur et de rage.

Un baiser, qu'Hellénor donna à sa fille, réveilla Jérôme de sa stupeur. Il la savait bien coupable, mais, en pareille matière, *croire* et *voir* sont deux choses bien différentes. Un morne désespoir combla son âme, il se redressa et sortit d'un pas chancelant du château. On l'eût pris pour un homme ivre, et il l'était véritablement.

Arrivé en plein air, il s'écria avec un rire de damné :

— La vérité ! la vérité ! enfin, je l'ai trouvée !

Le malheureux erra toute la nuit dans les bois, courant comme un loup pris de rage. Les mouvements de son désespoir ne lui laissaient pas de repos : quand l'âme est tourmentée, il faut que le corps s'agite. Il ne voyait plus, il n'entendait plus Il se heurtait aveuglément contre les branches abaissées ; une lagune s'étant rencontrée, il la traversa avec de l'eau jusqu'au ventre. Pareil au lion blessé, il fuyait en emportant le trait pendu à sa blessure.

Pauvre créature humaine, comme pour ton malheur les maux imaginaires viennent en aide aux maux réels !

La course désordonnée du jeune homme le reconduisit auprès de ce même château qu'il venait de quitter. Julla se promenait sur la terrasse, il l'aperçut, et cette vue augmenta sa jalouse fureur.

— L'agitation de son crime, pensa-t-il, l'empêche de dormir, et la chair encore émue, les sens encore tièdes, elle essaye de se calmer à la fraîcheur de la nuit.

Puis, il se replongea dans la forêt et dans les ombres.

CHAPITRE XXII.

Et la pauvre Julla, la sainte jeune fille, continua de se promener, toute seule, toute triste, le long des orangers, ne se doutant pas du volcan qui venait de l'approcher; car cette conscience qui nous avertit de Dieu et de l'éternité, du bien et du mal, ne saurait nous révéler ce qui se passe à côté de nous.

XXIII.

Pendant les premiers jours qui suivirent la fatale soirée, les tortures du douteur furent implacables. Le corps succombe aisément, peu de douleur suffit à le vaincre. Mais ce qu'une âme peut contenir de souffrances sans se briser, on ne saurait le croire. Loin de mourir à la peine, on dirait qu'elle y puise des forces nouvelles, et que son aptitude à sentir grandit en proportion de son malheur. — Que l'on se figure ce cœur depuis si longtemps aux prises avec de chimériques alarmes, se trouvant tout à coup en présence d'une douleur véritable; il n'y avait plus là d'imagination ni de doute : tout était réel, tout était vivant.

Jérôme le douteur, à cause de la faiblesse de son caractère, souffrait plus que tout autre n'eût fait à sa place; car, chose étrange, plus le cœur est tendre plus la passion y devient impérieuse; chez les fortes natures elle serait en partie contenue, et peut-être dirigée. Lorsque l'ouragan passe sur la terre, à peine y brise-t-il quelques branches des forêts, quelques chaumes des prairies; mais qu'il s'abatte sur l'océan, sur cette onde si souple, si molle, si docile, oh! alors, ce sera la tempête, ce sera le chaos, et le roc sera broyé par cette même vague qui pliait tout à l'heure sous l'aile de l'hirondelle, et que maniait sans efforts le bras d'un enfant.

Toutefois, l'amant trompé (non par l'amante mais par les apparences), l'amant trompé ne céda point sans combattre : il voulut s'armer de résignation, de longanimité, de constance, tous grands mots qu'il avait lus bien souvent dans les écrits des sages. Il essaya d'oublier, de pardonner du moins ; il se dit ce sont des malheureux, et il appela la pitié; ce sont des infâmes, et il appela le mépris. Mais il eût plutôt soulevé une montagne que le poids de jalousie et de rage qui pesait sur sa poitrine. C'était plus fort que lui. Il serait aussi facile à la mer de rester calme quand souffle la tourmente, qu'au cœur de l'homme de rester impassible quand la passion le soulève. La chaudière est sur le brasier, il faut qu'elle bouillonne, et qu'elle déborde, et qu'elle éteigne de ses vagues ardentes la flamme qui la dévore.

— Elle si bonne, si noble, si sainte, en apparence, s'abandonner ainsi à la luxure de cet homme! Se donner à lui sans pudeur, sans amour, sans appétits, peut-être! Il faut que chez la femme la pente au mal soit bien entraînante, il faut qu'elle y coule comme l'eau vers l'abîme, pour démentir ainsi les garanties d'une physionomie heureuse et les promesses d'une voix douce. Comment une fleur si suave peut-elle s'épanouir sur la tige empoisonnée d'une plante meurtrière? Oh! j'ai été déçu! Toute beauté est perfide.

Qu'ils sont paisibles, cependant, les yeux de cette femme; comme ses lèvres paraissent chastes, et comme son sein est tranquille! qui eût osé croire que ces flancs tressaillaient? que ces mains..... oh! ces mains!...

Et moi, qui l'ai aimée! moi, qui l'ai portée sur mon cœur comme le prêtre porte son Dieu! moi, qui la croyais plus immaculée qu'un ange et plus pure que mon amour!... Pauvre sot!

Plus Jérôme y songeait, et plus il s'étonnait que cette poitrine où il eût voulu reposer sa tête tourmentée fût déjà occupée par le vice. Il frémissait comme le pâtre, qui plongeant sa main aveugle dans le tronc caverneux d'un chêne, pour

CHAPITRE XXIII.

y cueillir un rayon de miel sauvage, sent couler sous ses doigts les anneaux glacés du reptile, qui souille de sa bave impure le trésor doré des abeilles.

— Faut-il à présent, disait le douteur, faut-il me soumettre à l'insultante pitié de ces deux traîtres ? La pitié des heureux, c'est le mépris. Puis-je consentir à mon malheur, et joindre à leurs affronts ma lâcheté ? — Cet Hellénor qui me fait jouer par une pensionnaire, il se venge de mes secours, de mes aumônes ; comme il me bafoue avec son rire insolent ! comme il m'outrage avec son bonheur ! Ah ! plus de protestations inutiles, la revanche ! Julla, et moi aussi je serai coupable ! J'ai versé des larmes assez, du sang maintenant !

— Ferai-je bien, ferai-je mal ? je ne suis pas assez remis pour en répondre. Si je vais au crime, que Dieu m'arrête !

Dans cet état d'esprit, Jérôme reçut une lettre de mademoiselle de Ruault qui lui disait, en quelques lignes, de venir la voir parce qu'elle partait sous trois jours pour Paris.

La brièveté de cette lettre, le départ précipité qu'elle annonçait, eussent confirmé le douteur dans ces injustes idées, s'il en eût eu besoin. Son effet fut celui d'une tonne de poudre au sein d'un incendie.

— Encore trois journées ! criait-il en brandissant cet écrit funeste, encore trois journées, et tu échappes à ma fureur, comme tu as échappé à mon amour ! Ton Hellénor t'emporte dans son repaire infâme, dans sa Babylone condamnée ; et là, il t'acquiert par devant tabellion et prêtre, pour te posséder comme sa chair, comme son or, comme son crime ! Je le vois, dans tes bras, dans tes genoux, durant les transports d'une félicité partagée ! Ton Hellénor ? ah ! c'est le mien aussi, et il m'est donné, à moi, pauvre fou qu'on oublie, il m'est donné d'empêcher ces choses ! Je puis saisir toutes ces joies, tous ces charmes, ce lit, ces baisers, les faire disparaître comme un rêve, et mettre à leur place, d'un coup, la mort ! — Quand le malheur nous a fait descendre au niveau de la brute, il faut faire comme les loups !

XXIV.

Jérôme ne souffrait pas seul, Julla souffrait aussi. Ce n'était plus cette jeune fille toujours épanouie, toujours heureuse : on eût dit que son enfance s'était arrêtée du jour où sa mère lui parla de mariage pour la première fois. Cependant cette pauvre mère se taisait. Elle comprenait sans doute n'avoir que trop fait déjà pour le malheur de son enfant : la fécondité de son crime l'épouvantait. Mais l'impitoyable Hellénor pressait sa fille d'épouser le vicomte, et l'obsession de ses prières et de ses menaces ne laissait à Julla aucun moment de trêve. Le misérable se trouvait intéressé à cette union et voici comment : monsieur de Saint-Loubès, qui avait pour maîtresse une fort belle femme, s'était engagé à la lui céder dès qu'il aurait obtenu la main de Julla et sa fortune. Or, l'avocat était amoureux fou de cette créature, et il marchait à sa possession par l'infamie, selon son habitude. La candide Julla était donc, dans le cœur de son horrible père, le prix d'une concubine.

Quand Jérôme écoutait derrière la cloison, il aurait entendu ce dialogue, si l'épaisseur des briques ne l'en eût empêché :

— Peux-tu supposer, ma chère petite, disait l'avocat, que je veuille autre chose que ton bonheur, et que j'use de l'avantage que me donnent sur ta jeune tête et l'expérience et les années, uniquement pour t'abuser?

— Mais, monsieur, puisque vous ne lisez pas dans mon cœur, comment sauriez-vous ce qu'il demande pour être heureux ? répondait Julla.

— Un mari aimable, riche et considéré, ne peut jamais faire le malheur de celle qui l'épouse.

— S'il ne fallait que cela pour être heureuse, le bonheur serait facile.

— Le bonheur, le bonheur ! voilà bien de leurs idées à ces rêveurs transis ! Mais, Julla, le bonheur n'est qu'un beau mot, et la chose que ce mot signifie n'existe pas sur la terre; il faut partir de cette vérité. Aspirer à autre chose qu'à du bien-être, en ce monde, c'est folie, et croire que la richesse et la considération réunies ne le donnent pas, c'est extravagance pure. Entre nous, ma fille,

CHAPITRE XXIV.

cet écervelé de Jérôme t'a faussé un tant soit peu l'esprit, et je remarque dans tes idées un grand désordre que je veux réparer.

— Du désordre, monsieur? répondit Julla blessée, il y en a beaucoup dans ma naissance, et celui-là ne voulez-vous point le réparer aussi?

— Mademoiselle!.... appelez-moi votre père, dit l'avocat d'un ton sec.

— Je ne le puis. J'ai appelé pendant seize années de ce nom celui.... qui est mort.

— Vous, qui parlez tant et si bien de religion et de vertu, ne sortez pas du respect que vous me devez, et n'oubliez jamais que je suis votre père, devant Dieu.

— Vous êtes l'homme qui a déshonoré ma mère.

— Et vous êtes ma fille.

— Je ne suis que votre bâtarde, répondit Julla avec dédain. Vous, mon père?... Au fait, cela n'est pas impossible, car je suis l'enfant de l'opprobre et du crime. — Ah! monsieur, combien ma naissance est épouvantable! en parler, me couvre de honte.

Puis elle ajouta avec abattement :

— Hélas! vous avez souillé mon berceau ; n'ajoutez pas le malheur à l'ignominie : ne désolez pas mon existence. Tenez, écoutez-moi posément. Je ne demande qu'à demeurer ignorée. Il y a ici un pauvre jeune homme, malade de cœur et d'esprit, je veux dévouer ma vie à secourir la sienne. Je ne vous dirai pas que je l'aime, parce que je l'adore. Je vénère cette tête malheureuse que tant d'épines couronnent. Laissez-moi à lui. Aimer les infortunés, c'est toute la religion, tout l'amour. Oh! ne m'empêchez pas d'aimer!

— Ma chère enfant, dit Hellénor en jouant la douceur, tu es bien aveuglée par la passion.

— Si mon aveuglement fait ma félicité, laissez-le-moi.

— C'est ce que disent toutes les folles : laissez-moi ma folie, mais lorsqu'on les en a guéries crois-tu qu'elles la regrettent?

— Si leur folie consistait à aimer, à consoler ceux qui souffrent, elle est à jamais regrettable, dit l'amante offensée de ce rapprochement injurieux, et si celui qui les en a guéries leur fait aimer en retour des infâmes et des lâches, il n'est pas moins coupable que s'il leur présentait d'une main meurtrière un breuvage empoisonné.

— Mais, petite fille, cria Hellénor irrité, votre Jérôme n'est qu'un ours qui boude dans son bois contre la société qui s'en moque, et nous sommes bien bons de perdre ici tant de paroles en son honneur.

— Ah! vous êtes ingrat de le qualifier ainsi! N'est-ce pas sa plume qui vous a fait un nom devant les hommes? N'êtes-vous pas sa créature? et, pour vous placer où vous êtes, ses talents n'ont-ils pas autant servi que vos lâchetés, que ma honte?...

— Puisque la condescendance et la douceur n'obtiennent de vous qu'injures et mépris, je vais faire succéder mon autorité à mes prières.

Vous ne voulez rien accorder, vous allez obéir. Je suis votre père : par l'adultère ou par l'hymen, n'importe! Je veux tenir mes droits de la nature seule, et partant de Dieu.

Hellénor prononça ces paroles d'un ton de menace, puis se repentant d'une dureté bonne tout au plus à empirer ses affaires, il prit la pauvre enfant par la main et l'amena sur ses genoux où il la fit asseoir, et lui donna même un baiser sur la joue. C'est ce baiser qu'aperçut Jérôme à travers la serrure, ce baiser dont la jeune fille ne tressaillit pas moins que son amant; car il lui rappelait ceux qu'avait reçus de cette même bouche sa malheureuse mère.

— Encore une fois, ma jolie petite, veux-tu consentir à cette union? veux-tu me promettre de ne pas la repousser avant d'avoir réfléchi sagement, avant de mieux connaître M. de Saint-Loubès?

Puis, comme Julla ne répondait que par un éloquent silence :

— Mon Dieu! ne t'épouvante pas des fantômes que tu crées! Le mariage est un lien facile, ce n'est pas une entrave étroite. Sa chaîne que l'on accuse n'a qu'un anneau, et cet anneau est une légère parure. Ses devoirs sont mystérieux, s'y soustraire est aisé, surtout quand on a pour mari un galant homme. Quel monstre oserait imposer à une femme ce qui n'a de prix que lorsqu'elle l'accorde? La jeune fille qui se marie ne donne que sa main. On te demandera, mon enfant, non de l'obéissance, mais des faveurs. Celui que nous te proposons n'est ni farouche ni ridicule, ce n'est pas un époux sauvage, un autocrate domestique, c'est un homme plein de tolérance et de savoir-vivre, un vrai mari constitutionnel. — Une demoiselle, surveillée par l'opinion, assujettie à des convenances rigoureuses, assiégée par la malignité publique qui la tient en tutelle, est véritablement esclave; mais l'hymen a ses priviléges, et le mariage qui pour l'homme est un joug, pour la femme est la liberté. Ton cœur sera toujours le maître, l'asservir serait une tyrannie ignoble. Tu pourras continuer à soulager ceux qui souffrent, à aimer celui que tu aimes, à le voir, à le consoler, à demeurer auprès de lui, à...

CHAPITRE XXIV.

— Tenez, vous êtes infâme sans même vous en apercevoir ! cria Julla révoltée. Ah ! malheureuse ! qu'entends-je?... Et voilà donc le langage que vous teniez à ma mère, quand vous la conduisîtes au crime ?

— Allons, c'en est fait ! cria Hellénor, il faut être impitoyable à votre exemple.

Puis il ajouta avec une méchanceté cynique :

— Vous ne reverrez Jérôme de votre vie, entendez-vous? de votre vie ! Nous partons dans trois jours pour Paris. Avant un mois, vous appartiendrez à M. de Saint-Loubès, qui est mon ami. Il sera votre maître, comme je le suis moi-même. Et n'espérez pas l'éviter! Quand je veux une chose, j'y arrive toujours : j'ai voulu votre mère, qui est une sainte, et je l'ai possédée ! Maintenant je veux pour gendre l'homme que vous savez, c'est moins difficile, à coup sûr, et j'y parviendrai, malgré vous !

— Horreur ! horreur ! murmura la jeune fille attérée, ô ma mère ! ma mère ! si ma vie pouvait réparer ma naissance, comme je la sacrifierais avec bonheur!—Si c'est pour vous un triomphe, monsieur, regardez! je suis sous vos pieds, brisée de douleur ; vous m'avez fait un mal dont vous n'aurez jamais l'idée...

Mais Hellénor, furieux, n'écoutait pas, et, laissant parler la pauvre victime, il sortit de la chambre avec bruit.

Demeurée seule, Julla n'eut plus que des larmes et des sanglots.

—Depuis quelques jours, pensait-elle, comme ma vie est changée! Combien j'étais heureuse, et combien me voilà misérable. Mon bonheur a fini avec cette prière que je fis une nuit, dans ta petite chambre, ô mon bien-aimé, quand je m'agenouillai devant Dieu, devant toi. C'était notre nuit de noce. Jamais je n'avais prié avec tant d'amour; tout le ciel était dans mon âme. Mais c'est passé, c'est mort. — Oh! combien je suis abandonnée! Mon Dieu, ayez donc pitié de moi!—Jérôme, ah! je voudrais que tu fusses ici pour —t'embrasser!

Et la pauvre jeune fille alla tristement se promener sur la terrasse, le long des orangers.

Voilà ce qu'aurait entendu le douteur si la cloison n'y eût mis obstacle.

XXV.

La dernière entrevue des deux amants fut horrible. Jérôme toujours abusé, n'y découvrit point le secret de la naissance de Julla, et sa jalousie fut impitoyable.

—Vous partez demain? cria-t-il à la malheureuse enfant, dès qu'il l'aperçut dans la garenne du château.

— Hélas! oui, dit-elle, demain.

— Et rien au monde ne peut empêcher ce départ? demanda le douteur.

—Rien, mon ami, répondit d'une voix faible la jeune fille.

— L'automne passé, vous obtîntes de demeurer ici pendant trois semaines et plus, après le départ de votre mère, qui vous remit aux soins de sa gouvernante.

— Oui, mais à présent, vous le savez, je n'appartiens plus seulement à ma mère.

Jérôme ne put ouïr avec calme ces dernières paroles qui, pour lui, avaient une signification si cruelle.

— Tout est-il bien réel ici? cria-t-il avec violence. Ah! les misérables, non contents de m'amener sur le bord du crime, ils m'en fixent encore et le jour et l'heure! — Vous partez demain. C'est donc vrai?

Et, baissant la voix, il ajouta d'un ton sinistre :

— Dites, Julla, êtes-vous longtemps à vous endormir, le soir ?

— Depuis que nous sommes malheureux, je ne dors plus, répondit la jeune fille, sans plus faire attention à ce que la demande de Jérôme avait d'extraordinaire.

— Oui, les malheureux ne dorment pas ; on dirait qu'en leur refusant le sommeil de la vie, la nature leur indique celui de la tombe.

— Mon ami, s'écria Julla qui se réveillait de son abattement à ce mot de tombe, mon ami, promettez-moi de ne jamais recourir au suicide !

— Je vous promets, dit froidement Jérôme, que vous n'entendrez jamais dire que je me sois suicidé. Je vous le promets.

— Jurez-le-moi sur la précieuse mémoire de vo-

CHAPITRE XXV.

tre mère, demanda l'amante avec une insistance bien touchante en un moment pareil.

—Ah! s'écria le douteur, saisi d'un frémissement soudain, vous êtes terrible de me parler de ma mère, maintenant!

—Et pourquoi? mon Dieu!

—Parce que, si elle pouvait nous apparaître ici, vous l'entendriez me dire que c'est moi, moi, qu'il faut frapper!

Jérôme prononça ces paroles avec frénésie : ses traits étaient bouleversés, son regard désordonné errait vaguement, et toute sa face convulsive palpitait. La pauvre fille, effrayée d'une pareille agitation, reculait, quand il la saisit par la main, et, l'entraînant, sans mot dire, au plus épais du bois, il l'arrêta tout à coup, et la plaçant devant lui :

— Julla, cria-t-il, d'une voix tantôt solennelle et tantôt abattue, Julla, sois juge entre nous deux ; choisis la victime, et condamne! Toi, qui as un Dieu et une autre vie, que peux-tu craindre de la mort? Mais, moi, tu le sais, je suis orphelin de toutes ces choses, je n'ai que cette existence présente. Je m'arrêterai d'être comme je m'arrête d'espérer, au tombeau. Et puis, fussé-je certain d'un autre monde, ce que je laisserais dans celui-ci suffirait à m'y tourmenter comme un damné; si bien, que si j'étais assuré de l'immortalité de mon être, je le serais aussi de l'éternité de mes peines... Ainsi donc, si l'un de nous deux doit périr...

— Moi! moi! cria la femme avec élan, que je meure pour toi!

A ces mots, et sans se jeter dans les bras que lui tendait l'amante, Jérôme disparut, pâle comme un fou.

XXVI.

L'infortuné n'en pouvait plus. Doutant de la science et de l'amour, frappé à la tête et au cœur, il tomba. Son scepticisme était devenu un intolérable supplice. Durant les jours prospères, le doute n'est guère qu'une ironie, mais, quand vient l'adversité, il est le plus grand des fléaux. Jérôme n'en pouvait plus. Ce ne sont pas les malheurs éclatants, connus et plaints de tous, qui font le plus de mal, mais ceux qui rongent sourdement le cœur et que connaît seul celui qui les endure. Ce ne sont pas les coups retentissants sur le heaume et sur le bouclier, mais ceux qui pénètrent sans bruit dans les chairs, qui tuent.

Renoncer à Julla, la laisser à Hellénor, cela eût été magnifique d'abnégation, d'héroïsme. Celui qui aime peut-il s'y résoudre? La femme adorée prodiguant à un autre, pendant toute une vie, la jouissance de sa beauté et l'amour de son âme, cette pensée brûle les entrailles comme un poison de feu. En pareille cause, à défaut du reste, l'instinct se soulèverait, et si le cœur abandonnait l'amante, les flancs, eux, n'abandonneraient pas la femelle.

Jérôme était jaloux comme un dieu. Moins mademoiselle de Ruault était faite pour lui, plus il y tenait, car il se trouvait tout ensemble humilié et désolé de sa perte : sa fierté souffrait autant que son amour. Le malheureux n'eut donc pas la force de la perdre, aura-t-il le courage de l'immoler ?

Dans son désespoir il blasphémait :

— Qui donc, criait-il, se lèvera pour la Providence ? N'a-t-elle pas mis dans cette poitrine, dans ce front, tout ce qu'il y peut tenir de désordre et d'angoisses ? N'a-t-elle pas, dans sa rage aveugle, dépassé la mesure ? Au moins le tourmenteur, la main sur l'artère, interrogeant la vie, proportionne les douleurs à la force du torturé, mais avec moi, ô bonté divine ! la cruauté t'a conduit trop avant, et je vais mourir dans la géhenne où tu m'as ployé, où tu m'as rompu. Encore quelques heures, et ce sera fini, et il ne restera de tout mon être que ce qu'il reste d'un songe : un vague souvenir... Mais, Julla, je t'amène.

CHAPITRE XXVI.

Je n'espère rien de la mort que la vengeance. Pour me reposer des tortures de la vie, ce ne sera pas trop du néant éternel. O Dieu! toi qui ne te caches que parce que tu es méchant, dis, celui qui implore l'anéantissement eût-il demandé l'existence.

Cependant, que vais-je faire de cette femme?... Ma main hésite encore plus que mon cœur... Ah! le sceptique n'est bon à rien, et pas même à être bourreau!

La nuit avait allumé depuis longtemps sa dernière étoile, lorsque Jérôme arriva chez Uranée qu'il aborda avec cette question inattendue :

— Êtes-vous bien convaincu, au moins, de tout ce que vous m'avez dit touchant la mort? Y a-t-il sûrement une autre vie? Répondez-moi comme si nous étions l'un et l'autre à notre dernier jour.

Uranée que l'on assaillait ainsi à l'improviste au milieu de ses rêveries, mais qui était toujours prêt quand il fallait parler des grands articles de son symbole, Uranée répondit à cette abrupte demande avec toute la ferveur de son âme enthousiasmée.

— Si j'en suis convaincu, mon ami, mais, quand sonnera mon heure, j'entrerai dans la mort comme dans une fête. Ah! si un seul rayon de la vérité, de la clarté qui m'inonde, pouvait pénétrer dans ton âme assombrie, comme tu serais transfiguré du coup! Tu doutes d'une autre vie, mais celle-ci est-elle digne de toi? La brute doit s'y borner puisque ses désirs s'y complaisent, mais les tiens restent inassouvis. Or, les désirs de l'homme sont les promesses de Dieu, a dit un sage que j'aime. Il y sera fidèle. Notre mort est une résurrection glorieuse, les flancs glacés de la tombe sont plus féconds que ceux de la femme. Aurais-tu l'audace de le nier et de croire qu'il n'y ait d'infini que les pensées de ce front d'argile, que les désirs de ce cœur de boue? Ne sens-tu point que tu portes en toi, comme un fruit céleste, un grand mystère? Penses-tu qu'il soit possible à un être intelligent de cesser d'exister avant des'être compris lui-même? mais, si l'homme n'avait en partage que la vie actuelle, la plante serait plus favorisée que lui, car elle ne souffre pas. Est-ce la destruction de ton être que tu redoutes? est-ce cette poignée de poussière du cercueil qui t'effraye ; mais tu es plus près de l'immortalité que du néant : il est plus facile à ce qui a commencé d'être, d'être toujours qu'au néant d'atteindre à l'existence. Sois donc tranquille, et que l'incertitude où tu vis de tes destinées ne t'alarme pas; elles sont trop hautes pour que tu les puisses comprendre : ne t'épouvante pas de ta propre gloire. Attends le trépas avec assurance; n'appréhende rien ni du mystère qui l'enveloppe, ni de l'horreur

CHAPITRE XXVI.

qui l'accompagne : appelé dans ce monde par le plaisir, tu n'en sortiras que par la douleur, et sur un lit de mort la souffrance t'engendrera à l'éternité, comme sur une couche fortunée la volupté t'engendra à la vie.

Uranée employait auprès de Jérôme plus d'images que d'arguments, moins de logique que de poésie ; car la sèche raison n'a jamais converti personne, et l'on ne gagne les hommes que par le cœur.

— O mon malheureux ami, continua le vieillard, du calme. Si tu marches dans les ténèbres, du moins, Jérôme, marche-s-y sans peur. Mais je te parle de ton existence et tu n'es même pas assuré de celle de Dieu. Douter de Dieu ! cela est-il possible ? Es-tu bien un homme semblable à moi ?
— Il faut, mon enfant, que ton cœur soit bien agité, bien troublé, pour que l'idée du Créateur, y soit si confuse ; car l'âme paisible, comme la mer sereine, reflète naturellement le ciel.

Le mal, le grand mal, c'est que tout le monde veut expliquer Dieu. On l'explique même aux petits enfants. Au lieu de laisser se développer d'elle-même, dans leur esprit, comme une puberté mystérieuse, cette notion sublime, on l'y fait avorter avant le temps. — On ne devrait jamais parler de Dieu, de même qu'on ne doit jamais parler de l'acte auguste de la reproduction humaine. Il devrait exister sur tout ce qui touche à ce grand Être, une pudeur formidable qui fermât toutes lèvres profanes. Ce discours sacré ne devrait être permis que de prêtre à fidèle, dans le temple, comme les joies de l'amour ne sont permises qu'entre époux, sous les voiles de la couche. S'entretenir de la Divinité est blasphème, comme causer des œuvres de la chair est impureté.

Debout et immobile dans l'ombre, Jérôme n'entendait que les bruits de son âme orageuse et les mouvements de son cœur passionné. L'astronome croyant voir dans cette morne attitude les marques d'une attention soutenue, continua en ces termes :

— Quant à moi, je regarde cette vie comme le parvis de l'existence immortelle : je n'y marche qu'avec respect, m'avançant de plus en plus vers la tombe, cette première pierre du seuil de l'éternité, supportant avec joie la vieillesse, cette triste voisine de la mort.....

— Mais, dit Jérôme qui sortit tout à coup de son silence, vous défiez-vous assez de votre imagination embellissante ? Ne craignez-vous point de prendre vos désirs pour des espérances et vos espérances pour une certitude ? Ne redoutez-vous pas toute cette poésie dont votre âme exaltée est pleine ?

— Voilà quatre-vingts ans que j'en suis sûr ! dit

le vieillard. — En vérité, craindre que les rêves de l'imagination humaine soient plus magnifiques que l'œuvre même de Dieu, cela tient du prodige!

— Tu me trompes, peut-être! tu doutes toi aussi! s'écria Jérôme tout hors de lui.

— Jeune homme, remets-toi, répondit froidement l'astronome étonné.

— Mais qui vous est donc venu révéler, à vous, ce qui est resté secret pour les autres?

— Mon ami, Dieu ne se révèle pas moins aux petites qu'aux grandes intelligences. Le soleil se réflète aussi entier dans ce lac que dans l'océan, seulement l'océan, sujet aux tempêtes, est plus exposé que le lac pacifique à voir s'effacer de son sein la céleste image. Et du reste, je n'ai pas eu toujours une foi aussi sincère, mais le malheur m'a rendu fidèle.

Puis il ajouta avec un sentiment douloureux :

— Et moi aussi j'ai été aimé : ce vieux cœur a battu !

— Vous avez été aimé? s'écria Jérôme, mais pas longtemps, n'est-ce pas? — Elle en aima un autre...

Le vieillard, tout entier au souvenir de son amour, n'entendit pas les paroles désordonnées du jeune homme, et reprenant, il lui dit avec ravissement cette phrase terrible :

— Mon ami, il y a seulement dans un baiser des joies bien grandes !

— Un baiser ! un baiser ! cria le jaloux, vous lui vîtes donner un baiser !... et vous la mîtes à mort, — j'en suis sûr?

— Insensé, quels chagrins t'égarent? Non, elle ne fut point coupable, mais celui qui mesure à nos forces la félicité comme la douleur n'a pas permis que celle que j'aimais me fût donnée, car c'eût été pour en mourir.

Je l'aimai, elle m'aima. Ce fut tout. Elle n'est plus parmi les vivants de la terre ; mais je la reverrai : je le crois, je le veux !— Je la reverrai ! On arracherait plutôt un monde à l'attraction de son soleil que cette pensée à mon âme. Oh ! oui, je te reverrai, n'est-ce pas?

Mon cœur n'accuse point la Providence. Ce lui fut une bénédiction, l'immaculée jeune fille, de mourir, de quitter cette terre infortunée, d'aborder à la tombe, ce puissant rivage. Lorsqu'elle me fut ravie, ma douleur fut longue ; mais à force de regarder le ciel en pleurant, le ciel sa demeure, je remarquai la beauté de l'univers et je fus consolé. Depuis, souvent dans mes songes, je l'ai revue toute blanche de lumière et le front encore paré de cette couronne de fleurs virginales, que je lui ai laissée. O mon unique! tu passes dans mes rêves

CHAPITRE XXVI.

comme tu as passé dans ma vie : toute pure et toute fugitive !

A la fin de ces paroles qu'il avait avidement écoutées, le douteur vint se placer devant l'astronome et lui dit avec une expression solennelle :

— Sur vos cheveux blancs, mon père, vous me le jurez, c'est un bien de mourir.

Puis, sans attendre la réponse d'Uranée, il partit soudain.

L'astronome, effrayé des extravagances de son ami, se pencha sur le bord des créneaux, et, à la clarté de la lune, il aperçut le douteur au milieu des ruines où il courait en sautant d'un débris à l'autre ; car, dans son trouble, il avait négligé de prendre la trace du sentier battu. Lorsqu'il fut sur le bord du fossé, il se retourna vers le donjon et cria au vieillard d'une voix funeste :

— Et toi aussi, tu l'as condamnée !

XXVII.

La nuit, traversée par une lune brillante, qui, du zénith, regardait en face le soleil au nadir, la nuit n'était qu'un long crépuscule. Toujours furieux et résolu, Jérôme se dirigea vers le château de Valfleuri, dont les ardoises blanchissaient dans l'ombre. A force de rôder autour, comme un voleur, il parvint à s'y introduire. Il traversa lentement, pieds nus et à tâtons, plusieurs salles ténébreuses, s'avançant vers Julla, la main armée d'un poignard qu'il cachait dans son sein, malgré l'obscurité profonde.

Enfin, il touche à la dernière porte qui le sépare du crime, il l'ouvre sans bruit, et marche à cette couche virginale qu'il va changer en lit de mort, à cette couche que son amour respecta mieux

CHAPITRE XXVII.

dans ses désirs que dans ses fureurs, à cette couche où la volupté des songes l'évoqua souvent pour de doux prestiges.

Ce qui se passa dans l'âme de cet homme, pendant ce fatal acheminement vers sa victime, qui le saurait dire? Dans cette intelligence obscurcie tout était déchirement et confusion.

De temps à autre, il répétait sourdement :

— Que vous êtes terrible, Julla, de ne plus m'aimer! — Oui, la pente est irrésistible, je le sens: on ne va pas aux abîmes, ils attirent.

Une fois, l'idée de la perfection de la jeune fille, de sa piété, venant sans doute s'offrir à son esprit et faire obstacle à son dessein, il s'écria comme repoussant une objection gênante:

— O vertu, j'ai douté du Christ, je puis bien douter de toi.

Ensuite, il se posa ce dilemme abominable:

— Si l'homme est immortel, le tuer c'est lui donner l'éternité en échange d'une vie misérable; s'il s'arrête d'exister en s'arrêtant de vivre, sa mort est aussi indifférente que celle d'un moucheron.

Cependant, malgré son exaltation déréglée, malgré sa fièvre ardente, l'énormité de ce qu'il allait commettre, l'accablait:

— Ah! si, pour m'épargner ce meurtre, le Ciel

l'avait fait mourir, lui qui en a le droit; mais non, elle respire, elle vit, elle dort.

Une petite lampe veillait auprès du lit de la douce jeune fille, qui, après bien des pleurs, venait enfin de céder à un sommeil pesant. Ses rideaux étaient entr'ouverts. En se débattant sous l'impression de quelque rêve pénible, elle avait rejeté ses couvertures jusqu'à mi-corps, et n'était voilée que d'un vêtement souple et léger, dont les plis fidèles révélaient tous les mystères de sa beauté. Ses bras blancs, sans manches, reposaient sur le linge blanc. Sa longue chevelure dénouée s'écoulait de sa couche jusqu'au tapis, comme une molle cascatelle. Une vague tristesse reposait, à la place du sourire, sur sa bouche: elle dormait le visage baigné de pleurs.

Jérôme éteignit la lampe, et frappa vite.

Pas un cri, pas une plainte. La victime n'eut pas le temps de rouvrir les yeux entre la vie et l'éternité. Elle mourut; et sa belle âme sortit de son corps de boue, comme une statue d'or de son moule d'argile. — La sainte enfant avait vécu pure et bonne durant le peu d'années qui séparèrent, pour elle, le crime de sa fin de celui de sa naissance. Le désordre de la chair lui donna la vie, celui de l'esprit la mort.

XXVIII.

Le meurtrier sortit de cette demeure qu'il venait d'ensanglanter. A travers le dédale sombre des appartements et des galeries, il marchait plongé dans une sorte de somnambulisme moral, sans heurter les meubles ni les murailles. Une faculté surnaturelle semblait éclairer ses pas au milieu de cette nuit profonde. Depuis son crime, il ressentait un saisissement affreux. Un étonnement immense absorbait son être. Il tremblait, il ruisselait de sueur, il avait soif, il avait froid. Dès qu'il fut en plein air, il voulut se frapper ; mais l'arme était restée dans la blessure : il n'eut pas le courage d'aller l'en retirer.

— Si je rencontrais le corps dans l'obscurité des salles, pensait-il, si elle n'était pas morte encore, et qu'elle se mit à remuer sous ma main... Et puis, il faudrait tâtonner sur le cadavre mouillé... Il faudrait arracher le fer... Tout cela est impossible : ce serait recommencer...

Il s'arrêta un moment pour se remettre du terrible effort qu'il venait de faire, et donner le temps de se fixer aux idées qui passaient dans son cerveau ébloui, plus pressées que les battements de sa poitrine. Le malheureux flottait dans une indécision infinie, dans ce désœuvrement terrible qui suit l'accomplissement de tout grand crime, alors que l'âme ayant épuisé tout ce qu'elle contient d'énergie se trouve tout à coup sans ressources et vide. Il n'éprouvait qu'un seul besoin, c'était de fuir l'heure présente et d'échapper à l'actualité horrible qui le possédait. Ah! si le temps était immobile, quel supplice pour les infortunés et pour les coupables. Ce serait l'enfer.

— Au lieu de tous ces tourments, que n'ai-je un couteau dans le cœur! murmurait l'assassin. Mais deux victimes pour un seul homme..... Jamais je n'aurai la force de me tuer : elle dormait, elle.....

Ici des reproches, des accusations contre l'innocente victime ; mais je n'ai pas le cœur de les écrire.

Tout à coup, dans les ombres silencieuses, le hibou jeta son cri lugubre et saisissant. D'après les

CHAPITRE XXVIII.

idées populaires, dès qu'une personne est morte, cet oiseau de nuit flaire le cadavre et vient chanter auprès de l'habitation mortuaire. Jérôme tressaillit à cette voix glaçante, qui retentissait au-dessus de la tête de l'homicide, comme un cri d'alarme.

Enfin, les regrets, la pitié, commencèrent à pénétrer dans l'âme bouleversée du douteur :

—Pauvre enfant! morte par moi et pour moi!... Pauvre ange, pourquoi es-tu descendue sur cette terre qui t'a souillée, qui t'a perdue? Quel est celui qui t'a conduite à moi, comme une condamnée? Quel est celui qui m'a mené à toi, comme un bourreau?..... Étoile, ne savais-tu pas que cette onde troublée où tu venais briller, t'effacerait?..... Mon Dieu, mon Dieu! où êtes-vous?

Son cœur s'attendrit à ce retour, quelques larmes se mêlèrent aux gouttes de sueur le long de ses joues, des sanglots soulevèrent sa poitrine. Il s'assit par terre, les coudes sur ses genoux, le visage dans ses mains, dont une avait frappé, et il pleura ses plus amères larmes, de ces larmes que le meurtrier ne peut sans horreur sentir ruisseler dans ses doigts, aussi chaudes que du sang. Tout à coup ses sanglots cessèrent, son front parut frappé de stupeur, il tomba dans un recueillement profond pendant lequel il se leva lentemnnt tout debout, étendit les bras, puis tressaillant comme dans l'agonie, il s'écria d'une voix déchirante :

— Mais, peut-être elle n'était pas coupable !

Le doute, toujours le doute.

En ce moment, les incertitudes affluèrent dans l'esprit de Jérôme. D'un regard il parcourut les événements divers de ces deux dernières semaines, et n'y découvrit plus un seul motif de crédibilité, soit pour un parti, soit pour un autre. Ces mêmes faits qui lui prouvaient si bien naguère l'infidélité de la jeune fille, se tournant à cette heure contre lui, se montraient sous un nouvel aspect, et tout, dans son âme redevenait vague et flottant.

Le remords n'a pas de supplices comparables à celui qu'endurait Jérôme, doutant ainsi sur le cadavre encore tiède. Rien n'en saurait approcher, pas même le moment d'indécision formidable où, le bras levé sur la victime endormie, le tueur hésite suspendu.

Mais, peut-être elle n'était pas coupable !

Cette inexorable pensée revenait sans cesse, comme les élancements pressés d'une douleur physique.

—Je ne veux pas qu'ils me prennent au milieu de ces angoisses : ils me tueraient sans pitié dans mon doute. Il faut fuir, il faut me dérober jusqu'à

CHAPITRE XXVIII.

ce que la vérité me soit connue... Je réfléchirai, je consulterai Uranée — par lettres.

Et il fuyait à travers la campagne éclairée, hagard, pâle et terrible ; tantôt appelant le jour de tous ses vœux, tantôt souhaitant que la nuit qui l'enveloppait, fût éternelle. Le cri du sang le suivait : Peut-être, elle n'était pas coupable !....

— Téméraire, j'ai osé attenter à la vie ! J'avais devant moi un abîme plein de mystères, et j'y ai jeté une enfant, une jeune fille ! Et peut-être cet abîme c'est le néant, et peut-être cet abîme c'est l'enfer ! — Mais comment ai-je pu, moi, si craintif, si faible, consommer l'acte le plus considérable de ce monde ? Est-ce la solitude ? est-ce la pauvreté volontaire ? est-ce la science, qui m'a armé pour le crime ? est-ce le doute ? — Ah ! si je n'étais pas né, quel bonheur ! L'existence ne m'a-t-elle été donnée que pour mériter, à force de souffrir, l'anéantissement ?

O ma mère, il fallait pleurer sur mon berceau !

Le meurtrier courut ainsi durant tout le jour. A la nuit tombante, il arriva, épuisé, dans une petite auberge, sur le bord d'une route peu fréquentée, à plus de quinze lieues du château de Valfleuri. Cette distance, déjà longue, est énorme dans le pays solitaire qu'habitait le douteur, pays où ce qui se fait à deux ou trois milles n'est pas moins ignoré que ce qui se passe au-dessous de la terre. Le malheureux avait parcouru tout ce chemin sans défaillir; il était dans cet état de surexcitation nerveuse où, par l'effet d'une violente secousse morale, la puissance de nos facultés est centuplée. Triste avantage, car dans ces moments, une plus grande énergie n'est souvent qu'une plus grande douleur.

L'assassin prit une petite chambre et se mit au lit.

— Vous êtes malade? demanda l'hôtesse.

— Oui, répondit Jérôme.

— Avez-vous besoin de quelque chose?

Le malade ne répondit pas, et comme celle qui lui faisait cette question n'y était portée que par un sentiment d'humanité, et non par le motif d'une curiosité indiscrète, elle se retira. Elle ne parla point d'appeler un médecin, parce qu'il n'en existait pas dans la contrée.

Une hôtesse humaine et discrète, un pays sans médecins, vous voyez bien, lecteur, que nous sommes dans un désert.

XXIX.

Au château, le réveil fut terrible : des pleurs, des convulsions, des syncopes, des cris.

La femme de chambre de Julla, entrant le matin chez sa maîtresse, la trouva raide et froide sur son lit, un poignard debout dans le sein.

On crut que la pauvre enfant s'était donné volontairement la mort, et sa mémoire fut calomniée. L'abattement, la mélancolie profonde, le désespoir qu'elle avait témoignés à la nouvelle de son prochain départ, et à la signification du mariage auquel on la forçait de consentir, furent pris pour autant de signes avant-coureurs de sa résolution coupable.

Hellénor et la baronne de Ruault, vivant au milieu de la société parisienne, y voyaient chaque jour autour d'eux tant d'exemples de suicide, que cet attentat monstrueux leur paraissait une action toute naturelle ; et puis, criminels eux-mêmes, un crime ne les étonnait plus.

On ne remarqua nul indice révélateur de l'entrée du meurtrier dans le château, soit qu'en se retirant, l'assassin eût refermé les portes, soit que, dans le premier moment de confusion et de douleur, on n'ait pas distingué ces traces accusatrices.

La disparition de Jérôme si l'on s'en aperçut, s'expliqua très-bien par le désespoir que devait lui causer l'horrible mort de celle qu'il aimait.

Peut-être encore (car on ne sait), la vérité fut-elle connue d'Hellénor et de la chanoinesse ; mais ils renoncèrent prudemment à s'embarquer dans un procès criminel, qui eût mis en lumière leur propre honte, en dévoilant le mystère de la naissance de la victime, et qui, d'ailleurs, n'eût rien réparé.

La pauvre mère faillit mourir du coup qui la foudroya, et la douleur qu'elle en ressentit l'accompagna toujours depuis dans sa vieillesse. Elle se reprocha la mort de son enfant, comme elle se reprochait sa naissance. La dévotion l'aida à supporter les funestes suites de cet adultère dont Hellénor avait seul profité. Ce dernier, qui par le fait demeurait l'unique héritier de l'immense fortune de sa femme, trouva, je pense, dans cette considération honnête, surabondamment de quoi se consoler, si toutefois il en eut besoin. Le chagrin affaiblit tellement l'esprit de la chanoinesse que, gagnant sur elle plus d'empire encore, l'avocat put conduire toutes choses à son plaisir, et fut heureux de plus en plus.

On enterra le corps sanglant de la jeune fille dans le cimetière de l'église abandonnée, que nous avons vu visiter par Jérôme, et que madame de Ruault fit réparer à la hâte afin que l'on put y célébrer décemment le service mortuaire. Les voûtes et les murs furent blanchis, on redressa l'autel renversé, on y mit quelques fleurs cueillies, et cette pauvre église, qu'avait délaissée dans sa désolation la piété des vivants, reprit un peu de vie en face de ce tombeau.

Pendant l'office funèbre, auquel n'assistaient que quelques rares domestiques, un vieillard vint s'agenouiller, d'un pas tardif et grave, tout proche du cercueil où il demeura prosterné jusqu'à l'issue des prières. C'était Uranée. Il ne pleurait pas, il ne priait pas, au moins à en juger d'après l'immobilité de ses lèvres, mais il était là, pâle, sans mouvements, sans regard, comme s'il eût été mort, lui aussi.

Quand la fosse eut englouti pour jamais la dépouille de celle qui avait été si bonne, si pure, et qui mourait si jeune ; quand on eut jeté sur le cercueil descendu, d'abord une couronne blanche, puis six pieds de terre, l'astronome qui savait bien, lui, la cause de la mort de Julla, prit à travers la forêt un sentier tout opposé à celui qui ramenait à son observatoire. Le pieux vieillard, fidèle aux deux victimes, après en avoir accompagné une aussi loin qu'il est permis à l'homme d'accompagner ceux qui s'en vont pour ne plus revenir, c'est-à-dire jusqu'à la tombe, allait aider l'autre à vivre ou la préparer à mourir.

L'hôte du vieux donjon erra longtemps dans la forêt de cabane en cabane, cherchant sans succès son ami, et ce ne fut qu'à la suite de plusieurs jours de marche qu'il parvint à découvrir la maison où Jérôme s'était réfugié après son malheur, faut-il dire son crime ?

Pauvre douteur, que celui qui est sans scepticisme te jette la première injure.

XXX.

Pendant huit jours, celui que le doute avait conduit si avant dans le mal et dans le malheur demeura sur le lit de la pauvre auberge, en proie à toutes les tortures de la chair et de l'âme. Ce qu'il endurait le jour est incroyable, mais la nuit c'était pis encore.

— Oh! je ne voudrais pas mourir la nuit, criait-il souvent.

Lié par la souffrance, au milieu de l'obscurité paisible, sur le grabat de cette méchante hôtellerie, Jérôme était comme l'enseveli qui rouvre dans sa tombe, devenue son lit d'agonie, des yeux qu'une main fidèle croyait avoir fermés pour jamais. Il savait qu'il lui fallait demeurer là jusqu'à ce qu'il y mourut, et la frayeur de la mort lui faisait souhaiter que son horrible supplice se prolongeât, et il l'eût volontiers supporté une éternité entière pour échapper au trépas.

Le malheureux n'avait, dans ce monde ennemi, rien où se rattacher où se retenir : le sceptique est en guerre avec tout, parce qu'il repousse tout.

Dans l'ombre des insomnies, mille visions lugubres se mouvaient autour du chevet de l'homicide, et le glaçaient de terreur. Une fois, durant les hallucinations de sa fièvre, il vit la porte s'ouvrir, puis deux religieuses, voilées de blanc, entrèrent suivies d'une bière nue que portaient quatre fantômes grêles. Dès que le fardeau sinistre eut été déposé à terre, au milieu de la chambre, les porteurs et les nonnes se retirèrent tous, un à un. Le malade regardait avec effroi ce cercueil solitaire qui lui semblait préparé pour lui-même, quand tout à coup le couvercle se souleva avec lenteur et découvrit un suaire taché de sang. Bientôt le suaire commença de se mouvoir, une forme humaine se dressa à moitié, dépouilla sa tête du linceul, en couvrit ses épaules pâles, et parut debout dans sa robe immense. C'était Julla, Julla qui portait sur son visage éteint les marques d'une tristesse infinie. Elle vint au bord du lit du meurtrier, comme il était venu au bord du sien, et se mit à lui prodiguer, dans une taciturnité terrible, des soins silencieux et des caresses glacées. Le vivant

CHAPITRE XXX.

frissonnait au froid contact de cette chair morte et à la vue d'une large blessure tarie qui ouvrait, à l'endroit du cœur, ses lèvres enflammées.

— Parle! parle! criait-il, tu m'épouvantes de te taire. Ouvre tes yeux et ta bouche..... Oh! j'ai trop peur!

Mais le spectre restait muet.

Quand Jérôme se voilait la face pour ne plus voir le fantôme, il sentait aussitôt se promener sur son visage une main raidie qui retirait lentement les couvertures.

Ces terreurs durèrent. L'imagination du malade savait les varier à l'infini. Il voyait de ses yeux, il touchait de ses mains, il oyait de ses oreilles, et ne pouvait reconnaître l'illusion qui l'accablait.

— Pauvre machine souffrante!

Enfin, Uranée découvrit l'asile où s'était retiré le douteur, et il fut bientôt auprès de son ami. Dès que Jérôme l'aperçut, il lui cria :

— Malheureux! vous m'avez vu sur le bord de l'abîme, il fallait m'y tuer!

— Mon enfant, dit le vieillard, après avoir considéré le jeune homme, tu n'as pas long-temps à vivre.

— Mais, s'il existe une autre vie, comme vous le croyez, comme vous l'espérez, j'ai long-temps à souffrir, murmura l'agonisant.

— Si je connaissais des paroles propres à t'adoucir ce passage à l'éternité, mon cœur te les prodiguerait, mais, dans l'état où tu es, je n'en connais point.

— Oui, vous ne pouvez rien pour moi, je le sais : tout ce que l'homme peut faire pour le sceptique mourant, c'est de le retourner sur sa couche.

— Et de pleurer, ajouta le vieillard dont les yeux étaient noyés de larmes. — Et pourtant, je suis rempli d'espoir mais tu ne saurais me comprendre. Ah! mon misérable ami, vois ma confiance en Dieu à ton instant suprême, et que ma tranquillité te rassure. N'appréhende rien : ton crime fut l'ouvrage de la folie de ton esprit, et tu l'expies assez dans ce monde. Le Ciel te pardonnera puisque je te pardonne.

Cependant, Jérôme se débattait dans un désespoir effroyable.

— Je ne sais rien de ce qui va m'arriver, criait-il, mais par ce que j'endure, je vois que pour l'homme, en fait de douleurs, tout est possible !

Puis, une crise nerveuse le prit : il se leva de toute sa hauteur, nu, décharné, horrible, les yeux ardents, les cheveux trempés de sueur, et il s'écria avec force :

— Doctrines, religions de tous les peuples et de tous les siècles, me voilà désespéré, mourant, consolez ma dernière heure ou confessez votre impuissance, ô vous qui promettez une éternité de bonheur à ceux qui sont morts, et qui ne pouvez donner un moment de calme à ceux qui meurent!

Retombant brisé, il ajouta :

— Oh! il est affreux de mourir quand les religions sont mortes!

Uranée contenait de son mieux ces transports de délire. L'agonisant, après cet effort, s'abattit énervé dans une torpeur qui lui procura quelques minutes de relâche.

— Mon père, disait-il au vieil astronome pendant ces courts instants de trêve, la mort a donc été refusée aux douleurs de l'âme, elle qui vient si vite aux douleurs du corps.

— C'est que l'âme est immortelle, répondait le vieillard, et que tout ce qui se prend à elle participe de sa nature, plus ou moins.

— Immortelle comme les démons, pour toujours souffrir, repliquait Jérôme.

— Mon enfant, oublie un peu tes incertitudes; encore quelques heures peut-être, et ce que tu as poursuivi toute ta vie, le but de tous tes labeurs, le sujet de toutes tes peines, cette vérité, secret de Dieu et des morts, te sera donnée. Tu sauras tout, tu posséderas tout; et tu jouiras de ce grand regard qui embrasse la plénitude des êtres et des choses, et qui ne connaît pas d'horizon. Tu vas te mêler à cette innombrable foule de tes semblables qui ont franchi la tombe depuis le commencement des humains jusqu'à nous. Tu vas dépouiller, avec ce corps terrestre, le doute affreux qui te tue, tu vas être heureux. — Hélas! tu peux nier tout cela, mais moi j'en suis sûr, et, crois-le bien, c'est quelque chose de considérable, en ce monde, que la croyance d'un vieillard qui fût toujours fidèle.

— J'ai peur! j'ai peur! criait le malade, ah! je ne voudrais pas mourir, la nuit!... Si vous saviez, mon père, combien dans ce cadavre mon esprit est plein de vie, et comme il sait choisir, parmi mes doutes, les doutes les plus terribles!...

— Ah! mon enfant, ne me parle pas ainsi, ne me brise pas le cœur. Je le sens assez ce que tu souffres, et je sais combien il est horrible pour les âmes de mourir pauvres!

— Ne le faites pas au moins, à présent que je vous le dis, mais si, sans m'en avertir, vous m'aviez fait boire à votre arrivée une mort rapide, comme vous m'auriez été secourable! ce serait fait maintenant, et je ne serais plus là, luttant irrésolu sur la rive du gouffre épouvantable où il faudra bien que je tombe, enfin!

Jérôme s'affaiblissait toujours davantage, sa poitrine oppressée haletait péniblement. Penché sur ce lit d'agonie, l'astronome appelait la mort comme la seule ressource de celui qui ne devait cesser de souffrir qu'en cessant de vivre. Il ne se répandait point en de longs discours qui n'eussent fait que ranimer des incertitudes en les combattant. Ce n'était plus l'heure d'amener la persuasion dans cet esprit troublé : il faut que le corps soit sain pour traiter avec avantage les maladies de l'âme. Uranée qui avait vu beaucoup de moribonds, parce qu'il était fort vieux, prévoyait bien que son ami n'avait plus à soutenir qu'un ou deux accès encore, et qu'il succomberait pendant la crise ou durant l'abattement qui la suit. Cette dernière mort eût été la plus douce en apparence et peut-être aussi en réalité. Le vieillard, le visage en pleurs, l'attendait en regardant ces gestes désordonnés qu'exécutent les membres lorsque la vie les abandonne, et qu'ils n'obéissent plus qu'imparfaitement à la volonté de celui qui va mourir ; quand, tout à coup, dans un angle obscur de la chambre, derrière un meuble, parut se mouvoir quelque chose, et Uranée aperçut un homme ployé sur lui-même et comme agenouillé, le front contre terre. Cet homme se releva et courut au moribond qu'il embrassait, et qu'il nommait son frère en pleurant sur lui.

Cet homme, c'était un prêtre.

Quelque diligence qu'eût fait l'astronome il n'avait pu se rendre auprès du malheureux avant ce médiateur du ciel, qui, à son arrivée dans la chambre mortuaire, ayant pris l'abattement du malade et son silence pour un bienfaisant repos, s'était mis à prier dans un coin jusqu'à son réveil. Pendant ce temps, le vieillard était arrivé, et lorsqu'il eut fini de parler, le prêtre vint à son tour apporter ses consolations et son zèle.

Il commença par ces touchantes paroles du bon maître, qui sont celles de tous ceux qui aiment :

— Que votre cœur ne se trouble point, dit-il à Jérôme.

— Ah! mon père, répondit amèrement le douteur, il est troublé dès long-temps!

— Eh bien! quel que soit son trouble, qu'il se rassure en celui qui s'est fait homme pour nous, en celui qui vous a aimé, mon frère, jusqu'à la mort.

— Et moi aussi, j'ai aimé jusqu'à la mort! cria l'agonisant.

Puis il ajouta avec horreur :

— Mon père, vous étreignez un fratricide! vous pressez une main meurtrière!

— C'est pour elle que je suis venu, dit le prêtre.

— Mais, il y a du sang!

— Il y a le sang de Jésus-Christ qui la purifie.

Et le confesseur enveloppait le moribond de ses

CHAPITRE XXX.

embrassements, puis comme il sentit couler des larmes sur ce visage livide :

— Des pleurs! des pleurs, cria-t-il plein de joie, oh! pleure, pleure, les pleurs effacent tout. L'entassement de tes iniquités, de tes crimes, dépassa-t-il les montagnes, une larme de tes yeux mêlée au sang du rédempteur des hommes, à ce sang qui crie miséricorde, l'effacerait tout entier. Rappelle à ton cœur, pour qu'il s'apaise, celui qui est mort il y a dix-huit siècles, et qui pleurait aussi, et qui agonisait aussi dans les bras de celui qui le soutenait, dans les bras de celui qui était envoyé vers lui comme je suis envoyé vers toi. — Oh! le Christ! le Christ! il épie dans l'âme des mourants les plus faibles commencements du repentir, comme une mère, sur la bouche du nouveau-né, les plus faibles commencements du sourire! Il est descendu aujourd'hui même dans cette poitrine qui bat contre la tienne, sur ces lèvres qui te consolent. Ce n'est pas moi, c'est lui qui te parle ; c'est son tabernacle qui réchauffe ton cœur glacé. Espère, espère en lui, selon que tu auras espéré, il te sera fait : l'espérance est une vertu dont il te sera tenu compte.

— Penses-tu qu'il ne veuille pas te pardonner celui qui a voulu mourir pour toi? Va, j'ai entendu les cris de ton affliction, mon pauvre frère ; fais s'élever dans ton âme une pensée, un désir de foi, d'espoir et d'amour, et je te le dis de la part du Sauveur, tu es sauvé.

O mon bien-aimé, laisse-toi aller à cette tendresse infinie, à ce Dieu qui t'aime. Et comment ne t'aimerait-il pas quand moi, qui ne suis qu'un pécheur, je t'aime tant! Oh! pour le salut de ton éternité, qu'avec bonheur je donnerais tout mon sang, goutte à goutte!

Puis il ajouta avec une candeur adorable :

— Oh! le Christ, vois-tu, le Christ t'aime plus que moi!

L'ardeur du prêtre était souveraine. Les paroles sortaient de sa bouche émouvantes et expressives comme des cris. Il tenait toujours le malade embrassé, mais à ce moment il s'en détacha, et levant les yeux, dans un élan sublime, on l'entendit s'écrier :

— A l'aide! anges du ciel, saints bienheureux, martyrs fidèles! Voici votre frère que je vous confie. Il sera sauvé si vous le secourez, si vous l'abandonnez, il périra. Mêlez à mes prières vos prières; pressez-vous autour de celui que vous voyez, tel qu'il est, face à face; assiégez sa divine clémence; ravissez la grâce de ce pécheur comme vous avez ravi le ciel, et son retour vous causera cette grande joie à laquelle celle que vous donne la fidélité des justes n'atteignit jamais!

CHAPITRE XXX.

Et vous, vous surtout priez pour lui, mère immaculée, vous qui, au pied de l'arbre où pendait le fruit de vie, fûtes baptisée de ce sang précieux dont seule vous n'avez pas besoin, parce que vous avez été conçue sans péché, et que vous avez vécu sans souillures. Si, bien des fois le jour, dans les paroles qui vous sont chères, je vous ai demandé de m'assister à l'heure de ma mort, reportez à présent sur cette tête menacée les mérites obtenus par mon intercession auprès de vous. Oh! ne me repoussez pas! Tenez, je vous prie avec toute mon âme! et ma prière, je le sens, arrive jusqu'à vous et vous touche.

Exaucez-moi, par les mérites du sacrifice. Vous le savez, vierge pure, je reçois chaque jour, dans ma poitrine que la charité dévore, votre fils divin, notre Dieu; je le sens tressaillir sur mon cœur comme il tressaillit sur le vôtre; je le porte dans mon sein comme vous le portâtes vous-même, ah! c'est que moi aussi, je suis mère!...

— Assez! assez! cria Jérôme. Prêtre, ne dévoile pas à un misérable les magnificences de ton âme, n'étale pas les richesses de la miséricorde devant un damné.

A ces mots, le moribond poussa un cri, ce cri terrible de tout homme qui sent la mort le prendre; son visage, qu'éclairait la mobile lueur de ses yeux, devint effroyable et se fixa ; tout son corps demeura un moment raidi sous l'impression d'une douleur toute-puissante ; puis il retomba mort.

Uranée, à qui toute cette passion du prêtre allait si bien, se jeta dans ses bras ardents et mêla des sanglots à ses sanglots. Et, lorsque le curé fut sorti, il demeura seul à veiller auprès de ce corps sans vie. Debout, à côté du lit froidissant, il prit une de ces mains où séchait déjà la moiteur de l'agonie, et, selon sa chaleureuse habitude de prendre congé de ceux qu'il aimait, il la pressa sur son cœur. Le pieux vieillard garda si longtemps cette main inanimée contre sa poitrine, que lorsqu'il la posa le long du cadavre, elle s'en trouva la seule partie encore tiède.

XXXI.

Grâce aux soins d'Uranée, le corps de Jérôme fut transporté auprès de celui de Julla, son amante autant que sa victime. A travers la longue forêt, par une froide journée voilée de brouillards tranquilles, le triste cortége s'achemina vers la pauvre église. La distance était grande, et le convoi ne put arriver avant la nuit du second jour. En approchant du cimetière qu'engraissaient tant de générations, ceux qui y portaient un cadavre de plus virent flotter dans l'air de légères flammes exhalées des sépultures. Ces funèbres météores fuyaient devant eux et ne s'arrêtaient jamais que sur les fosses : image de l'espérance qui nous leurre pendant la vie et ne s'arrête qu'au tombeau.

Quand le trou fut creusé, le cercueil, qui attendait à côté, sur l'herbe, y fut descendu, et on le couvrit de terre.

Hélas! c'est une idée bien commune, mais je ne puis m'empêcher de songer que tous, tant que nous sommes, la même lugubre cérémonie nous attend.

Moi, qui écris ces lignes, vous qui les lirez, et vous plus nombreux qui ne les lirez pas, nous serons un jour le héros muet de quelqu'une de ces funèbres scènes : nous y remplirons le principal rôle, celui du cadavre. Cela serait désolant si la vie était meilleure, si elle avait pour les hommes un autre but que l'argent, un autre bout que la mort.

L'astronome revint à sa tour, à son Sinaï, qu'il gravit dans l'ombre, et où il ne s'était jamais trouvé si solitaire. Ces deux affreuses tragédies l'auraient abattu, si quelque chose eût pu l'abattre. De cette terre funeste il regarda la voûte universelle qui lui parut plus belle que jamais. Son âme, comme la mer, s'élevait d'autant plus vers le ciel que la tourmente était plus terrible. Seulement, quelquefois, ses larmes effaçaient l'univers à ses yeux. Il pleurait d'attendrissement, pas de douleur. Ceux qu'il venait de quitter, il les savait heureux.

— Hélas! pensait-il, je suis pourtant bien vieux pour être seul! J'ai les années du patriarche, mais je n'en ai pas les enfants ; je n'ai que vous, Sei-

CHAPITRE XXXI.

gneur. — O ma Julla, ma pauvre fille, voilà bien ce ciel que je t'ai montré tant de fois, lorsque tu me demandais, avec ta voix charmante, de te dénombrer les constellations et les signes ! Je te disais, pendant les belles nuits : Au zénith plane l'Aigle, rapproché de la Lyre harmonieuse ; plus loin nage le Cygne sur la voie lactée, ce long fleuve céleste. Tu vois, à notre gauche, le Charriot dont les sept étoiles gravitent autour du pôle immobile, comme les sept planètes autour du soleil ; et, à notre droite, sur une région appauvrie, Fomahault brille seul et touche à l'horizon. Tiens, voilà le pan du ciel où les plus beaux astres habitent : c'est Orion, les Gémeaux fidèles, le rouge Aldébaran, les Pléïades groupées, les Hyades pluvieuses, Procyon le précurseur, et le grand Sirius.

Ah! si tu n'avais été amoureuse que d'une étoile!

Mon Dieu! mon Dieu! l'heure de votre Uranée tarde bien longtemps à venir ! — Hélas ! je le sens, pour avoir trop contemplé ce ciel, j'ai pris quelque chose de sa durée, et je ne puis mourir. Je voudrais cependant retourner vers vous et vers ceux que je pleure. Je voudrais cependant me perdre dans l'infini, comme ces constellations dans les clartés du jour. Un vieillard peut désirer la mort, n'est-ce pas? Sur ce firmament qui me console, j'ai vu poindre bien des aurores, la mienne ne s'y lèvera-t-elle donc jamais?

Ma vie a été cachée, ma fin sera obscure, ce sera le coucher non du soleil, qui en s'éteignant transfigure le monde, mais d'une petite étoile qui, au milieu de la nuit, aborde l'horizon et s'efface inaperçue dans les vapeurs de la terre.

O mort! m'as-tu donc oublié? n'aimes-tu pas celui qui t'aime?

Ici le vieillard s'arrêta de parler et regarda tristement le château, la petite maison que Jérôme n'habitait plus, et la pauvre église auprès de laquelle gisaient les restes de ceux qu'il appelait ses enfants. Tout était caché dans la nuit, mais son œil, fait aux ténèbres, distinguait faiblement Valfleuri et la demeure du douteur; quant à la troisième demeure, il ne l'apercevait pas.

Après un moment de silence, il reprit avec enthousiasme :

— Jérôme! Jérôme! tu le sais maintenant, je ne t'ai pas menti, quand j'osai te promettre plus que ne promet l'espérance. Rends justice au fidèle. La mort, comme une amie, a tenu les promesses du vieillard. Tu me vois, tu m'entends, je le sais. Vous tous que j'ai perdu, vous m'êtes attentifs dans ce ciel que vous peuplez pour moi bien mieux que les étoiles. Dégagée de l'obstacle du corps, votre ame infinie est en paix. Vous vivez aux rayons inextinguibles de ce soleil éternel dont celui qui m'éclaire n'est que l'ombre. — Ah! si les hommes savaient tout ce qu'il y a de bonheur après la vie, ils embrasseraient le trépas sur l'heure, et le jour qui arrive ne trouverait pas un seul vivant, lorsqu'il se lèverait! n'est-ce pas Jérôme?

XXXII.

Madame de Ruault, pour fuir un séjour qui lui rappelait de trop cuisants souvenirs, se défit de la terre de Valfleuri ; ce qui permit à Hellénor de s'emparer à petit bruit d'un capital de huit-cent mille francs, environ. Après le décès de la chanoinesse, que l'avocat trouve assurément long à venir, il jouira, en vertu d'un testament minuté par lui, d'approchant deux millions de fortune ; et, de plus, il s'est déjà accordé avec un grand personnage de la finance, lequel doit lui donner en mariage sa fille unique, une enfant encore, qui vient d'entrer en pension, d'où elle ne sortira qu'à la mort de la baronne, pour épouser le père de notre pauvre victime, et qui ne se doute pas qu'elle rêve d'Hellénor, lorsqu'elle rêve d'amour et de bonheur, comme on en rêve à son âge.

CHAPITRE XXXII.

Tout cela ne peut qu'ajouter aux douceurs de la belle vie de l'avocat, ainsi qu'à la considération distinguée dont il jouit devant les hommes. Ceux qui dînent à sa table parlent déjà de le faire nommer député, et sans doute aussi ministre, puisque aujourd'hui l'un ne va plus sans l'autre. Et cette dignité politique le mettra à même tout ensemble, et de faire jouir son pays de sa morale avancée, et de donner de meilleurs dîners encore.

Cependant, cet homme de bien, qui a commencé par un adultère si funeste, et dont toute la vie n'a été qu'un perpétuel enchaînement de bassesses et de lâchetés, cet honnête homme n'a jamais connu ni regrets, ni remords, car on s'habitue à la laideur de son âme comme à celle de son visage. — Et, afin que cette existence favorisée ne soit obscurcie d'aucun déplaisir, d'aucun nuage, Hellénor a traité amiablement avec ce monsieur de Saint-Loubès dont nous l'avons vu convoiter la concubine; et cette belle personne lui sera livrée pendant les deux mois de congé qu'elle s'est expressément réservés, en toute jouissance, dans son engagement avec le vicomte. A l'expiration de ce laps de soixante et une nuits, laps que l'avocat juge plus que suffisant pour s'en faire passer l'envie, M. Horace, bien que n'ayant aucun droit sur les vacances de la demoiselle, recevra nonobstant, pour un motif inexprimable, et à titre de dédommagement, un attelage de deux bêtes anglaises qu'il convoite de son côté, et que possède madame de Ruault, la pauvre femme.

Le vieil Uranée vécut encore deux ans, seul avec le ciel, seul avec les deux tombes, où il faisait souvent une promenade pieuse, venant s'asseoir sur le petit tertre qui surmontait la fosse et qui allait toujours s'affaissant à mesure que le cercueil, et ce qu'ils contiennent tous, diminuait de volume. L'astronome liait avec ces deux âmes chères ce mystique entretien qu'on appelle la prière.

A voir ainsi prier le vieillard sur la tombe de ceux dont il avait essayé de détourner le malheur, un poète l'eût comparé peut-être à un alcyon fidèle avertissant de l'orage prochain deux vaisseaux qui cinglent de conserve, et qui, après la tourmente qui les a brisés l'un contre l'autre, vient chanter sur leurs débris échoués ensemble, auprès du même écueil.

Lorsque, enfin, l'heure libératrice approcha pour lui, le vieillard Uranée sentit croître ses ferventes espérances, ainsi s'élargissent les fleuves avant de tomber dans la mer. Jamais l'extase ne le fréquenta si souvent, on eût dit qu'elle venait l'arracher à la terre. Ses derniers jours, ses derniers beaux jours furent à l'abri des infirmités et des maladies, sa vie fut calme et sereine jusqu'à l'horizon.

— J'entre dans la mort comme une belle soirée dans une belle nuit, disait-il avec douceur. Je pars, et bientôt il ne restera plus de moi, sur ce monde, qu'un souvenir touchant peut-être, comme il ne reste du convive qui se retire que sa couronne de fleurs, oubliée sur le lit du festin.

Un jour, du haut de son observatoire, l'astronome regardait descendre le soleil sur la forêt tranquille, et quand l'astre eut disparu il se sentit s'éteindre doucement, lui aussi.

Le lendemain, en venant renouveler les provisions du solitaire, on le trouva mort. L'heureux vieillard venait enfin de quitter ce monde, auquel je ne comprends rien.

FIN.

CATALOGUE

DE

LA LIBRAIRIE CAPELLE,

Rue de l'ODÉON, 21, à Paris.

LIVRES DE FONDS.

MICHEL CHEVALIER. — Cours d'économie politique du collége de France, rédigé par M. A. Broët, et publié avec l'autorisation de M. Michel Chevalier, année 1841-42. 1 vol. in-8°. Prix 7 fr.
— Discours prononcé à l'inauguration du cours et le discours d'ouverture du cours de l'année 1841-42. Se vend séparément. 1 fr. 25 c.

FERRARI (J.). Vico et l'Italie. 1 gros vol. in-8°. 1842. Prix. 5 fr.
— Idées sur la politique de Platon et d'Aristote, exposées en quatre leçons à la Faculté des lettres de Strasbourg; suivies d'un discours sur l'histoire de la philosophie à l'époque de la renaissance. 1 vol. in-8°. 1842. Prix. 2 fr.

LECHEVALIER (Jules). Études sur la science sociale (théorie de Ch. Fourier), 1 fort vol. in-8°. Prix. 6 fr.

GATTI DE GAMOND (Madame). Fourier et son système, 5e édition. 1842. 1 joli vol. grand in-18. Prix. 2 fr. 50.
— Réalisation d'une commune sociétaire, d'après la théorie de Ch Fourier. 1842. 1 vol. in-8°. Prix. 3 fr.

POMPERY (Ed. de). Théorie de l'association et de l'unité universelle de Ch. Fourier; introduction religieuse et philosophique. 1841. 1 vol. in-8°. Prix. 6 fr. 50 c.

SAINT-SIMON (OEuvres de), publiées par Olinde Rodrigues. 1 gros vol. in-8° de 610 pages. 1841. Prix. 3 fr.

DOCTRINE SAINT-SIMONIENNE. — Exposition, troisième édition. 1 vol. in-8°. Prix. 4 fr. 50 c.

—**EUGÈNE RODRIGUES.** Lettres sur la religion et la politique.—L'Éducation du genre humain de Lessing, traduit de l'allemand. — Nouveau christianisme de Saint-Simon. 1 vol. in-8°. Prix. 4 fr.

—**PEREIRE.** Leçons sur l'industrie et les finances, suivies d'un projet de banque. 1 vol. in-8°. Prix. 2 fr. 25 c.

—**ENFANTIN.** Économie politique et Politique.—Deuxième édition. 1 vol. in-8°. Prix. 2 fr. 25 c.

—**ENFANTIN** et Ém. **BARRAULT.** Morale : Réunion générale de la famille. — Cinq enseignements. — Les trois familles. 1 vol. in-8°. Prix. 3 fr.
— A tous ! in-8°. Prix. 50 c.

—**CARNOT** (H.), député. Résumé général de l'exposition. 3e édit., in-8°. Prix. 1 fr.

—**MICHEL CHEVALIER.** Politique industrielle et système de la Méditerranée. 1 vol. in-8°. Prix. 2 fr. 25 c.
— Politique européenne. 1 vol. in-8°. Prix. 2 fr. 50 c.

—**TABLEAU SYNOPTIQUE** de la doctrine Saint-Simonienne, sur une grande et belle feuille in-plano, avec bordure. Prix. 1 fr. 50 c.

—**LETTRES** du Père sur la vie éternelle, 1 vol. in-8°. Prix. 1 fr. 50 c.
— — Du Père sur le calme. In-8°. Prix. 1 fr. 50 c.

LE PRODUCTEUR et **L'ORGANISATEUR,** Recueils de l'école de Saint-Simon.

COLLECTIONS DU GLOBE, journal Saint-Simonien, in-folio, complet et parties séparées.

NOUGARÈDE, BARON DE FAYET. Histoire du siècle d'Auguste et de l'établissement de l'empire romain. 1 fort et beau vol. in-8°. 1840. Prix. 5 fr.

NOUGARÈDE (AUGUSTE). DU DUEL, sous le rapport de la législation et des mœurs, suivi de l'ordonnance de Louis XIV en 1651, du réquisitoire de M. Dupin, et de l'arrêt de la Cour de cassation du 22 juin 1837. 1 vol. in-8°. 1838. Prix. 2 fr.

— DE L'ÉLECTRICITÉ, dans ses rapports avec la lumière, la chaleur et la constitution des corps. 1839. 1 vol. in-8°. 2 fr. 50 c.

— DES ANCIENS PEUPLES de l'Europe et de leurs premières migrations; pour servir d'introduction à l'histoire de France, jusqu'à Louis XIV. Avec cartes de géographie ancienne et moderne. 1 vol. in-8°. 1842. Prix. 6 fr.

— NOTIONS GÉNÉRALES sur les sciences mathématiques et physiques, mises à la portée des gens du monde. Avec figures dans le texte. 1 vol. grand in-18, format anglais. 1842. Prix. 2 fr.

— ESSAI SUR LA CONSTITUTION ROMAINE, et sur les révolutions qu'elle a éprouvées jusqu'à l'établissement du despotisme militaire des empereurs. 1 vol. in-8°. 1842. Prix. 3 fr.

CHEVÉ. CATHOLICISME et DÉMOCRATIE, ou le Règne du Christ. 1 vol. in-18. 1842. Prix. 1 fr. 25 c.

PECQUEUR (C.). DE LA PAIX, de son principe et de sa réalisation. Ouvrage couronné en 1842 par la Société de la Morale chrétienne. 1 très-beau volume in-8°. Prix. 7 fr.

— DES ARMÉES, dans leurs rapports avec l'industrie, la morale et la liberté, ou des Devoirs civiques des militaires. — Ouvrage couronné en 1842 par la Société de la Morale chrétienne. 1 joli vol. in-8°. Prix. 4 fr.

— THÉORIE NOUVELLE D'ÉCONOMIE SOCIALE ET POLITIQUE, ou Études sur l'organisation des sociétés. 1842. Un très-fort et beau vol. in-8°. Prix. 9 fr.

POUR PARAITRE A LA MÊME LIBRAIRIE.

TRAITÉ DE POLITIQUE AU POINT DE VUE DU CATHOLICISME ET DU PROGRÈS, par P. J. B. BUCHEZ, docteur en médecine, auteur de l'introduction à la science de l'histoire, l'un des auteurs de l'Histoire parlementaire de la Révolution française, etc.

Ce volume est le complément indispensable de l'ESSAI d'un TRAITÉ COMPLET de philosophie du point de vue du catholicisme et du progrès, qui a paru en 3 volumes, de 1838 à 1840.

La librairie CAPELLE est destinée aux publications d'Économie sociale et politique, de Philosophie, d'Histoire, de Sciences, de Jurisprudence et de Législation.

Le catalogue des livres d'assortiment de cette librairie se donnera aux personnes qui en feront la demande.

Corbeil, imp. de CRÉTÉ.

LIBRAIRIE DE CAPELLE.

MICHEL CHEVALIER. — Cours d'Économie politique fait au collége de France.
— Discours prononcé à l'inauguration du Cours, et le Discours d'ouverture du Cours de l'année 1841-42. Se vend séparément   1 fr. 25 c.

PECQUEUR (C.) — Théorie nouvelle d'Économie sociale et politique, ou Études sur l'organisation des sociétés. 1842. Un très-fort vol. in-8. 9 fr.
— De la Paix, de son principe et de sa réalisation. Ouvrage couronné en 1842, par la Société de la Morale chrétienne, 1 vol. in-8.   Prix : 7 fr.
— Des Armées, dans leurs rapports avec l'industrie, la morale et la liberté, ou des Devoirs civiques des militaires. Ouvrage couronné, en 1842, par la Société de la Morale chrétienne, 1 vol. in-8.   Prix : 4 fr.

FERRARI. — Vico et l'Italie. 1842. 1 gros vol. in-8.   Prix : 5 fr.
— Idées sur la politique de Platon et d'Aristote, exposées en quatre leçons, suivies d'un Discours sur l'Histoire de la Philosophie à l'époque de la Renaissance, in-8. 1842.   Prix : 2 fr.

LECHEVALIER (Jules). — Études sur la Science sociale (Théorie de Ch. Fourier). 1 vol. in-8.   Prix : 6 fr.

GATTI DE GAMOND (Madame). — Fourier et son système. Cinquième édition. 1842. 1 vol. grand in-18.   Prix : 2 fr. 50 c.
— Réalisation d'une commune sociétaire, d'après la Théorie de Ch. Fourier. 1842. 1 vol. in-8.   Prix : 3 fr.

POMPERY (Ed. de). — Théorie de l'Association et de l'Unité universelle de Ch. Fourier. Introduction religieuse et philosophique. 1841. 1 vol. in-8.   Prix : 6 fr. 50 c.

CHEVÉ. — Catholicisme et Démocratie, ou le Règne du Christ. 1842. 1 vol. in-18.   Prix : 1 fr. 25 c.

SAINT-SIMON. — Œuvres, publiées par Olinde Rodrigues. 1 gros vol. in-8. 1841.   Prix : 3 fr.

DOCTRINE SAINT-SIMONIENNE. — Exposition. Troisième édit. 1 vol. in-8.   Prix : 4 fr. 50 c.
— Nouveau Christianisme. — Lettres sur la Religion et la Politique.
— L'Éducation du genre humain, de Lessing. Le tout publié par Eugène Rodrigues. 1 vol. in-8.   Prix : 4 fr.
— **PEREIRE.** — Leçons sur l'Industrie et les Finances, suivies d'un projet de banque. In-8.   Prix : 2 fr. 25 c.
— **ENFANTIN.** — Économie politique et politique. Deuxième édit., in-8.   Prix : 2 fr. 25 c.
— **ENFANTIN** et Em. **BARRAULT.** — Morale. 1 vol. in-8. 3 fr.
— **CARNOT** (H.). Député. — Résumé général de l'Exposition. Troisième édit. in-8.   Prix : 1 fr.
— Politique industrielle et Système de la Méditerranée. In-8. 2 fr. 25 c.
— Collection du Globe, journal in-folio.

La librairie CAPELLE est destinée aux publications d'Économie sociale et politique, de Philosophie, d'Histoire, de Sciences, de Jurisprudence et de Législation.

Corbeil, imp. de Crété.

www.ingramcontent.com/pod-product-compliance
Lightning Source LLC
Chambersburg PA
CBHW060601170426
43201CB00009B/856